经济发展与制度选择

Economic Development and Institutional Choice

对制度的经济分析

张宇燕 / 著

中国人民大学出版社
·北京·

目 录

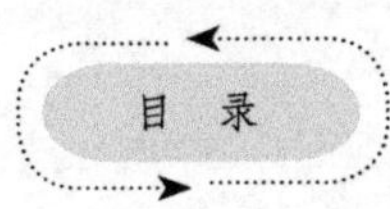
目 录

Contents

Contents

Contents

第1章 问题的提出：国家之兴衰

万事开头难。不过仔细思忖之后，方觉不尽然。这对做文章来说尤是如此，因为大凡写作，多在胸中已有成竹，也就是说要讨论或解答的问题早已有之。当然，问题的确定本身亦非轻而易举，因为它首先要成其为问题，换句话说，作者本人恐怕需要阐明你选择某一对象作为问题的理由。本章作为开篇，打算引出本书将集中议论的问题：制度对人的行为进而对国家兴衰的影响。要回答这样的问题，无疑要说明制度范畴，并且必然要将答案的产生融于对制度的起源与演进及功能的讨论之中。我在此引出问题的方式可能有点奇特，因为它从表面上看似乎绕了一个大圈子。但我以为，这样做还有其长处：突出问题的重要性，表明它的性质，更重要的是借此为我打算讨论的问题提供一个经验性的基础。

§1.1 国家兴衰之谜

几乎每一位历史学家均倾注了大量的时间和精力以解开国家兴衰这个谜。同样，每一位具有历史感的人亦无法回避这一问题，准确地说是难以抵御它所具有的巨大的诱惑力。在历史的长河中，许多庞大的帝国或文明衰败了，消亡了，而另一些则在财富上和文明程度上兴盛起来，尽管它们曾经是位于文明边缘地带的弱小部落。国家兴衰的例子不胜枚举。伟大的希腊城邦帝国最终为罗马所取代，而在这之前，后者是微不足道的。不讲情面的历史随后又导演了一幕不可一世的罗马帝国败落并被分散的部落所击败的历史剧。如以中国历史为舞台，我们这些身处其中的人便更能清楚地发现那强有力的中华帝国曾不得不向人数少得多的、文明程度差得远的部族俯首称臣。中东各国也同样经历了类似的兴衰。当我们将视线移到兴盛国家上时，便不难看到，像罗马那样曾经不值一提的民族成为历史舞台之主角的事例，同样是俯拾皆是的。17 世纪增长的中心是荷兰的北部省份，这些省份从前却是无足轻重或贫困不堪的。恰恰是英国而不是更大和强有力的法国在 18 世纪和 19 世纪给这个世界带来了工业革命。然而，在 19 世纪后期，既不是法国，也不是英国，却恰恰是处于长期休眠状态的德国和遥远的英国前北美殖民地最迅速和最适当地迎合了这场革命。[①]

20 世纪的历史，尤其是第二次世界大战结束后的年代，也有着相对迅猛并且带有浓厚神秘色彩的兴衰的轨迹。英国的相对衰落似乎是最令人瞩目的，同时也是人所共知的，以至许多有识之士称英国患了所谓的“英国病”，其主要症状是滞胀、国际收支危机、收入分配与经济效率之间的矛盾、地方经济发展的不平衡性和分权主义日益严重的趋势等。[②]作为衰落的英国的对立面，则是联邦德国[③]和日本的经济奇迹。这是两个第二次世界大战中的战败国。在战争结束时，两国的经济已近崩溃。但今天又有谁能够无视其在经济上所取得的成就以及伴随它而来的国家盛荣呢？所谓“亚洲四小龙”的高速经济增长亦给世人以深刻的印象，尽管它们就整体经济实力而言难以与联邦德国和日本同日而语。

也许 20 世纪后半期最意味深长的历史事件之一，便是中华人民共和国的崛起了。在短暂的十年之内，中国开始走上了兴盛发达之路，尽管她步履蹒跚，而且路途艰难，但这具有决定性的一步毕竟是迈出去了。说到此，这一切很自然地让我们回想起中国曾经享有的发达文明和技术，以及那些由于技术和经济的落后而遭受的耻辱。如果我们承认中国所蒙受的屈辱和帝国主义列强在中国所获得的“光荣”均直接源于现代科学和工业革命产生于西方世界这一事实，那么提出它们为什么不在中国文明中产生而只在欧洲发达起来的问题，无疑是合情合理的。要知道，在 1—15 世纪，中国文明在把自然知识应用于人类实践的需要方面，比起西方要高明得多。④中国，既是一个国家，又代表一种文明，其兴衰盛败的历史本身的确是一个需要我们下大力气解答的谜。

说到国家和文明，我们便不能回避历史研究的基本单位问题。英国历史学家汤因比坚持认为，历史的研究单位不是民族国家而是文明或社会。经过对英国的分析之后他说，英国本身不能构成一个可以自行说明问题的历史研究范围；而且如果英国是如此，那么欧洲便没有任何一个国家或民族能够说明它自己的问题。在此观念的指引下，汤因比将整个世界按不同时期和地理位置分割成了 21 个文明或“文明社会”，其中包括古代中国社会和主要以中国文明构成的所谓“远东社会”。⑤虽然汤因比在论述中用文明范畴取代了国家范畴，并由此为人们展示出了一幅更为宏大、更为壮丽的历史演化的画卷，但他关心的焦点却依然如故，那就是文明的成长、停滞与衰落。换句话说，如果我们以文明为单位，那么，同样能看出或识别不同文明之间的起落盛衰。用汤因比的说法，古代叙利亚社会便是一个已经绝了迹的文明，而取而代之的是古代伊朗社会和古代阿拉伯社会。

国家也好，文明也罢，在历史的长河中其兴衰荣败是一个显而易见的事实。人们或出于好奇，或出于使自己所处的国家或文明免遭衰败之厄运的愿望，或出于使本国勃兴发达的热情，开始了对导致国家之兴衰原因的探寻。尽管到目前为止，前人或今人已经就此问题给出了形形色色的解释或答案，但说它迄今仍是个谜可能还是恰当的。答案种类繁多本身实际上就给问题增添了许多神秘感，更何况各个解释又都未能够尽解人惑呢！不过即使如此，了解一下已有的“谜底”对我们以后的讨论也还是会大有裨益的。

§1.2 某些尝试性解答

国家或文明之兴衰，无论从哪一个角度来看都不失为事实。但仅仅指出这一点是远远不够的。当然，凡是关注此问题的学者亦不会到此而停步不前。这里，关键点还在于对兴衰得以产生、正在出现或将要显露做出解释、说明和预测。在众多的解答者队伍中，也许最雄心勃勃的人非汤因比莫属了。在其鸿篇巨制《历史研究》中，他用了绝大部分篇幅讨论具有5 000年历史的文明的起源、文明的生长及文明的衰落问题。而给人以深刻印象的是，汤因比使用了一个极为简单明了但同时又相当富于启发性和解释力的模型，即“挑战和应战”的历史思考模型。其基本含义可以被简洁地表述为：人类之所以可能创造文明并不是由于它所拥有的生物天赋和地理环境，而是由于人类对于某种特别困难的挑战进行了应战。挑战即人类所处的逆境，它既可以是自然环境方面的，又可以是外部敌人的打击和不幸的激励。成功应战的结局便是文明的诞生及生长，而停滞的文明则由于它所面对的挑战和为成功应战所付出的努力相抵消，以至再没有余力使该文明得以发展了。至于文明的衰落，其终极原因只有一个，那就是该社会应战的能力或创造力量丧失殆尽。[6]

和汤因比相比，有些学者的“胃口”要小得多。《大国的兴衰》一书的作者——美国历史学家保罗·肯尼迪——将分析重点放在公元1500年以来全球经济力量对比的变化和军事冲突之上。他对世界格局中领先国家的相对力量从来不是一成不变的解释是，各国的增长速度不平衡以及技术上和组织上的突破可能使一国比另一国具有更大的优势。用肯尼迪的话说，蒸汽动力及它所依赖的煤炭和金属资源的发展大大提高了某些国家的相对实力，从而也降低了其他国家的相对实力；另外，在 18 世纪，当用以维持陆军正规军和海军舰队的费用惊人之大时，凡是能够建立起一个先进的银行和信贷系统的国家（如英国），都能在许多方面比对手占有优势。类似的技术突破和组织创新的事例在历史上是层出不穷的。一旦生产能力增加了，就需要对财富加以保护，同时财富本身又是保护财富之手段的军事力量的基础。如果一个国家过多地把资源用于军事目的而不用于财富创造，特别是借军事力量来获取财富的巨资超过对外扩张所带来的潜在利益，则该国的国力就会相对被削弱。国力被削弱的另一原因在于社会实行变革和技术创新的障碍过多，竞争受到压抑。反过来讲，国家的兴盛亦与此有关。⑦

从上面简短的叙述中，我们很容易看出汤因比和肯尼迪之间的区别：除“胃口”和方法上的不同之外，我们感兴趣的是后者把国家的兴衰问题置于“经济增长”的框架之中。这至少从表面上看，离经济学比汤因比更近了一步；换言之，对国家兴衰的原因说明转到了对经济增长或停滞的原因的分析上去了。如果我们沿此路走下去，我们就不得不对经济增长理论加以讨论。限于篇幅和本书关心的焦点，这种讨论只能用春秋笔法进行。广义的经济增长理论可以追溯到古典经济学的大师那里，如李嘉图的经济增长过程理论。自凯恩斯的《就业、利息和货币通论》（1936）发表后，经济增长理论逐渐成为经济学家们热衷的话题之一。其基本思路在于分析资本积累、劳动力和人口增长、技术进步及社会经济制度等因素之间的关系以及它们同一定时期的国民收入水平之间的联系。⑧人们曾经认为，促成经济增长的关键是把储蓄用于投资及与此相关的劳动和资本积累。哈罗德一多马模型可以被看作此理论的典型。但美国经济学家罗伯特·索洛指出，哈罗德一多马增长模型显然是漏掉了两项内容，即技术进步和按规模或比例的收益递增。⑨不仅如此，他还提出了一种用于测量技术进步对经济增长的贡献的所谓“余值”法。在此之后，爱德华·丹尼森对索洛模型中的“余值”（即扣除了经济增长中的资本投入和劳动增加两因素的贡献之后所剩下的因素）进行了更细致的、极富启发性和建设性的分析，并说明了余值是由同技术进步相关的诸因素构成的，如教育、革新、资源流动等。[10]

尽管索洛和丹尼森等人的工作相当出色，但在某些人看来仍非尽善尽美。曼瑟·奥尔森在赞扬了他们两个人的工作后又不无遗憾地说道，他们并未告诉人们经济增长的终极原因，即究竟是什么激励了储蓄和投资，是什么导致了创新，以及为什么许多创新和资本积累在某一社会或某一时期要比其他社会或时期更多。[11]为了回答类似的问题，奥尔森展开了由他首创的所谓“共谋分析”或“集体行动分析”。为什么个人在某种激励下会参加或拒绝参加集体行动，为什么小群体在特定条件下会联合成大规模组织并且采取一致的行动，以及集体行动的后果等内容，构成了共谋分析的框架。在逻辑分析的基础上，奥尔森给出了九项启示性的结论，其中心思想是稳定的社会（如边界不变）常常会导致越来越多的共谋和采取集体行动的组织（类似垄断组织），这些由特别利益集团构成的组织和共谋集团降低了它们所处的社会的效率和总收入，并且使得政治生活更加分裂不和；人们为追求集团利益而形成的所谓“再分配联合体”减弱了该社会采用新技术和随条件变化而重新配置资源的能力，从而使经济增长率下降，使得管理和政府的作用更加复杂并可能会改变社会进化的方向。在此理论的指引下，奥尔森对英国的衰落和日、德的“奇迹”进行了说明：在英国，控制大量社会资源的、具有垄断性质且压制创新的共谋组织，无论是在第二次世界大战后初期，如1949年，在第二次世界大战前，如1939年，还是在1971年，其比重要比在联邦德国和日本的比重高得多。也正是在此意义上，奥尔森提出了他那著名的、独树一帜的论断：那些充斥着心胸狭窄的利益集团的社会，将因诸如战争和革命的摧毁而在经济增长方面获益匪浅。[12]

尽管索洛和奥尔森都以经济增长及其源泉为主要研究对象，但后者显然更关心深层次的“制度僵化”问题。在以中国科技史为背景、以回答科技革命和产业革命为什么不在中国而在西方发生之问题为目的的研究中，李约瑟得到了同样的结论。和汤因比一样，他坚决地拒斥所谓的地理决定论和人种决定论，指责那种无视社会对科学的影响并把科学技术的发展归结为自发性和偶然性的做法。他努力到不同文明的结构中、到知识分子结构和经济结构中去寻求答案。最后李约瑟指出，现代科学之所以只在欧洲取得突破，其原因在于文艺复兴时期遍及欧洲的特定的社会和经济条件，即欧洲的贵族封建主义及伴随文艺复兴和宗教改革而来的商业资本主义以及后来的工业资本主义。当时中国是不具备这些条件的，或者说中国有着种种阻碍机制，如与富商的价值原则格格不入的文官体制观念、中国人对以道义力量表现的暴力的信奉和"村民—君主"社会的不干预主义等。一言以蔽之，是社会结构在科技革命中扮演了主要角色。[13]西方世界的兴起和东方世界的相对衰落便由此开始了。

肯尼迪《大国的兴衰》的第一章叫做"西方世界的兴起"。有趣的是，道格拉斯·诺思和罗伯特·托马斯合著的一本影响极大的书亦以此为名。(在这一巧合的背后，恐怕至少隐藏着这一议题巨大的吸引力吧!)这两本书的作者都试图为西方世界的兴起这一独有的历史成就做出解释，但坦率地说，其各自的说明方式却是大相径庭的。肯尼迪认为，正是经济的自由放任、政治和军事的多元化、学术自由等因素的相互作用创造出了"欧洲奇迹"。[14]而《西方世界的兴起》的作者则自信而肯定地说："一个有效率的经济组织在西欧的发展正是西方世界兴起的原因所在。"换言之，"有效率的组织是经济增长的关键"。诺思和托马斯在此将有效率的组织定义为能够在制度上做出安排和确立财产所有权以便造成一种激励的活动，这种激励会将个人的经济努力变成使私人收益率接近或等于社会收益率的活动。[15]他们拒绝承认技术创新、规模经济、教育和资本积累是经济增长——持续的人均收入的长期增长——的根本原因，而只是把它们看作制度提供激励后的结果。如果一个社会没有经济增长，那是由于制度没有为创新提供激励。至于为什么确立所有权的制度不曾演进到使个人收益与社会收益相等的地步，原因也同样是简单明了的：其费用可能超过收益；难以阻止“搭便车”现象。两位作者还认为，对制度创新本身亦应运用成本—收益分析方法，并且意味深长地说，导致制度创新这一西方社会兴起原因的主要参数乃是人口增长。

需要指出的是，有些学者不是从经济增长的角度，而是从经济发展的角度来考察国家兴衰问题的。约瑟夫·熊彼特便是其中著名的一位。所谓经济发展，按照约瑟夫·熊彼特的说法，指的是“对现存劳动及土地的服务以不同的方式加以利用”，或者说，是“执行新的组合”，即创新。[16]在他眼中，创新同经济发展可以说是同义语。没有创新就没有发展，而发展又只能是创新的后果。熊彼特在此所说的执行新的组合或创新，包括五种情况，即开发新产品、采用新的生产方法、开辟新市场、获得或控制新的原材料供应来源、实现新的工业组织。[17]新的组合的实现被熊彼特称为“企业”，而职能是实现新组合的人们被称为“企业家”。在这样一个分析框架中，是人，准确地说是社会中为数不多的企业家的行为，构成了经济发展的源泉。

我们在此列举了几位学者对经济增长或发展、国家兴衰问题的解答。显而易见，他们并不是对此类问题给予回答的全部经济学者，比如说我们至少还可以为这份名单增添两位——伟大的卡尔·马克思以及那位对发展经济学做出了很大贡献的威廉·阿瑟·刘易斯。马克思创建的生产力—生产关系、经济基础—上层建筑的研究范式，无疑对我们思考此类问题具有指导意义；刘易斯对决定经济发展的六个因素——其中第一个便是从事经济活动的愿望和决定它的经济制度——的详尽分析，亦颇具综合性和启发性。在这里不论及他们，绝非说其理论不重要，而是出于下述考虑：避免复述众所周知的理论以及避免雷同。[18]

§1.3 对前述诸种解释的简评及本书的问题

汤因比模型，即挑战—应战（或迎接挑战）模型，可以说是对文明兴衰的经典式概括。他用最精练、最简洁的语言表述了以文明作为单位的演进过程和缘由。迎接挑战是人类的反应，是人类的选择，体现了在某一文明下生活的人群的价值。汤因比在模型中强调人的选择，强调人的行为是文明诞生和延续以及发展之源的做法，是很值得我们奉之为楷模的。也许最值得借鉴的处理历史的方法之一，便是他所运用的，并且从某种意义上讲是被他发挥到了极致的方法论集体主义：他的研究单位或基本单元不是个人，也不是团体或群体，甚至不是国家民族，而是文明，是通常以民族国家为组成部分的文明。汤因比独树一帜，功不可没。但也许恰恰由于他的标新立异，才使得我们这样的后来人一方面获得灵感，受到启迪；另一方面又不至于除了效法之外无事可做。

汤因比可以说是在方法论集体主义道路上走得最远的人之一了。所谓方法论集体主义，简单讲是指最恰当或最有效的社会科学认识来自对群体现象或过程的研究。[19]群体的形式多种多样。无疑，文明是一种典型的群体，但国家、企业、社团同样也是群体。换句话说，群体研究不是唯一的。在此需要特别指出，以群体为研究单位仅是方法论集体主义的必要条件而非充分条件。汤因比在给出他把文明作为分析单位的理由时说，其原因主要在于单个国家不能自行说明兴衰盛败，故要将国家置于更为“广阔”的文明之中加以考察。如果说他有什么欠缺，那么便是他对群体的其他形式的看轻；考虑到即使以文明为单位进行应战最终的征战重担也是由每个人来承担的这一点，他对个人的选择或行为同样关心不够。

相比之下，保罗·肯尼迪的分析则是以国家为单位的。在此，群体的多样性显示出来了。如果再考虑到奥尔森突出对共谋集团——在相当意义上就是垄断企业——的研究，我们便可以看到一幅多样性群体并存的更为完整的画面。毫无疑问，阶级分析方法亦是一种方法论集体主义的表现形式。马克思不容置疑地是此方法的最强有力和最成功的倡导者和使用者。当然，运用这一方法，或者说从阶级或阶层角度来分析人类行为的绝非只马克思一人。李约瑟在讨论中国式的文官体制同富商价值体制的冲突时说，在当时中国的社会里，资本的积累实际上是办得到的；但把资本投入到永久性的工业生产企业中去，却一直受到士大夫的阻挠，因为他们怕危及其至高无上的地位。从李约瑟的这段陈述中，我们不难体味出其中的阶级分析的含义，尽管他对阶级的划分方法具有一定的独特性。至此，由文明、国家、国家内横向冲突的集团以及纵向对抗的阶级或阶层所组成的集体行动历史分析框架便完成了。这也正是本章讨论上述作者的观点并使之相互补充、相得益彰的原因之一。[20]

在承认挑战—应战模型是分析集体行动基础模型的前提下，我们已原则上可以接受下列见解：应战群体的多层多元性。这一结论从挑战本身具有的非中性，即对不同群体意味着不同的事推导出来。从一般意义上讲，作为一个物种的人类，他所面临的永恒的一项挑战便是为生存而搏。这一点恐怕对原始人类来说更为直接、也更为严酷。然而，对某一群体，尤其是某一民族国家而言，更为严峻的挑战却是来自对本民族文化的威胁，或者说是对作为一个经济文化实体的存在的威胁。如果说前一种挑战是以人类生存物质资料的绝对数量表现的话，那么后一种挑战则是以各民族国家的相对发达程度的高低为特征的。各文明的兴衰也罢，各民族国家的盛败也罢，均不过是对两种挑战的应战结果而已。而经济增长，无非是该结果的具体表现形式。这大概就是许多政治经济学家下大气力深究经济增长的源泉的原因吧！在这里需着重强调一点，即挑战的形式除前面两类外，还有第三类，我将其称为形形色色的具体挑战。这些挑战可能是针对一些人的（如企业或某一阶层），也可能是针对某个人的。如果我们在此把技术进步看成制度的函数，这些挑战的结果都无非是成功的或失败的应战，具体表现为某种制度的功能良好与否。

既然经济增长只是应战成功与否的一项指标而非应战本身，那么我们必须进一步讨论应战的手段或途径。实际上，在上一节中叙述的诸位学者的观点已经对此问题给出了较为全面的回答。归纳起来应战大体上有下列几项内容：技术进步、社会结构、企业家创新活动、产权制度的确立、帝国力量的过度使用与否、资本积累、政府的作用、集体共谋合作、决定从事经济活动的愿望及经济制度等。在对它们稍加分析后，我们便很容易发现上述各种说明经济增长快慢的原因并非处于同一层次且众说纷纭。奥尔森对索洛和丹尼森等人工作的不满便是一例。的确，我们不难证明技术进步对经济增长的贡献和企业家创新行为对经济发展的意义，同时也很容易找到政府决策、资本积累乃至人口变动对经济增长施加巨大影响的事例。然而，它们都不是终极原因，因为它们没有回答奥尔森、诺思和李约瑟等人关心的问题：人们出于何种考虑去从事技术创新、资本积累和企业层次上的组织创新呢？政府作为一种集体行动的代表（虽然它可能常会偏离代表大众利益这一原则），为什么会在不同的国家中起着不同的作用？为什么它这样决定而不那样决定？[23]

从表面上看，刘易斯、诺思和李约瑟关心的领域似乎天差地远，但深究之后，我们便可以发现三者理论中的同构性，即制度对人的激励与约束，从而对人的目标和行为施加了重大影响。而正是人们对资本积累、技术创新的态度直接决定了经济增长。至于政府，其发挥作用的前提恐怕仅在于它作为制度的监督人和维护者的身份，尽管在许多场合，它同企业家一样可以自行创立制度和实行制度创新，但这类行为又必须是在政府所维护的制度允许范围之内。这里有必要指出几点：第一，奥尔森尽管提出了他颇具启发性的问题，并用共谋分析解答了引起滞胀的谜，但他并未就制度本身的决定意义给出一般性的和充分的阐述。第二，李约瑟的社会结构概念虽略带模糊之感，但仍可以被视为广义的制度，因为按照本书的定义——下面还将深入讨论——制度无非是规则和习惯。第三，刘易斯和诺思虽然都明确地强调制度对经济增长和发展的决定性作用，但他们各自的侧重点又各有不同。如刘易斯除了强调保护个人物质利益、促进贸易与专业化和确立经济自由的经济制度外，还将诸如资本积累和人口、政府等作用纳入其分析之中，而诺思则似有让产权制度独领风骚的倾向。显然，产权制度虽至关重要但却不是制度的全部，而用列举法来概括产权又缺乏对制度的一般性说明。

第四，说明制度的作用的不只局限于上述诸位，而是大有人在。如肯尼迪就曾突出地强调了英国在成为世界霸主的过程中先进的银行和信贷系统的作用；熊彼特在给企业家以显赫地位的同时，特别说到了信用制度和实现创新之间的联系。[22]

对国家兴衰问题的解释，我认为至少有三个原则是我们必须遵循的。第一，所给出的解释应该具有普遍适用性；第二，所给出的解释应该具有终极性，尽管完全做到这一点很不容易；第三，所给出的解释原则上讲应该是可检验的。关于第一点，说得通俗点就是，决定国家兴衰的“东西”对每个国家或地区而言都是存在的、起作用的。用数学语言讲，它（们）应该是一个公分母。我们知道，只有英国有“大笨钟”（big ben），只有德国人才吃许多叫做“sauerkraut”的酸黄瓜，也只有中国才有长城。但用这些独一无二的东西来解释上述三国的兴衰盛败，总会给人以荒谬之感。究其原因，恐怕与它们的非普遍性多有瓜葛吧！我拒斥人种决定论的原因也在这里。事实上，文明之沉浮凋荣本身，就已经不容置疑地否定了人种因素在决定文明兴衰过程中被某些人（典型的有阿道夫·希特勒）所赋予的至高无上的地位，因为我们不能假定生活于某种文明之下的人（们）在迎接挑战时一会儿聪明（种族优越），一会儿糊涂（种族劣根）。关于解释的终极性，在此我想借用一下奥尔森的形象表述。在批评索洛等人的技术进步决定论时，奥尔森指出，索洛等只是追究了河水得以汇集的湖泊和细流，但却没去解释降雨；也没有对“经济进步”这条运河的淤泥——或增长的制约——做出说明。奥尔森将“经济进步”比作一条运河，在我看来十分贴切，因为运河本身就表明了它是一种人工制品。由此得到的启发是，国家兴衰沉浮的终极原因只能到人类的选择或行为中去寻找；而人类的选择或行为又不是在“真空”中发生的，而是在多种约束或激励网中形成的。我十分欣赏奥尔森、诺思和李约瑟等人的理由，也恰恰在于他们的解答多少触及了下述基本问题：为什么有些国家中的人群不去从事有利于经济增长的活动？为什么某些国家的臣民倾全力于此却事倍功半？要回答这样的问题，只能用具有普遍性的“工具”。至于解释或答案的可检验性，窃以为它是一个必要的技术性条件。它一方面可以排除“日本的经济成功在于其国民喜好樱花”这类无法广泛地得到检验的命题；另一方面，也更为重要的是，由于它的存在，本书所要进行的讨论还披上了“科学”的外衣，至少在逻辑实证主义者看来是如此。[23]

至此，给出本书所要阐述的一个中心论点的时机已经成熟了，那就是，虽然人类迎接挑战的行动各式各样，但其中最具有应战性、最能够体现出人类智慧的应战手段不是别的，而恰恰是制度的确立与改进。换言之，制度既是人类应战的结果，同时又是能否成功地迎接进一步的挑战的先决条件。毋庸讳言，把文明看成是由各种规则和习惯组成的制度是本书的一个顺理成章的推论。这样，无论是文明的兴败还是国家的盛衰，甚至是企业或政党的沉浮，均可归诿于低效的或不合时宜的制度和行之有效或恰逢其时的制度。在这里，读者们不妨自己去“检验”一下，制度决定论的解释是否满足了上面我讨论过的三项原则。不过在我看来，它自然是很好地与三项原则相吻合了。

也许有人会对这种制度决定论色彩颇浓或有泛制度主义之嫌的看法表示怀疑。不过我以为，在本书目前所进入的阶段，对此抱有怀疑态度是自然的，因为对制度理论的深入讨论尚未全面展开。也正是在这个意义上，我们与其说制度决定论是一种理论，不如说它仅是一个假说或一个问题。它还有待于从逻辑上和经验上做出说明。本章到目前为止之所以对各家理论进行论述，原因一方面在于阐释国家兴亡问题的重要性和我对它的关注，另一方面又在于引出制度这一根本性的范畴，并以此来展开对决定国家兴衰的人类集体选择行为的研究。仅从方法论上讲，有些人认为假说的真实性本身并不重要，但我想如果我们能够将假说置于更为坚实的经验基础之上，不是会更好些吗！但愿上文在这方面能够满足该“假说”，准确地说是“理论硬核”的要求。

从前文我们已经看到，许多人在讨论制度方面已经走到了前面。另外，还有大量的本书尚未提及的学者对制度的不同侧面进行了深入的探讨。尽管有“阳光之下无罕事”的谚语，尽管有不少伟大的哲学家和经济学家[24]一直在告诫世人在理论上可能有的只是重复发现，但是就理论的某一点的专门研究，就原有或已有的一般性理论的具体化分析，就既有零散理论的系统化努力而言，恐怕后来者还是能够有所作为的吧，更何况借助于新的工具我们还确有可能在阳光下看到些新的东西呢！从不同角度及在不同的时间进行观察可能同样会得到类似的结果。

对本书的核心问题——制度在国家兴衰过程中的举足轻重的作用——的展开式讨论可以概述如下：初始挑战的细微差别及人们认识上的局限性等，可能会对制度的巩固和演化施加重要的影响。再通过对制度范畴、制度的起源与演进及功能的深入分析，特别是借助于诸如“制度非中性”以及“狐兔原理”（个人利益最大化行为可能导致最糟糕的结果）等理论，我们便可以着手对本章提出的国家兴衰之谜的谜底进行尝试性探索。从逻辑上讲，使文章的首尾相互呼应亦是我追求的一个目标。趋向繁荣昌盛，避免衰落败弱，在相当程度上取决于个人对制度的择优，故讨论一下制度的选择标准问题也是有益的。更具体地说，制度的内涵和外延是什么，作为集体行动的形式和结果的制度是如何起源和演进的，制度何以对集体行动乃至个人行动产生举足轻重的影响，构成集体行动基础的个人选择对制度的形成与变迁的意义何在，制度的经济学含义是什么，制度分析同一般的经济分析的关系怎样，如果制度相对来讲有优劣之分，为什么人们竟会选择按经济学标准衡量是糟糕的制度，等等，构成了本书的基本问题框架。而对上述问题的尝试性解答则构成了本书下述各章的内容。

§1.4 本书的设计或构想

在第2章，我准备集中讨论一下方法论问题，实际上，它们又是本书进行逻辑推理和经验说明所依据的各种程式或轨迹。方法论的重要性我们已经在评价本书曾提到的对国家兴衰的各种解释中看到了；更重要的是，通过对方法论的讨论，我们便可以使论述更加条理化和使问题及解答问题的思路明朗化。方法论集体主义和方法论个人主义将构成下一章的基本内容之一；对以“假设—演绎—检验”为主要特征的演绎方法和以经验为前提的归纳方法的讨论是下一章的另一基本内容；实证方法与规范方法亦是我所关心的问题。总体而言，本书对各种对立方法论采取的是一种折中或中庸的态度：既旨在扬长避短、趋利避害，又意在顺应自然，因为我们所面对的世界并不允许走极端，或干脆没有什么极端可走。

鉴于制度一方面是人类行为的产物，另一方面人的应战行为又受到既定制度的制约或激励，因此，在接下来的第 3 章和第 4 章我打算详细讨论有关人的行为假定问题和制度这一关键性范畴。人的行为分成集体行动和个人行动。对行为的分析主要是力求对人为什么这样或那样行动给出一种基础性说明，其中“经济人”、理性、稀缺性、偏好及与此相关的心理假定将被纳入分析之中，同时对诸如与人类选择有关的外部性、规模效益、比较利益及不确定性等辅助性假定的讨论亦将被包括进来。正像狐狸吃不着葡萄会说葡萄酸一样，制度这一约束条件亦会影响人们的偏好或目标。显而易见，为了澄清前述讨论和为以后的分析铺平道路，什么是制度的问题必须首先被加以解决。我曾概括说制度是规则和习惯的复合体。但必须承认，这种说明只是一般性的，它还不足以说明制度的丰富内容；不仅如此，制度范畴并非凭空而来，而是建立在前人或同代人的细心观察和谨慎归纳之上的。因此，对制度范畴的讨论，除了涉及其内涵与外延之外，还会旁及他人的有关议论。

关于制度的起源与演进的实际过程及理论，在第 5 章和第 6 章中扮演着主要角色。借助对历史事例的描述或“再构造”，我试图从中引申出一些基本的制度起源的条件和途径。为此，我将特别剖析一下美国 1787 年宪法的创立过程，从而窥视其中的机制：由个人利益冲突到利益集团的争斗。第 5 章要讨论的这些内容，意在为提出某种制度起源与演进理论奠定经验基础。

当然，如果仅仅把制度的起源问题理解为经验性描述，至少是不完全的。经验证明的确十分重要，但我还是想由此建立起一个制度起源的理论模型，其前提自然是人的主动性及制度所具有的潜在或现实功能了。说到制度变迁理论，它不外乎两项内容：制度的演进及创新。显而易见的是，制度的起源问题与创新、演进可能是重叠的。对现有理论的评述无疑是讨论的重点之一。如果我们承认挑战是制度起源与演进的根本动因，而且制度又是应战的手段，那么挑战的形式和应战的形式及主体亦应构成一个话题。第 6 章的内容已不算少了。有必要强调一句，这两章是本书的重头戏之一。

在接下来的第 7 章中，我将把注意力集中在对制度功能的分析之上。换句话说，我准备回答制度为什么以及通过什么途径影响或决定人的选择行为。为了说明制度的功能，亦即“制度决定论”本身，对事例的借助和用经济数学模型进行的说明，自然是必不可少的。不难想象，同一制度的功能不仅有其积极的一面，而且可能有其消极的一面；仅就两个制度来说，恐怕也有优劣良莠之分。所有这些问题都是我感兴趣的问题。在本章，由于仅考虑制度的功能，所以人的行为暂时被假定为被动的，也就是说，他或她只力求在既定的规则约束下使自己的目标得以最大化地实现。从一般意义上讲，制度的基本功能在于为人类迎接挑战提供一种手段。

一般而言，人类面对的是相同的问题。但由于种种原因，如地理的、随机的，特别是既定制度等因素的影响，不同人或不同群体所遇到的挑战是千差万别的，进而他们各自所选择的应战手段即制度亦大相径庭。鉴于此，再考虑到前述各章的分析，我们便可以着手对第 1 章提出的国家兴衰之谜进行尝试性或探索性的解答：是制度的良莠不齐在起决定性作用。为了说明这个十分简单但却是本书核心的结论，我想首先要处理的便是下面两个从全书的逻辑来说是必备环节的问题：什么样的制度才是理想的制度（为此我讨论了所谓适宜制度概念）？为什么寻求自身利益最大化的个人会选择一个于国家昌盛不利并且最终可能也于己不利的制度？第 8 章的主要内容就是这些。

“结束语”承担的是对全书的回顾与总结的任务。从逻辑上或方法论的角度来完成这项工作可以说是它的特色。此外，某些涉及全书的补充说明以及需要进一步研究的问题亦将在“结束语”中给出。

[注　释]

①有关国家兴衰之谜的讨论参见曼瑟·奥尔森所著的《国家的兴衰：经济增长、滞胀和社会僵化》第 1 章（MANCUR OLSON. The Rise and Decline of Nations：Economic Growth，Stagflation and Social Rigidities. Yale University Press，1982）。

②罗志如，厉以宁．二十世纪的英国经济："英国病研究"（上编）．北京：人民出版社，1982。

③众所周知，统一的德国已于 1990 年 10 月 3 日成立，从而结束了长达 40 多年的分裂局面。本书在此之所以只说联邦德国，原因在于它的经济成就要远远超过民主德国，而且按照习惯，经济奇迹指的亦是前者。联邦德国的兴起，按照其经济史学家韦·阿贝尔斯豪泽的说法，不是开始于 1949 年 5 月 23 日的联邦德国建国之日（尽管那天阿登纳以议会理事会主席的身份宣布了根本法），因为早在建国之前其经济发展的轨道和经济秩序的构想就已经被调整。同样，把进行币制改革的 1948 年 6 月 20 日看成是三国占领区成立共和国的真正建国日，也是名不副实的。在 1945—1948 年间，人民节衣缩食为经济复兴奠定了基础，为联邦德国经济的发展做出了贡献。他认为，1947 年才应是联邦德国的经济奠基之年，或者说，联邦德国经济史包括了一个“史前阶段”。有关论述见韦·阿贝尔斯豪泽．德意志联邦共和国经济史（1945—1980）．北京：商务印书馆，1988：3－4。

④这是英国著名中国科技史学家李约瑟（Joseph Needham）毕生所关注的问题。他的有关论述见 J. 李约瑟．东西方的科学与社会．M. 戈德史密斯，A. L. 马凯．科学的科学——技术时代的社会．北京：科学出版社，1985。

⑤汤因比．历史研究．上海：上海人民出版社，1987（ARNOLD J. TOYNBEE. A Study of History. Abridgement of Volumes Ⅰ—Ⅵ by D. C. Somervell. Oxford University Press，1956）。

⑥汤因比指出，衰落的实质可以归纳为三点，即少数创造者不再有创造力量，因此只变成了少数“统治者”；随之而来的是多数民众撤回了他们的支持和模仿；最后的结

果便是社会作为一个整体失去了统一。参见汤因比著《历史研究》第13章。关于文明兴衰的论述，参见该书第4～22章。

⑦保罗·肯尼迪举例说，在16世纪，诸如明代的中华帝国和奥斯曼帝国等，虽表面看上去比欧洲诸国都威严，更有组织，但又都深受中央集权制度之害。这种制度强求统一的信仰与实践，不仅信奉统一的官方教条，而且在诸如商业活动和武器发展领域内也是如此。相对而言，欧洲却没有类似的权威，各王国和城邦彼此争战，从而促使它们不断追求军事及与之密切相关的技术、商业的进步和创新。这一切使它们领先于世界上所有其他地区。参见保罗·肯尼迪．大国的兴衰．北京：中国经济出版社，1989（PAUL KENNEDY. The Rise and Fall of the Great Powers，1988）。

⑧西方经济学家一般认为，尽管社会经济制度在经济增长中有相当的重要性，但只能把它作为给定因素而不予以考虑，如在哈罗德－多马增长模型、索洛－斯旺模型中便没有经济制度的地位。关于增长理论的一般说明，参见余永定．索洛及其对经济增长理论的贡献．罗伯特·M. 索洛．增长理论：一种说明．北京：华夏出版社，1988。

⑨罗伯特·M. 索洛的《增长理论：一种说明》第29页。在该书中，索洛集中讨论的是技术进步而非效益递增。为此他给出的理由是，在实际经济学中，技术进步较之规模效益递增更重要，因为可以从理论上说明为什么技术进步可能被迫成为一个稳定的状态的存在所需要的特定形式。

⑩爱德华·丹尼森的理论被称为“增长因素分析”，即把被观察到的国民收入增长分解为几个部分，从而显示出经济增长的原因。他的理论主要体现在《美国经济增长因素和我们面对的选择》（1962）一书中。中文参见外国经济学说研究会．国外经济学讲座（第1册）．北京：中国社会科学出版社，1981；马克·布劳格．凯恩斯以后100位杰出的经济学家．成都：西南财经大学出版社，1989（MARK BLAUG. Great Economists Since Keynes，1985）。

⑪奥尔森的有关观点参见曼瑟·奥尔森《国家的兴衰：经济增长、滞胀和社会僵化》第4页。顺带说一句，对索洛理论进行批判的大有人在，他们大都反对索洛把技术进步作为外生变量来处理。

⑫奥尔森的有关说明参见曼瑟·奥尔森《国家的兴衰：经济增长、滞胀和社会僵化》第2、3、4章。关于共谋集团的具体数字，奥尔森引用的是：在1971年，英国所有协会组织的51%在1939年就已经存在；联邦德国和日本相应的数字分别为24%和19%。这一切无疑同英国的稳定、免遭侵略和在民主制中允许自由联合有关（第79页）。

⑬李约瑟的有关分析参见其《东西方的科学与社会》。在此有必要特别指出的一点是，李约瑟认为，科技革命没有在中国出现绝不是由于中国人的思想贫乏、知识分子不足和没有哲学传统；相反，中国人的思想和哲学传统在许多方面都比基督教徒的世界更能和现代科学合拍。

值得一提的是，在《西方社会结构的演变》（成都：四川人民出版社，1985）一书中，金观涛和唐若昕对工业革命首先在英国爆发问题的解答倾注了相当多的精力。他们否认了商品经济发达和具备经济起飞条件是它的答案，因为当时至少法国和德国同英国处于同一水平，而英国自耕农的消灭又是和工业革命同步的。他们认为重要的是英国在17世纪完成了资产阶级革命。结果此问题就变成了另一个问题，即英国为什么最早爆发了资产阶级革命。

⑭参见保罗·肯尼迪《大国的兴衰》第 35 页。

⑮道格拉斯·诺思，罗伯特·托马斯．西方世界的兴起．北京：华夏出版社，1988：1（DOUGLASS C. NORTH AND ROBERT P. THOMAS. The Rise of the Western World：A New Economic History. Cambridge University Press，1973）。此节所涉及的诺思和托马斯的理论，均源于该书的第 1 章。关于诺思的“交易费用分析方法”，我们在后文还会详细讨论。这里提到它，只是为了引出我们所关心的问题。

⑯约瑟夫·熊彼特．经济发展理论．北京：商务印书馆，1990：106（JOSEPH A. SCHUMPETER. The Theory of Economic Development. Harvard University Press，1934）。

⑰同上书，第 73~74 页。

⑱刘易斯的有关理论主要是在其《经济增长理论》一书中给出的。六个因素的具体内容是：(1) 从事经济活动的愿望和决定它的经济制度（其中经济制度有决定性作用）；(2) 知识的增长与运用；(3) 资本积累；(4) 人口对经济发展的影响；(5) 国际关系；(6) 政府的作用（WILLIAM ARTHUR LEWIS. The Theory of Economic Growth，1955）。稍加比较，我们便可发现它们与前述诸解释的相似之处。中文参见北京大学经济系《国外经济学评价》编辑组．国外经济学评价（第二辑）．上海：上海人民出版社，1982。

⑲沃伦·萨缪尔斯．经济学中的意识形态．西德尼·温特劳布．当代经济思想——若干专论．北京：商务印书馆，1989：30（WARREN J. SAMUELS. Ideology in Economics，in Modern Economic Thought，edited by SIDNEY WEINTRAUB. Oxford：B. Blackwell Ltd.，

1977）。关于方法论集体主义，我在下一章将详尽讨论。

⑳如果将历史研究或经济史研究所使用的方法唯一地归结为方法论集体主义是欠妥当的，尽管它被普遍地并被多层次地使用。1955年前后，在法国诞生了一个所谓历史人口学派。该学派的经济史和人口统计学家们试图通过回答人口增长的原因式的问题来解释经济增长。为此他们创造并运用了一种微观方法，或曰“家庭重现法”，即对法国17世纪晚期以来和英国1538年以来的教区登记册分门别类地进行概括。这种分类的基础是一个个有名有姓的家庭，把有关出生、婚姻和死亡的所有证件合并为一项档案，把每个人当成一个具体的人加以识别。显而易见，这种方法是有别于方法论集体主义的方法论个人主义。关于后者，在下一章中我还会专门论述。以上所谈，参见杰弗里·巴勒克拉夫．当代史学主要趋势．上海：上海译文出版社，1987：121－130（GEOFFREY BARRACLOUGH. Main Trends of Research in the Social and Human Sciences：History. Mouton Publishers，1978）。

㉑丹尼森在研究了50篇论技术与经济增长的论文后告诫说，要把所谓“创新”这一模糊因素的成分确定下来非常困难。他随后否定了政府资助的研究与发展项目是经济增长最重要的原因的看法，并进一步指出，更重要的可能是一种处于无组织状态的创新，其基础是无数细小的改进。丹尼森的这种表述，实际上已经反映出了他对技术创新的深层原因的关心，其中，“无组织状态”就是一个解释。

㉒熊彼特写道，信用或信贷现象的要旨在于，它是为了授予企业家以购买力而进行的购买力的创造，但并不单纯是现有的购买力的转移。原则上讲，购买力的创造标志着在私有财产及劳动分工制度下实现发展的方法。参见约瑟夫·熊彼特《经济发展理论》第119页。

㉓逻辑实证（或经验）主义者德裔美籍科学家卡尔·亨普耳曾讲过一段十分精彩的话。他说：“科学毕竟关心的是提出一种与我们的经验有清晰的、逻辑的联系的，并且从而能够进行客观检验的世界观。由于这个理由，科学的解释必须满足两个系统的要求：解释相关要求和可检验要求。”卡尔·亨普耳．自然科学的哲学．北京：三联书店，1987：88（CARL G. HEMPEL. Philosophy of Natural Science. Prentice Hall，1966）。尽管逻辑实证主义受到了来自库恩、费耶阿本德等人的批判（如否认“不偏不倚的”检验），但其精神倾向却是可取的。有趣的是，亨普耳认为“假说—实验检验”在社会科学中的适用对象的名单中并没有经济学。

㉔英国哲学家路德维希·维特根斯坦曾写道：“必须说新东西，可是它肯定全是旧

的。”路德维希·维特根斯坦．文化和价值．北京：清华大学出版社，1987：56（LUDWIG WITTGENSTEIN. Culture and Value. The University of Chicago Press，1980）。又如罗伯特·K. 默顿在《科学社会学》中清楚地说明了“原则上所有的科学发现都是重复性的，包括那些表面上看来是一次性的科学发现在内”。经济学家乔治·J. 斯蒂格勒将此论点“看作解释经济学方面的科学发现的一项原则”。斯蒂格勒．经济学家和说教者．上海：上海三联书店，1990：143（GEORGE J. STIGLER. The Economist As Preacher and Other Essays. The University of Chicago Press，1982）。默顿的话亦转引于此页。

第2章 对制度进行经济分析的方法论

据说乔治·斯蒂格勒曾讲过这样一句话：在65岁以前去关注方法论问题是愚蠢的。每当我试图思考一下方法论问题时，耳边就总是回响起他的这句话。然而，似乎我又无法回避这个问题，因为如果我们仅仅是把方法论狭义地看作形成思想的方式并将所形成的思想有条理地叙述出来，我想对方法论的讨论无疑会有助于人们之间思想的交流或沟通。说得更绝对点，澄清叙述者的方法论可能是更好地相互理解的必要条件之一。这些便是我写作本章的初衷。借此机会结合经济学来谈谈我对方法论问题的思考，特别是用在此讨论过的方法论来“规范”或“指导”下面各章的分析，可以说是我撰写本章的另一潜在动机。至于其他理由，在对方法论讨论过程结束时将会被给出。

§2.1 作为理论框架的七要素

人类在从不同的角度认识他们所处世界的时

候，建立起了各种学说或学科。表面上看，它们似乎大相径庭，但实际上它们又都有着类似的理论结构。或者说，任何一门学科恐怕都是由下述七要素构成其基本的理论框架的，这七要素是：基本假定、概念、现象范围、特定理论、问题、检验方法和价值观念。[①]显然，如果承认经济学是一门科学，那么对经济学理论或模式，我们亦可以从上述七要素加以分析和把握。下面让我借助对七要素的逐项说明来粗略地阐述一下七要素分析法在制度分析中的使用。

基本假定对研究对象来说，或多或少是作为不言自明、理所当然的常识而出现的。在经济学领域内，说“经济人”是一个最重要和最典型的基本假定，恐怕大多数经济学家都会赞同，尽管有些人对其内在含义的理解略有差异。在对制度功能的经济分析中，我在把个别的行为主体假定为同质的“目标追求者”的基础上，将重新对“经济人”假定加以限定。简单地说，“经济人”是有目的的动物，是努力使其预期收益达到最大的人。而且其目标的实现与其说是受制于他（她）拥有的信息，不如说取决于对制度的理解、运用和创新。此外，稀缺性亦是经济学（也可能是社会科学）的一个基本假定。不言而喻，基本假定扮演的是演绎推理的逻辑前提的角色。

任何理论大厦都不外乎是由一块块概念砖瓦盖成的。一般来说，概念是对社会现实加以定义的最小单位，同时也是理论的浓缩。显而易见，制度及与其有着等价关系的规则和习惯范畴等以及作为它们最重要的表现形式的财产权关系等，是制度理论的最基本也是最核心的概念。除此之外，经济学的众多概念，如成本—收益、偏好、信息与不确定性、技术及技术进步、交易、外部性、规模效益等，以及其他学科中的概念，如文化、嫉妒、攻击性等，本书都将会有所涉及或借用。

至于现象范围，指的是某种研究所确认的最重要的社会现象领域。无须赘言，现象范围是使一门学科或同一门学科内的某一领域的研究有别于他种研究的基本特征之一。本书所涉及的现象范围，乃是用经济学的范式——以效率为核心——来对制度这个人类迎接挑战的手段加以分析。

而特定理论，则是关于两个或多个概念的陈述。说得更通俗些，理论（至少在我看来）不外乎是在多个概念（包括假定）之间用推理来架起的因果关系的桥梁。某一特定制度起源的缘由，来自它可能促使不确定性和外部性减弱和规模效益提高，便是制度起源的一种特定理论说明。

所谓问题，则是指建立在某种假定之上的、以特定概念为构件的特定理论所提出的在某一现象范围内尚未得到适当解释的现象或疑惑。具体到制度分析，本书努力要解答或加以系统说明的，简言之就是有目的的个人行为如何最终会形成集体行动，为什么集体行动的形式——制度——具有特定的功能以帮助人们应付挑战，以及制度变迁或创新的机制何在等问题，并最终回答制度在国家兴衰中的作用这一核心问题。在此有必要补充一句，即问题在此可以等价于假说。表面上看，基本假定和假说相去不远，但实则有着某种根本的区别。前者是进行演绎推理的前提，而后者则提出来要被解决和论证陈述。制度先于行为是本书要给出的另一个基本假定。它几乎等于说，一方面，制度在经验上先于我们绝大多数人的存在——我们一生下来就已经面对着既定的、非我们所能控制的各种制度；另一方面，我们的目标形成和对手段的选择也是受制度束缚的。

检验方法讲的是判定理论本身的可信度的手段。一般而言，人们通常使用两种检验方法，即经验检验和逻辑检验。我在借助理论来解答或阐述问题的过程中，所运用的事实支持和推理论证，本身就带有检验的色彩。至于对制度理论尤其是对在此基础上得到的“问题”的答案的全面检验或批判，还是留待以后去做吧，因为本书的主要意图仅在于阐述经济制度与人类行为相互作用的有关理论。

说任何经济理论或模型均明确地或含蓄地带有价值色彩是丝毫都没有夸张的。这一方面是因为要把对制度的分析和对制度的评价割裂开来根本无法做到——其结果只能是要么支持这种价值，要么反对它；另一方面是因为在对制度进行分析之前，价值可能就早已悄然介入了。由于对价值观念的讨论在下面谈及实证经济学和规范经济学时还会触及，故在此不再赘述。

坦白地讲，本书打算系统论述的理论，严格说同样是由上述七要素构成的。这一点我们实际上已经从本书的设计或各章的安排中看到了。本书与之有所不同的除了重视程度略有差别外，如对基本假定、概念及理论构建的青睐，还在于与七要素分析所述的次序有异。把问题突出地置于文章之首以引出下文，其理由大概是不言自明的。强调基本假定、概念和问题，特别是关于问题的解答，主要是考虑到正是它们通常构成了整个理论的“硬核”。[②]说到硬核，我在这里想强调一下方法论的地位。按照理论硬核的要求，即区别各种不同理论的关键，方法论至少具有硬核的部分性质，因为方法论上的差别，如方法论个人主义和集体主义及实证研究和规范研究（重视价值判断），极可能导出各异的理论及有天壤之别的结论。这同时也是我专辟一章来讨论方法论的原因。或许方法论亦应成为要素之一，即“第八要素”。

§2.2　方法论个人主义和方法论集体主义

按照沃伦·萨缪尔斯的说法，所谓方法论上的个人主义是指：“最恰当或最有效的社会科学认识来自对个体现象或过程的研究。”[③]由于个人主义往往同自由主义纠缠于一体，故有些人，如马丁·斯坦尼兰德就将方法论个人主义称为正统的自由主义，其核心内容在于，把个人（他或她的行为和利益）看作分析和规范化的基础；而社会则被视为一种个人追求其自身利益的总量结果，相应地，政治（和国家）便成为个人得以通过它而寻求自身利益的一种机构。[④]如果说上述两人仅在尽可能客观地陈述方法论个人主义的定义，那么下面将要提到的哈耶克的言论，则带有强烈的感情色彩。他写道：“我们在理解社会现象时没有任何其他方法，只有通过对那些作用于其他人并且由其预期行为所引起的个人活动的理解来理解社会现象。”“正是通过研究个人活动的综合影响，才使我们发现：人类赖以取得成就的许多规章制度，已经在没有计划和指导思想的情况下产生出来，并且正在发挥作用。”[5]

也许将方法论个人主义最系统地加以阐述并把它当作原理来加以推崇的人，当首推经济学家路德维希·冯·米塞斯。在他眼中，经济学的恰当名称应该是行为学，其研究对象是各个个人的行为。米塞斯指出，构成方法论个人主义原理的内容有三项：(1) 任何行为都是由一些个人做出来的。一个集体的有所作为，总是经由一个人或多个人做些有关这个集体的行动而表现出来的。一个行为的性质，决定于行为的个人和受该行为影响的各个个人对于这一行为所赋予的意义。(2) 人生就是一个社会过程，但这个过程是发生于人与人之间的。个人行为的变动不拘，就是这个过程的进展。除掉了个人，也就没有这样的过程。除掉了个人行为，也就没有任何社会基础。各种分工下的社会合作，只有在某些个人的行为中才能看得出来。(3) 集体无法被具体化的集体认识，总是由于那些行为的个人赋予它的意义。[6]应该说，米塞斯为方法论个人主义所做的辩护是具有令人信服的一面的。

作为方法论个人主义的对立面，方法论集体主义对我们来说并不陌生，因为我在上一章曾引用了萨缪尔斯的定义，即最恰当或最有效的社会科学认识来自对群体现象或过程的研究。那些对自由主义进行“社会批判”的人争辩道：假定处于孤立状态的个人行动并承认其存在，是十分荒谬的；恰恰是“社会”使个人行为得以形成。[7]作为哈耶克批判对象的集体主义被描绘成这样一种理论：它谎称能够直接把社会那样的整体理解为自成一体的存在，它似乎独立于构成它的个人。[8]虽然我们还没有发现如同米塞斯那样坚定地、毫无保留地敬奉方法论个人主义的倡导方法论集体主义的经济学家，然而我们却不难看到有一批带有很强的方法论集体主义倾向的学者。美国的制度学派便是一例。该学派认为，经济行为是适应环境的一种结果，因此它只能通过对制度的描述得到最好的理解。[9]在这里，制度显然是一种集体产品或公共产品；而强调从集体行动的结果来解释或理解个人行为，似乎应当构成方法论集体主义的一项重要内容。

正如本书在第 1 章中所论述的，虽然我们找不到热烈鼓吹方法论集体主义的人，但我们的确看到了一组自觉或不自觉地运用这一方法的学者。他们研究的起点或单位不是个人，而是以国家、文明或阶级表现的群体。在此，我想特别谈谈马克思的阶级分析方法。在《共产党宣言》中他写道："在过去的各个历史时代，我们几乎到处都可以看到社会完全划分为各个不同的等级，看到由各种社会地位构成的多级的阶梯。"在"我们的时代，……整个社会日益分裂为两大敌对的阵营，……资产阶级和无产阶级。"[10]它们各有其自身的且相互对立的阶级利益。马克思的伟大之处既体现于他明确和熟练地运用了方法论集体主义，又表现在他深刻地揭示出了这样一点：不仅存在着超越个人利益的集体利益，而且对集体利益的考察较之对个人利益的关注更有科学性。也正是在此意义上，马克思拒绝把人的本质看成是单个人所固有的抽象物；相反，他把它看成是"一切社会关系的总和"[11]。在这里需要突出强调一句，马克思无论是在思想史上还是在对人类社会实践的影响力上，远在本书所提到的其他学者之上。我在此谈马克思的阶级分析方法，旨在阐述方法论的运用之道，更重要的是彰明马克思对方法论集体主义的成功运用。

简单地说，方法论集体主义和方法论个人主义之间的差异点，对我们所关心的经济制度研究来讲，集中反映在以下几个方面：第一，是个人还是集体行动构成了（制度）分析的基本单元；第二，超越个人利益的或位于个人利益之上的集体利益是否存在；第三，对个人行动的理解最好是通过观察个人行动本身还是通过考察他（她）所处于其中的集体行动，并据此对人的行为进行描述和预测。由此引申出来的问题包括：能否从个人行动推导出集体行动，或是相反，从集体行动推导出个人行动的道路是否畅通无阻；社会人和孤独抽象的个人能否存在，等等。

从表面上看，方法论集体主义和方法论个人主义势不两立，但在我看来，两者的对立远不像想象中那样尖锐。换句话讲，它们各有道理，并且它们之间的关系与其说是针锋相对，不如说是相辅相成。把个人作为考察对象的出发点有其自然的一面，这不仅因为考察者本身就是个人，还因为他（她）所接触的往往是现实中的个人。此外，强调个人的选择，宣扬个人的价值与意义，这本身就有一定的感召力。显然，强调个人并不等同于把每个人视为孤独的抽象的个人。对这一点甚至连米塞斯和哈耶克都直言不讳。[⑫]同样，方法论集体主义也并不像詹姆斯·布坎南所批评的那样，完全忽略对个人的偏好分析而只考虑集体或阶级利益。[⑬]马克思主张人的本性是其社会关系的总和，一方面表明了他对人的社会性的重视——其中暗示了集体利益，另一方面也点明了抽象孤立的个人偏好仅是幻想中的事物。实际上，这等于是说，个人的偏好严重地受到了其他人或他自己所属的集体或阶级的影响，同时还受到与此有关的制度的约束。显而易见，这种看法并未抹杀个人，只不过强调了社会性罢了。由此看来，两种方法论对于人的性质的看法的确不是针锋相对的。其区别恐怕仅在于侧重点各异。

说到个人利益和集体利益，应当承认，它们都存在于我们这个世界中。如果没有个人利益，个人行动便成了无源之水，因此集体行动也自然成为无本之木。换一个角度看，如果不存在集体利益，我们又怎么会耳濡目染如此之多的合作与阴谋呢？这里，关键问题不在于是否有两种利益存在，而在于它们的关系，具体说便是：个人利益与集体利益是否统一，个人利益是否构成集体利益的前提条件，个人利益的统一是否一定会导致集体利益的出现。亚当·斯密在《国民财富的性质和原因的研究》（简称《国富论》）中论证的个人利益与集体利益的一致性命题，在许多场合非常遗憾地与现实不符。外部性问题就是典型的例子。至于两者谁先谁后，我想说个人利益更为根本，是容易让人接受的。不过，具体问题具体分析大概是解决这一问题的最适宜的方法。当一损俱损、一荣俱荣时，集体利益恐怕就要超居个人利益之上了，至少它此时是能充分体现或保障个人利益的。

如果我们能够只从一个方向推导就能全面地把握人的行为，固然很理想，可令人惋惜的是我们做不到这一点。不难想见，有些人类行为不考察人的集体行动就无法透彻地理解，因为许多个人目标及行为只有在采取集体行动时才能实现和显示。换句话说，在许多情境中，集体行动表现了个体在分散状态下所表达不出来的选择行为，如个人行动的成功与否与整体结果无关。保罗·萨缪尔森曾举过这样一个例子：一个人可能想方设法解决自己的就业问题，但全体人则未必能够如此。在这里，对个人的选择行为及结果的考察虽然很有益，但遗憾的是它与就业总量没有必然的联系。[14]这至少告诉我们，考虑集体行动是了解个人目标和行为的一个有效途径。一旦我们把制度看成是集体行动的前提或结果——用制度经济学的鼻祖之一约翰·康芒斯的话说就是制度是集体行动对个体行动的控制[15]，那么断言经济行为——无论是个人的还是集体的——只有通过对制度的描述才能得到最好的解释或理解，便颇值得人们去深思了。

在为方法论集体主义提供存在价值的说明中，我们还必须正视两个诘问：第一，每个人事实上都同时会归属于不同的集体，而各集体的利益又可能相互冲突[16]；第二，究竟多少人或多大规模的协调行动才算是集体行动。对于第一个诘问，我的回答是，某个人在特定的时间和特定的地点大概只扮演一个角色；凭借人的多重身份来攻击集体行动分析的做法，似乎犯了共时性错误，因为人一次只能做一件事；再退一步讲，即使某人身兼多职且各职难以同时被兼顾，但从理论上看他还是能够排列出各职的轻重缓急来的，正如人们最终总还是可以在熊掌和鱼之间做出选择的（这里如果说有一个约束条件，那便是在某一时点上，人的胃是有限的）。对于第二个诘问，即对集体行动规模的要求，在我看来恐怕重要的已不再是规模本身，而是前面曾提及的推论方向了——是从小“规模”的行动向更大“规模”的行动推导，还是相反，由更大“规模”的行动来把握小“规模”的行动。从这个意义上讲，将企业视为基本分析单位本身并不能说明研究者遵循的是集体主义方法还是个人主义方法。如果从个人追求自身利益最大化或减少交易成本的角度出发来阐述企业的起源和性质[17]，则方法论具有个人主义倾向；如果我们企图借助于对企业所具有的功能的考虑来分析个人在这一合作过程中的目标和行为，那么使用的方法就带有集体主义的色彩。也许正是在这个意义上，我们才能理解以家庭为研究单位的方法论的“迷雾”：马克·布劳格把家庭经济分析看作方法论个人主义，而康芒斯则视家庭为集体行动的一种。[18]

至此，我想表明的是，一旦我们试图用推导方向的不同来界定、用前文曾经给出的三点差异来区分方法论个人主义和集体主义，我们就会发现两者间的互补性。依照互补观点将两者运用于对制度进行经济分析，构成了本书的基本方法之一。此外，如果说以群体为分析的基本单元并承认存在集体利益是方法论集体主义的必要条件，那么由“大”到“小”的推导方向则成为其充分条件。

§2.3 实证分析与规范分析

还是像以往一样，我在此仍然打算先澄清一下实证分析和规范分析的基本内容。所谓实证分析，大都是同事实相关的分析，而规范分析则和价值有关。前者关注的问题为描绘出“是什么”，而后者要解决的问题在于回答“应该怎么样”。换言之，“是”和“应该是”之间的区别、事实和价值之间的区别、想象中的关于世界的客观性的论述和对世界的带有主观性的叙述之间的区别，共同组成了实证分析和规范分析的判别条件。[19]据此，描述经济究竟是如何运行的或人们的行为到底怎样的学问便被称为实证经济学；而那些充满激情地赞美或诋毁（“应该”或“不应该”）某种经济运行机制或人们的行为的做法，则往往被贴上规范经济学的标签。

关于实证分析，如果仅仅从时间上看，至少孔子可以算作一位最早的倡导者了，因为他主张“述而不作”。按朱熹所注，“述”仅意在阐述前人成说，“作”则指有所创始或创作。可见孔子所打出的“述而不作”的旗帜，昭然的不正是实证分析的精髓吗？[20]这里，实证分析和规范分析不过是“述”与“作”的另一种表述罢了。当然，孔子的倡导带有一般性。我们后人无法要求他将此种原则渗透于当时尚未明确被划分出来的经济学之中。也恰是在这个意义上，人们才说最早对实证经济学和规范经济学进行的划分是 N. W. 西尼尔在其《政治经济学大纲》（1836）一书中给出的。他写道，经济学家“所从事的是科学，……因此，他就像个陪审员一样，必须如实地根据证据发表意见”；“作为一个政治经济学家的职责，既不是有所推荐，也不是有所告诫，而是只说明不容忽视的一般原理”。推荐和告诫是立法学和行政学的任务。[21]显而易见，西尼尔在此是以一个实证分析的倡导者的身份出现的。大卫·休谟在其《论人的本质》一书中更明确地给出了“一个人不能从‘是’中推论出‘应该是’”这个命题。他认为，纯事实的、描述性的论述本身，只能暗示着其他事实的、描述性的论述，而永远不会得出标准、伦理见解或做某些事情的规定。[22]

严格地讲，将实证分析仅仅归结为恪守“是什么”的原则，多少是有些欠妥当的。在究竟什么是“实证分析”的这个问题上，大家各持己见十分自然，也无可厚非。不过我以为，“实证分析”所蕴含的内容要比“是什么”宽泛得多。换言之，它似乎“应该”包括逻辑实证主义者们所鼓吹的主要内容，即将对“是什么”式问题的回答建立在下述三项原则或准则之上：(1)（原则上的）可检验性；(2) 在逻辑上能够自圆其说，说得绝对些，应是那种同义反复的东西；(3) 进而具有解释性。[23]在第 1 章中，我曾试图将制度决定论作为一个对国家兴衰事实的假说式回答。对它进行实证分析，在此便意味着要求它必须是可检验的，在逻辑上是无毛病的，并且有解释力以供人们判断或选择（有用性）。这里，我只是以此为例说明实证分析而已。

对西尼尔等前辈把经济学严格地纳入实证范围的倡导的积极响应者众矣，不过在此我只想谈其中的一位——米尔顿·弗里德曼。究其原因，不外乎两点：他在经济学界名重誉高；也许更重要的是，他还著有《实证经济学论文集》（1953）一书。他曾断言，所有的自然科学和社会科学——包括经济学——的方法论，从整体上看，都在实证分析一边。在弗里德曼眼中，“理论被看作一个主要是假说的实体，对它应该用它所要‘解释’的那一类现象的预言力来评判。对一个假说的有效性的唯一恰当的检验，是把它的预言和经验相对比”。至于理论的假定问题，重要的“不在于它们是否具有真实的描述性，因为它们从未如此过，而在于它们是否充分地接近了所要达到的目的”，即“是否得到了相当精确的预测”。[24]我们从这一表述中很容易发现弗里德曼对事实检验的看重，即他关心的仅在于“是什么”或“是怎么样的”，并力求使价值观念或价值判断音讯全无、销声匿迹。这大概是因为他信奉的是所谓价值中立的信条，尽管他也承认要完全做到这一点几乎是不可能的。

对于把事实和价值即实证与规范相对立的“二分法”的做法，提出怀疑或反对的亦大有人在。冈纳·缪尔达尔可能是这支队伍中知名度较高的一位。他曾竭力呼吁在社会和经济科学的实践中应该明确地给出价值前提。他指出：“价值赋予永远与我们同在，不带任何偏向的研究从来没有过，也不可能有。我们的价值取向决定了我们解决问题的途径，决定了概念的意义、模型选择以及对观察的挑选等。”[25]当他对新古典经济学中的隐蔽的意识形态进行批判时，缪尔达尔对人们可以不带任何先入之见地讨论“纯粹事实”的观点加以拒斥，并经常将自己的价值前提公之于众。在论述种族和不发达问题时他说他所拥有的是“对民主和机会均等的渴望”[26]。的确，缪尔达尔在这方面的坦诚令人钦佩，让人肃然起敬。

通过强调“事实”的丰富性迫使人们做出筛选以论证价值总是伴随人们的选择，只是那些看重价值赋予的人（如制度主义者）的一个论据。这里还有另一个强有力的观点，即观察者和等待解释的客观“事实”之间是相互作用的，因为人能够观察到什么东西在相当程度上取决于他所接受的和拥有的理论结构。[27]依据马克思的社会存在决定社会意识的原理，“事实”本身也会因观察者所处的社会地位不同而各异。换句话说，“事实”总是要打上阶级的“烙印”的。说到这里，我突然想起了曾经被不少人引用并且仍在重复的古老格言：“在生活的戏剧中，我们自己既是演员，又是观众。”

它在物理学中如果暗示的是这样一点，即我们所观测的不是自然本身，而是由我们用来探索问题的手段（即观测者创造出来的测量仪器）所揭示的自然[28]，那么在社会科学中就意味着人的活动与经验和主观价值判断都是密切不可分的。存在一个真实的世界，但不存在所谓真实的事实，说的就是这个意思。

当我们追问一句为什么应该这样或那样时，我们就不能回避所谓意识形态问题。正是意识形态为回答“是什么”和“应该是什么”的问题提供了先入之见。它既包括评价，也包括描述和生成思想的认识体系。意识形态的根本作用在于做出解释和合理说明。它为现行制度和价值观念提供一种系统的解释，也为思想和行为提供一种框架，并通过突出文化理想，提出行为准则和共同奋斗目标，以促进社会的内聚性；同时，它还是一种社会控制及统治的工具（如它具有消除冲突和使言行标准化的功能）。在萨缪尔斯看来，经济学中弥漫着意识形态，并且在某种意义上讲，意识形态一直哺育着科学假设和理论。事实上不受意识形态约束的实证经济学根本不存在。因此，重要的问题已不再是把意识形态识别后加以排除，而是使价值观念或意识形态明晰地显示出来。[29]

面对规范分析和实证分析的争论，我更多地是站在缪尔达尔、萨缪尔斯和后制度经济学家的一边。当然，承认价值判断及构成价值判断基础的意识形态在经济分析中的作用，旨在说明只有在使价值取向或意识形态明朗化之后，人们方能较为准确地判断特定理论或假设在解决其问题时（也包括支持或反对某种价值）是否行之有效，而并非要拒斥实证方法。事情往往还有另外一面，也就是说，价值取向或意识形态本身也不可背离其接受者或信奉者所看到的“事实”和所拥有的经验——尽管它们常常是被种种先入之见所“污染”了的“事实”和“经验”。当你对不同的应战方式所造成的各异后果一无所知时，你又怎么会形成进行判断的效率标准呢？在面对稀缺性这一挑战时，效率标准恐怕是经济学为人类奉献的一项最不容置疑的价值标准或意识形态。

实际上，孔子的“述而不作”是得自他“删《诗》《书》”。他在“述”的过程中，实际上已经融入了他的选择或目的性。《春秋》，用司马迁的话说，“上明三王之道，下辨人事之纪，别嫌疑，明是非，定犹豫，善善恶恶，贤贤贱不肖，存亡国，继绝世，补敝起废，王道之大者也。”[30]从司马迁的这段话中，我们至少可以领略到两点意义：孔夫子用“事实”说话有其良苦用心，此其一；其二，面对“事实”，司马迁得到的似乎仅是“应该怎么做”的结论，所谓“春秋以道义”也。由此可见，孔子在“删”（即筛选史实）的过程中——这带有强烈的实证倾向——遵循“述而不作”的原则，现在看来，至少从其产生的效果来看，具有由“是什么”暗示出“应该怎么做”的明显痕迹。说得绝对点，他在筛选时就已经拥有了一个“应该怎么做”的标准。换言之，孔子在强调实证分析的同时，是不拒斥规范的。顺带说一句，孔子所言中的相当一部分，均与理想的制度设计与论证有关。

综上所述，我们至少可以得到下面几点结论：第一，“是”与“应该是”，或事实与价值，是交织在一起的；第二，澄清其中的后一项，有利于人们之间的相互理解；第三，从逻辑上讲，对事实的描述先于价值形成，尽管在现实中由于价值取向和意识形态的缘故，“是什么”总带有些测不准的味道；第四，虽然先入为主之见总在进行干扰，但刻意追求实证分析的纯洁性以将干扰减弱到最低限度仍不失为一种科学精神；第五，实证和规范之间并不存在无法跨越的鸿沟，对事实的描述可以也必须过渡到应该如何上来，或以后者为归宿，因为人类面临的是选择手段以期实现目标，要选择就不能没有标准[31]；第六，在经济分析中打算彻底清除价值取向或意识形态的做法和坚决抨击实证—规范二分法的极端态度均不足取，因为实证和规范两者同样是互补的。由此看来，兼顾两者的中庸倾向，似应成为我们寻求的目标。

作为整个社会中的一员，以追求这样一个联合体的社会制度——在那里，每个人的自由发展是一切人的自由发展的条件——作为最终价值源泉，无疑是崇高的；作为一名在经济学领域内的耕耘者，将效率标准奉为圭臬，同样是再自然不过的事了。我或隐或现地要支持的，正是这两种价值；而先入为主的价值取向，也恰是它们。

§2.4　演绎方法与归纳方法

我们已经了解到，在第二次世界大战之后，联邦德国的经济迅猛发展，到 20 世纪 70 年代便已经在欧洲独占鳌头；相反，英国则一直在经历相对的衰退，被称为患了所谓的“英国病”。两国在 20 世纪演出的这一幕国家兴衰的悲喜剧引起了众多学者的关注和兴趣。他们纷纷在仔细观察和深入分析之后，给出了各式各样、多少有点令人眼花缭乱的解释或说明。[32]在我看来，罗列种种原因来对某一现象或事件加以解释的做法，从本质上讲就是对归纳方法的运用，因为它满足了归纳推理的一项基本要求：从对众多个别经验或事实的考察分析中找出答案；更重要的是，每项原因或说明的获得本身，也往往是归纳分析的结果。如果我们还打算为已经给出的形形色色的答案提供一个公分母，即找出蕴含于各种原因中共同的东西，那么，以从个别到一般为特征的归纳推理就得到完整的表述了。在经济学中，开“纯粹”归纳—经验研究之先河的是德国历史学派的学者们。而真正使其登峰造极者，则是以施莫勒为首的新历史学派。

在这里需要说明一点，也许会有人提出这样的疑问：既然归纳一词本身就含有从“多”到“一”的意思，那么靠列举个别事实来进行说明恐怕算不上是一种归纳推理。换句话说，如果提出究竟多少算“多”的问题，则麻烦可能就来了。不过在我看来，“个别”是复数还是单数是无所谓的，当“个别”无数多时更是如此。在形成规模经济这个一般概念时，人们最初可能考虑了各种有关的个别事例。可另有人则愿意借一个事例来表达同样的思想。《左传》中“三人成虎”的故事最典型地反映了这一点。由此看来，我们实际上就得到了两种归纳方法：从许多“个别”中得到一般以及由“单独的个别”导出一般。后者常常以寓言或隐喻的方式给出，虽谈不上精确，但却给人以巨大的想象空间，且易于理解。这种奇特的隐喻法是中国古代哲人文士特别愿意使用并且运用自如的手法，它实在是值得我们这些后来者发扬光大的。[33]在此需补充说明的是，“单独的个别”要想获得对“多数”个别归纳后所具有的效果，它必须是一个带有潜在一般性的个别事例。正如我在第1章已经谈过的，只有英国有大笨钟，只有德国人才经常吃一种被叫做“sauerkraut”的酸黄瓜，也只有日本才有富士山。但如果把英国和德、日的衰盛归咎于这类个别事实，恐怕欠妥当吧！

假如说金无足赤是一个真理，那么归纳法受到批判也就在所难免了。对归纳主义最集中、最具颠覆性的批判可以表述为：有限（可以是性质，也可以是原因等）与无限之比，无论有限多大，其结果均为零。换言之，即使大量的甲具有性质乙，我们也不能说所有甲都有性质乙。因此，归纳推理仅仅是一个概率问题，其结论不可能全真。[34]这种攻击确实言之有理。试想一下，如果我们愿意，我们还可以继续在德英兴衰之缘由的清单上开列出更多的原因，而且可以说明它们的相互作用。但我们却无法保证它们就是全部的原因，无法保证没有遗漏掉某些至关重要的、尚不为人所知的原因。更何况观察本身也并非绝对准确呢！

对归纳推理的另一诘问在于强调先有理论后有观察。依据常识，人们似乎是先观察然后才归纳出结论。但反归纳主义者认为，观察行动、角度以及工具本身无不渗透着先入为主的理论（这里不妨回忆一下前文关于规范分析的段落）。因此，在观察前在空无一字的白纸上写下观察后的归纳结果是不可能的。更有甚者，由于理论结构的不同，人们观察同一事物后所形成的见解常天差地远。[35]在没有垄断、工会、企业家创新、竞争、经济增长、滞胀、金融等“浓缩”理论的情况下，谁又能对国家兴衰给出那么多经济学上的解释呢？“仁者见仁、智者见智”的原因也多在于此。

不仅如此，归纳推理还可能引出这样一个问题：由于说明某一现象的“事实”或原因很多，从而使“谁想证实什么就一定能证实什么”成为可能；换句话说，归纳推理蕴含有使结论随意性或任意性之虞。[36]这恐怕是归纳法遭受到的第三类抨击。

为了摆脱归纳推理所陷入的“困境”，不少人做出了巨大的努力。西尼尔和米塞斯便是其中的两位。凭借直觉或是依靠“经验”，西尼尔认为政治经济学应该是一门演绎科学，并且为他的所谓“纯经济理论”给出了四大演绎推理的前提。它们是：(1) 每个人都希望以尽可能少的牺牲取得更多的财富，即个人利益最大化原则，后来小穆勒据此提炼出了“经济人”假定；(2) 人口增长速度快于生活资料增长速度的趋势，即稀缺性假定；(3) 劳动者借助于机器能够生产出超过自身需要的产品，即剩余产品法则；(4) 农业生产中的边际收益递减法则。[37]之后，他借助演绎推理所具有的逻辑必然性构筑起了他的理论大厦。实际上，马克思在《资本论》中使用的亦是典型的演绎推理——以商品的二重性为逻辑前提来展开他对资本主义经济运行的讨论及批判。

米塞斯似乎总爱走极端。这里，他又以宗教般的狂热鼓吹其与方法论个人主义相对应的人类行为学的演绎方法。他说，历史学和自然科学处理的都是过去的经验，事实上也没有将来的经验。由于人类行为学要处理的是一系列复杂现象的经验，而且它又不可能做到使其他一切保持不变，像自然科学家所做的那样，而只观察一个因素的变动，因此，人们没有办法建立起一套关于人的行为和社会事实的归纳理论。也正是由于这两点，行为学的知识是纯形式的、一般的，而不涉及实际内容和个别情况。“它所要求的知识是要在其情况完全符合它的假设和推理的所有场合都可适用的。它的一些命题不是来自经验。它们像逻辑和数学的命题一样，是演绎的。”[38]以米塞斯和哈耶克为代表的奥国学派的方法论公理前提有：个人的行为是有目的的；人们的兴趣和能力是不同的；所有行为的发生都有一个时间过程；人们是从经验中获得知识的。[39]如果你承认前提，就不容你否定结论，这就是演绎逻辑的力量。

确实，从一般到特殊的演绎方法长处明显。它从形式上消除了、至少是回避了归纳推理所遇到的一些麻烦。这大概就是我们接受它的基本原因之一。不过事情并未到此结束。有人可能会问，作为演绎前提的公理体系真的就一点经验基础或归纳推理的痕迹都没有吗？居里·昂利·彭加勒在解决归纳推理困难时提出了所谓的“约定论”，其基本逻辑结构是：科学的理论、概念、原则等，既不是客观现实本质的反映，也不是上帝的创造物，而是科学家们为了方便而创造的符号和记号，是根据协商一致的原则而建立起来的框架系统，以便把事实组织成一个前后连贯的整体。在他看来，公理不过是一种公约或约定。更为有意义的是，他还就约定的建立提出了两点设想：一是人们在做出约定时，只需考虑它（们）是否对人有用或方便就行了，不必过问其内容是否真实；二是人们对约定的选择又不是任意的，而必然要参照经验的指引，有时还需借助于实验。[40]这里，我们看到了一个极为有趣的事实：被彭加勒关在前门外的东西却又被他从后门放了进来。他为何如此矛盾？我想他也是身不由己吧！

前面谈到过马克思所运用的是演绎推理，但我们还应看到他对《资本论》中的演绎前提——商品——的经验归纳性的重视。他明确地指出，商品（这里实际上还暗含了一个利益最大化假定，至少是资本家剩余价值最大化的假定）是经过观察社会经济现象后被挑选或提炼出来的“细胞”。由此看来，归纳和演绎推理之间的互补性不仅存在，而且是显而易见的。当然，我们不能抛弃归纳法还有更深刻的缘由：因为如果要证明归纳法是无效的，那么唯一可行的方法似乎只有一个，那就是归纳法本身。为归纳法歌功颂德的汉斯·赖欣巴哈说得更为直率：“归纳法就是找到最优假定的工具”，并且“通过观察事实来证明一个理论的正确性则是归纳论的主题”。[41]

在这个问题上，马克思无疑是伟大的。当然，走到主张归纳与演绎互补道路上来的不止马克思一人。约翰·斯图亚特·穆勒和阿尔弗雷德·马歇尔便是另外两位。下面两句话最集中地展示了他们的倾向性：“归纳法和演绎法都是科学的思想所必须采用的方法，正如左右两足是走路所不可缺少的一样”；“经济学需用归纳法和演绎法，但为了不同的目的，采用这两种方法的比重也不同”。[42]他们的后来人菲利斯·迪恩讲得更好。他说，经济学“这门学科的范围和方法，需要随时根据它提出的目的和任务及社会问题加以规定，而且允许一种以上改进的研究计划同时进行”[43]。这也恰好是我所要表达的倾向和我认为需要遵循的原则。

§2.5 一些补充说明及小结

在第 2.1 节里，我曾将任一理论模式或研究纲领的七要素拓展为“八要素”，即加上了方法论本身这一项。本章的努力部分就是要填补这一空白。一提起方法论，我就油然产生一种捅马蜂窝的感觉，因为它太庞杂、太深奥。一想到我们这个世界上有那么多伟大的思想家始终对此问题争论不休、莫衷一是，我就深感清晰地对方法论问题加以讨论不是我所能胜任的工作。然而，不谈方法论我又总觉得少点什么，这也许是由于布坎南的那句忠告给我的印象太深了。他说：“注意研究方法可能不会为你解决什么问题，但至少会使你知道这是些什么问题。”[44]因此，本章所谈的方法，除了要填补某项空白和为后面的论述给出原则外，也意在弄清楚所要讨论的问题的性质。

严格地讲，理论模式或研究纲领的七要素分析也是一种研究方法。它是分析理论模式的简便且行之有效的工具[45]，至少它会在建立一套理论结构时对我们有所帮助。七要素分析法中谈到的假设、理论和检验，实际上就暗含了“假设—演绎—检验”的实证分析法。这也正是本书的基本思路。将其中的价值判断作为分析的内容，无疑给了规范分析及意识形态一个显要位置。归纳推理在本书中的意义，一方面在于它在形成基本假定上的作用，另一方面还在于它将渗透于通篇论述过程中，即我将大量使用列举推理。此外，三对具有互补性的方法之间在许多方面是相互交叉重叠的。归纳的“事实”事先可能就被先入之见所“污染”了；对方法论个人主义的极端强调本身实际上就已经包含了对集体主义意识形态的摒弃。假设［从归纳事实或借助逻辑力量的约定而来（如经济学中的完全竞争假定就没有经验基础）］、演绎（用逻辑演算来找出或描述各概念间的联系）和检验

（既可以是经验性的列举归纳也可以是完善推导的逻辑演算）三者间的关系同样体现出了一种互补性。

方法论的内容十分丰富，我在经过一段时间的思考后做了一番归纳性“通分”式的精简工作：方法论的基本内容或许只是由本章提及的三类以及七要素分析法构成的，尽管其他经济学所运用的方法还不少，如边际分析、均衡分析、操作主义方法等。在结束本章前，我想再补充一句，即这里所讨论的各种方法论问题之间有一个层次问题。相对而言，归纳—演绎推理是最具一般性的；实证—规范分析次之；而方法论集体主义和个人主义再次。至于七要素分析，其意义更多地是蕴含于描述或叙述理论的过程中。

［注　释］

①A. 斯齐曼斯基等所写的《社会学：阶级、意识和矛盾》（1979）在讨论社会学的几种模式时，给出了构成模式的七要素。尽管它们最初是针对社会学模式而言的，但我以为此七要素法具有一般性，也就是说，它们对经济学模式亦适用。该文的中文译文载于《国外社会科学动态》（1981 年第 4 期第 41～46 页）。

②“硬核”和“保护带”概念是由英籍匈牙利人 I. 拉卡托斯提出来的（1978）。他认为每个科学研究纲领（即密切互相联系的一连串理论）都具有特别的结构。它像个鸡蛋，蛋黄就是它的硬核，蛋清则为保护带。前者是区别各种不同研究纲领的核心和关键，它一般不会改变；而后者则是前者的辅助假说群，它可以不断调整，以保护硬核。I. 拉卡托斯．科学研究纲领方法论．上海：上海译文出版社，1986（IMRE LAKATOS. The Methodology of Scientific Research Programmes. Cambridge University Press，1978）。

③参见沃伦·萨缪尔斯的《经济学中的意识形态》一文。

④参见马丁·斯坦尼兰德《什么是政治经济学》1985 年英文版第 6 页（MARTIN STANILAND. What Is Political Economy? A Study of Social Theory and Underemployment. Yale University Press，1985：6）。既然在此谈到了政治经济学，而且从某种意义上讲我遵循的也是政治经济学传统，故深究一下其含义还是有必要的。在斯坦尼兰德看来，政治经济学的判定标准在于，看某种理论是否力求描述出政治和经济过程的系统关系。这类关系概言之有两种：两者间的因果关系（或“决定与被决定理论”），互相作用关系

（或“互动理论”），以及两者的连续的行为过程。重要的不在于是否贴上政治经济学的标签，而在于是否力求得到经验性说明（见该书第 5～6 页），他的这种观点赢得了不少赞同声。雷恩和俄森就是其中两位，尽管他们似乎更强调政治与经济过程的相互作用是在更为广泛的意义上发生的。见其《比较政治经济学》1990 年英文版第 3 页（JAN-ERIK LANE，SVANTE ERSSON. Comparative Political Economy. Printer Publishers，1990：3）。而我要补充的是，政治经济学还应突出人在其相互作用过程中的地位。

⑤F. A. V. 哈耶克．个人主义与经济秩序．北京：北京经济学院出版社，1949：6-7（F. A. V. HAYEK. Individualism and Economic Order，1948）。在此需提及一点，将个人视为分析的基本单位有其悠久的历史，哈耶克认为亚当·斯密、埃德蒙·伯克等人的论述均包含了这一伟大的主题。

⑥参见 L. V. 米塞斯《人的行为》第 47～49 页（LUDWIG VON MISES. Human Action：A Treatise on Economics，1949）。学者夏道平将“action”译为“行为”可能有他的考虑。不过我们要注意，“action”和“behavior”（“行为”）是有区别的。一般而言，“行动”是被特定的参与者在特定的时点上采取的，而“行为”虽其主体也是人，但更多地是指采取行动的方式或原则。

⑦同注释④。

⑧参见 F. A. V. 哈耶克《个人主义与经济秩序》第 6 页。

⑨美国演进经济学会（AFEE）的会刊《经济问题杂志》（*Journal of Economic Issues*）在 1989 年 6 月号上设立制度经济学论文奖。在对提交的论文所提出的五项要求之中，第一项便是这段引文。其他四项分别为：制度变革是工具价值赋予过程的一个结果，并且体现了经济体系永远处于变动之中的特性；明智地改变经济体制所需的条件，是把它充分理解为人们所继承的文化模式；许多新古典概念和福利标准，以及马克思主义的剥削范畴，均起源于 18 世纪和 19 世纪，且目的都在于解释、论证和谴责，故它们均同 20 世纪的社会科学背道而驰；制度经济学所面临的挑战是要发展一些概念，从而可以对不断变化的经济文化系统进行描述。

⑩马克思恩格斯文集．第 2 卷．北京：人民出版社，2009：31、32。

⑪马克思恩格斯文集．第 1 卷．北京：人民出版社，2009：501。引文出自马克思《关于费尔巴哈的提纲》一文。关于马克思在人类思想史中的地位问题，我们至少可以从美国国会图书馆协会前主席罗伯特·唐斯的所作所为中感受到。他把《资本论》列入《影响世界历史的 16 本书》，并称之为一本杰作，体现了无产者的情感和要求。唐斯所

引用的一句评论马克思的话给我以极深的印象："这位自己曾生活在贫困之中的伟人给世界带来了消灭贫困的希望，他的理论从根本上改变了现代人的思想。"罗伯特·唐斯．影响世界历史的16本书．上海：上海文化出版社，1986：42-46。

⑫无论是米塞斯还是哈耶克，都否认把个人主义愚蠢地误解为以孤立的或自足的个人的存在为先决条件，并承认人们的全部性质和特征都是由其在社会中的存在所决定的，人是社会动物。参见L. V. 米塞斯《人的行为》第49页；F. A. V. 哈耶克《个人主义与经济秩序》第6页。

⑬詹姆斯·布坎南．经济学家应该做什么．成都：西南财经大学出版社，1988：230。布坎南在批评马克思的"公共利益"——他自己也承认它在某些方面比较接近其公共选择理论——时说道，"认为阶级地位决定和驱使人们的行动就等于说个人的行动都是为了公共利益"，而"一个人不能既是理性的效用最大化者，同时又为增进他所属的阶级或者说他被划归的阶级的利益而行动"。在第5章中我们会看到对个人利益和集体利益的讨论。

⑭萨缪尔森．经济学（上册）．北京：商务印书馆，1982：21（PAUL A. SAMUELSON. Economics（Tenth Edition），1976）。另外，在自然科学中，当观察钠元素和水的反应时，仅拿一个钠分子和水分子来进行反应实验，其难度过大以至不可能这样做。可当你拿一克钠放入水杯中，凭肉眼你就可以看到一种形式的剧烈反应，并借此便可猜测或推论出每个钠分子和水分子的运动。

⑮约翰·R. 康芒斯．制度经济学．北京：商务印书馆，1981：87（JOHN R. COMMONS. Institutional Economics，1934）。

⑯参见L. V. 米塞斯《人的行为》第47页。在他看来，这一难题是方法论集体主义所无法克服的，故只能由个人主义方法加以解决。

⑰通过考察人们为减少交易成本而创立企业的理论，始于罗纳德·科斯的《企业的性质》一文（RONALD H. COASE. The Nature of the Firm，1937）。该文在讨论制度起源问题时将对此理论深入讨论。

⑱马克·布劳格．经济学方法论．北京：北京大学出版社，1990（MARK BLAUG. The Methodology of Economies. Cambridge University Press，1980）；约翰·R. 康芒斯《制度经济学》第11、87页。他们两者的区别仅在于对推论方向的偏重不同。

⑲参见马克·布劳格《经济学方法论》第142页。

⑳孔子的原话为"述而不作，信而好古"。朱熹注之曰："述，传旧而已，作，则创

始也。孔子删《诗》、《书》，定礼乐，赞《周易》，修《春秋》，皆传先王之旧而未尝有所作也。”转引自《辞海》（缩印本）．上海：上海辞书出版社，1980：1047。由此我更加坚定了这种信念，今天所谓的发现都不过是重复发现，至少在思想观念领域如此。

㉑N. W. 西尼尔．政治经济学大纲．北京：商务印书馆，1986：12（NASSAU WILLIAM SENIOR. An Outline of the Science of Political Economy，1836）；亦可参见杨德明．当代西方经济学．太原：山西人民出版社，1987。

㉒大卫·休谟的有关论述转引自马克·布劳格《经济学方法论》第 143 页。休谟的这一论述后被人们贴切地称为“休谟铡刀”（Hume's guillotine）。第一个明确地把经济学划分为实证科学和规范（或标准）科学的人是凯恩斯。有关论述可参见菲利斯·迪恩．经济科学的范围与方法．经济学译丛，1985（5）。

㉓麦基．思想家．北京：三联书店，1987（Men of Idea，edited by Bryen Magee. BBC，1978）。

㉔原文载于米尔顿·弗里德曼《实证经济学论文集》1953 年英文版第 8～10、15 页。引文转引自马克·布劳格《经济学方法论》第 115～116 页和《美国经济评论》1983 年 3 月号第 11 页（WILLIAM J. FRAZER，JR.，LAWRENCE A. BOLAND. An Essay on the Foundations of Friedman's Methodology. The American Economic Review，1983（3）：131）。也许把弗里德曼的方法论称为“工具主义”——强调有用或实用性——可能更恰当些，同时很多经济学家也正是这样做的。但不管怎么说，他对实证方法的青睐是不容置疑的。

㉕斯蒂文·R. 赫克森．工具性价值取向：制度经济学的规范罗盘．经济问题杂志，1987（9）（STEVEN R. HICKERSON. Instrumental Valuation：The Normative Compass of Institutional Economics. Journal of Economic Issues，1987（9））。

㉖参见冈纳·缪尔达尔《发达与不发达》（GUNNAT MYRDAL. Development and Underdevelopment. National Bank of Egypt，1956）。

㉗安·马瑞·梅，约翰·R. 塞尔勒斯．现代科学哲学与后制度主义思潮．经济问题杂志，1988（6）（ANN MARI MAY，JOHN R. SELLERS. Contemporary Philosophy of Science and Neo-institutional Thought. Journal of Economic Issues，1986（6））。两位作者的主要思想来自美国科学哲学家保罗·费耶阿本德和托马斯·库恩。限于篇幅，对这两位哲学家的思想暂不深入讨论。

㉘ W. 海森伯．物理学和哲学．北京：商务印书馆，1981：24（W. HEISENBERG.

Physics and Philosophy，1958)。海森伯提出的著名的“测不准原理”对世人产生了巨大影响，其基本思想可以说充分地体现于这句话中：观察活动本身影响了观察结果。他曾引用的“自然比人类更早，而人类比自然科学更早”这句话，更是意味深长。

㉙参见沃伦·萨缪尔斯的《经济学中的意识形态》一文。

㉚参见司马迁《史记》中的“太史公自序”，转引自吴楚材，吴调侯．古文观止(上册)．北京：中华书局，1975：212。

㉛牛津大学道德哲学教授 R. M. 爱尔曾说，道德理论方面的主要问题一直是“你能从事实中获得价值吗？你能从一个‘是’字中获得一个‘应当’吗？”在回答给智力障碍者以较多或较少的教育问题时，爱尔说：“无论选择哪种做法，都要看后果如何。实际上，你要选择的是后果，不是吗？”爱尔是明确不赞同可以从“是”中推出“应当”的。不过，在说到选择做法和后果（即目标）时，我们又不能不诉诸价值判断，至少要运用效率标准。的确，以智力障碍为由而不赞成将稀缺的财力和物力用于智力障碍者言之有理，同样，以其智力障碍为由要求增加对智力障碍者的教育投入亦有道理。这里，指出部分人是智力障碍者这一事实似乎推不出应该如何教育他们。然而，关键点在于我们陈述这一事实的目的不仅在于陈述它（对有些医生来讲可能如此，但对整个社会来说则不然），而是要采取行动，以实现某种效率上的或人道主义的目标。更何况陈述的事实本身也不那么纯呢！有关讨论参见麦基《思想家》第 7 章。

㉜各种解释我们在前一章曾经提及一些。说它们形形色色，大概还包括一些学者提出的其他解释，如英国人对闲暇的偏爱，英国最有能力和受到最良好教育的人远离经济追求而注重尊严，德国人生来勤奋，等等。

㉝古人使用隐喻来阐述思想的例子汗牛充栋，如塞翁失马——不确定性问题，朝三暮四——表述方式可能决定行动本身，三个和尚没水喝——外部性，田忌赛马——博弈论，滥竽充数——搭便车，等等。

㉞本书所涉及的对归纳推理的批判参见 A. F. 查尔默斯《科学究竟是什么》(北京：商务印书馆，1982)。查尔默斯认为，lim A/B=0（当 B 趋于无穷大时），这个数学结论清除了归纳主义的最后避难所。有趣的是，它同时也印证了我在上一段提到的“个别”数量多少无关紧要的说法。

㉟不少人总爱举所谓“欧拉酒杯”的例子。它是一幅画，既像两张面对面的人脸，又像是一只高脚杯。对此不同的人看到的是不同的事物，可他们看到的画又是同一幅。欧拉是德国伟大的数学家。由于是他首先巧妙地构造了这只“酒杯”，该“杯”故得

此名。

㊱也许正是在这一意义上，卡尔·波普极力主张用证伪来替代证实，并以此作为反对逻辑经验主义的主要武器。波普关于科学方法论的核心内容，已由他的名著《猜测与反驳》的名称充分地反映出来（CARL R. POPPER. Conjectures and Refutations. Harper & Row Publishers，1968）。

㊲参见 N. W. 西尼尔《政治经济学大纲》第 46 页。在下文我们会看到这四大前提的部分内容极有价值。

㊳参见 L. V. 米塞斯《人的行为》第 36～37 页。

㊴埃德温·多兰．作为卓越科学的奥地利经济学．埃德温·多兰．现代奥国经济学的基础（EDWIN DOLAN. Austrian Economics As Extraordinary Science，in The Foundation of Modern Austrian Economics，edited by Edwin Dolan，1976）。

㊵彭加勒．科学与假设．北京：商务印书馆，1989；孙翠宝．智者的思路．上海：复旦大学出版社，1989。我想，称彭加勒是弗里德曼的精神导师是十分贴切的。无论是工具主义还是非事实假定等弗里德曼经济学方法论的基本思想，均源于此。

㊶汉斯·赖欣巴哈．科学哲学的兴起．北京：商务印书馆，1966：181－183、195。也正是在这一意义上，他极端地把假设—演绎法称为“解释归纳法”，因为其中不存在被他看作演绎法的精髓的、以逻辑必然性为特征的思维演算（HANS REICHENBACH. The Rise of Scientific Philosophy，1951）。

㊷A. 马歇尔．经济学原理（上卷）．北京：商务印书馆，1964：41（ALFRED MARSHALL. Principles of Economics，1890）。

㊸引自菲利斯·迪恩．经济科学的范围与方法．经济学译丛，1985（5）：66。此文是作者在担任英国皇家经济学会会长时的就职演说。

㊹参见詹姆斯·布坎南《经济学家应该做什么》第 20 页。

㊺我曾运用七要素分析法对许多理论模式进行了讨论，故深有此感。张宇燕．里斯卡承包经营制述评．世界经济与政治，1988（8）；张宇燕．奖金（报酬）最大化模型．经济文献信息，1990（8）。

第3章 人的行为假定及其他假定

尽管从原则上讲，经济学正像罗宾斯所说的是一门选择性科学，但更为关键的是我们要看到是谁在选择，他为什么这么选择以及在什么规则下进行选择。这也恰好是布坎南拒斥作为选择科学的经济学的基本理由。换言之，人在经济学的中心地位应当是不可动摇的。这样一来，经济学便自然成为行为科学。[①]在这一点上，我承认受到米塞斯的部分影响，但它最终的来源还在于古典政治经济学家们，特别是马克思，对人和生产关系的分析。不言而喻，人的行为不是没有条件的，它们必须受到约束条件的限制，其中主要是人类自己创造的制度的限制。为了说明人类行为和制度之间的相互关系，并透过制度来说明人的行为，我们需要先对制度的起源做出说明。考虑到制度的人为性质，我们又有必要首先考察抽象的人类行为假定。这同上一章谈到的七要素分析法是相吻合的。对稀缺性、外部性等假定的讨论，构成了本章的另一部分内容。

§3.1 “经济人”假定

亚里士多德曾经讲过这样一句话：“人就本质而言，都是政治动物。”[2]一般认为，他这句话的意思无非是指，生活在某种有组织的社会中是人类自然发展的基本内容之一。不过在我看来，至少我们还可以从中领略出一点弦外之音：把人类的“政治动物性”作为分析政治体系的形成与变迁的逻辑前提。如果说亚里士多德眼中的人无一例外都是政治动物，那么，另有些人——特别是中国的先哲们——所看到的则是“经济动物”，即“经济人”。而从时间上看，后者与亚里士多德可谓同一时代。

3.1.1　对经济人假定简短的历史回顾

谈人类行为假定，似乎不能置人的本性于不顾。而后者又是一个争议颇大、自古至今都没有取得一致意见的问题。中华文明源远流长。先秦的《管子》中就有一段专门探讨人的本性问题的论述：

> 见利莫能勿就，见害莫能勿避。其商人通贾，倍道兼行，夜以继日，千里而不远者，利在前也。渔人之入海，海深万仞，就彼逆流，乘危百里，宿夜不出者，利在水也。故利之所在，虽千仞之山，无所不上；深渊之下，无所不入焉。[3]

《墨子》则说得更明白：

> 断指以存腕，利之中取大，害之中取小也。……利之中取大，非不得已也。害之中取小，不得已也。[4]

管子所谈的核心思想，无非是指人是趋利避害的动物。正是利驱使人虽经历千难万险而勇往直前。墨子持有同样的看法，然而他的可贵之处在于突出强调了人在选择中的本性——两利相权取其重，两害相权取其轻。这里虽然说的是二中择一，但我们从这个“二”字极容易推广到“多”，也就是说，墨子的陈述暗含了人们在多重选择时的行为特征——具有排列和择优的倾向和能力。最耐人寻味的是，中国古人的上述文字恰恰表述了经济学的所谓中心思想。如果我们将二中取优推广到多中取优的推论成立，那么，人的“自我利益最大化”的性质的导出也就顺理成章了。就我个人看来，这种推论在逻辑上是站得住脚的，因为“二”在一般意义上表示复数，而且用“二”来替代多本身就体现出了一种经济精神（节省）。在此我想表明的是经济学中的所谓经济人假定，实际上早就在中国古代哲人的叙述中有了雏形。

我在第2章中曾提到过西尼尔为政治经济学给出的四大演绎公理，其中第一项便是个人利益最大化原则。这个原则实际上已经在亚当·斯密的《国富论》中有所表露了。[⑤]也正是依据斯密对人的描述，特别是西尼尔的第一公理，约翰·斯图亚特·穆勒才得以首先明确地给出“经济人”概念。具体地说，经济人就是会计算、有创造性、能寻求自身利益最大化的人；不仅如此，所有人均在此列，没有例外。[⑥]在此，经济人假定中似乎还暗含了人是理性的这一假定。所谓人的理性，简单说是指，每个人都能够通过成本—收益或趋利避害原则来对其所面临的一切机会和目标及实现目标的手段进行优化选择。

经济人假定是当今主流或正统经济学的核心概念之一，并被广泛地使用。其代表人物保罗·萨缪尔森的诺贝尔经济学奖获奖演说的题目就是“经济分析中的最大化原理”。这里所说的最大化实际上就是经济人假定的另一种说法，其含义为消费者使自身效用最大，厂商以利润最大化为目标，等等。对正统经济学的人性概念的描述，可能其批判者们干得更漂亮。一位制度学派的经济学家写道：“正统派的人性概念是在其‘经济人’概念中被认识的。经济人在大量的初级教科书中被看成一个不偏不倚的理性人；通过在经济博弈中扮演两种角色，即消费者和生产者，他力求使满足达到最大。”[⑦]

关于经济人的历史回顾，我只谈这一点。这不仅是由于做到事无巨细是不可能的，也是因为没有这样做的必要，尽管曾经并且正在议论它的人数众多。本小节旨在说明，“经济人”的想法古已有之，其逐渐清晰明确经历了一个过程；对经济学家，以至对所有人来说，经济人假定恐怕都有其巨大意义，尽管对它的态度因人而异。

3.1.2　对经济人假定的批判

对经济人假定的批判主要来自四个方面：其一是从信息不完全及有限理性的角度对理性最大化展开的批判，其代表为赫伯特·西蒙；其二是从人的社会性对单维经济人所做的批判，准确地说是一种声讨，它主要来自制度学派；其三是借助人类行为的实验结果来对理性最大化所进行的证伪工作；其四则是用所谓“X 效率”来对最大化假定进行驳斥。下面我将分别讨论之。

在西蒙眼中，理性是指一种行为方式，它不仅适合实现指定目标，而且在给定条件和约束的限度内。[8]他看到的传统经济学中的经济人在行动中有两种特征：经济和理性。在此理性指的是：经济人具有关于他所处环境的完备知识，有稳定的和条理清楚的偏好，有很强的计算能力，从而使其选中的方案自然达到其偏好尺度上的最高点。用程式化的语言说就是，理性有三项内容：列出全部备选方案；确定其中的每一方案的后果；对这些后果进行评价，选出最优的方案。[9]

西蒙对上述传统经济理论的假定的批判集中体现于他的“有限理性”及由此而引出的“寻求满意的人”的假说。西蒙“把那类考虑到活动者信息处理能力限度的理论”称为有限理性。[10]为说明其理论，西蒙特举下棋为例。如果没有不完备性——体现在对选择方案特别是后果及评价的不了解——那么，棋赛也就味同嚼蜡了。实际上，棋手往往不考虑全部可行方案并从中选择最优者；他一旦发现了一个满意策略，如保证能将死对方的策略，就立即做出抉择，而不去寻找一切可能将死的策略，并采用其中的最优者。这样最优化就变成了满意化，寻求满意结果的人也就显露原型了，因为每个人都是一般意义上的棋手，即所谓的“博弈者”。

对经济人的“个人”特征进行的批判，我们可以从制度学派对人类行为假定的修正中看到。丹尼尔·R. 法斯费尔德指出，最优化的一个基本假定说的是，人们的选择是在内化于个人的个人偏好基础上做出的，这也就是说，偏好不受其他个人的决策或行动的影响。这个假定之所以必要是因为如果甲的偏好取决于乙的偏好，或是相反，或甲和乙同时受到供给方的左右，那么全部的价格调整理论和市场均衡理论就成为无法测定的东西。[11]但十分遗憾，事实并非如此。凡勃伦在《有闲阶级论》中曾用“摆阔性消费”和“金钱竞赛”的现象来从需求方面讨论不同个人消费选择的相互影响的严重程度。[12]而约翰·肯尼思·加尔布雷思则论证了卖者的行为，特别是借助于广告，能够影响买者的选择，即所谓生产者主权理论。[13]与经济人的“个人性”截然相对的便是制度经济学派提出的所谓“个人选择的社会性”或“社会—文化人”。其基本看法是：人是一种社会存在，他所做出的选择，并不仅仅以其内在的效用函数为基础，而是要建立在个人的社会经验、随时间而改变的学习过程以及构成其日常生活一部分的相互作用的基础上；特别重要的是个人的选择是直接镶嵌到社会文化结构之中的，而不是相反——社会文化结构是某种外生变量。此外，最大化假定站不住脚的主要理由之一，在于人通常是依据习惯而非深思熟虑地按理性最大化原则来行事。[14]

西蒙对理性内容的概括虽切中实质，但又遗漏了一些内容，即正统新古典理论关于人类理性理论的一些假定。比如说，在一本流传甚广、影响颇大的正统经济学教科书中，除了西蒙所归纳的几项内容外，还加上了一项传递性假定，即如果某人在甲和乙中偏好甲，而在乙和丙中偏好乙，那么，在甲和丙中他就一定会挑选甲。[15]由于人们的行为或选择总是同未来的结果有关，因此在存在不确定性即信息不完全的条件下，选择的结果实际上只是一种预期效用。在正统经济学中，正是传递性和其他五项假定——可比性、连续性、省略性、主导性和不变性——一起，保证了个人具有理性行为。其中，前两者为技术性公设。而省略性是指人们在选择过程中会省略或不考虑产生相同结果的任何外部条件或状态；主导性意味着如果甲在一种状态下优于乙，而在另一种状态下甲至少与乙一样好，那么人们就必然会选择甲；不变性是指对同一问题的不同描述并不会影响人们的选择。然而，许多心理学家及部分经济学家的大量实验结果却表明，现实中人的选择行为常常背离这些公设。[16]举例说，在桃和杏之间取桃，在杏和橘之间选杏，此时谁敢保证所有人都一定在桃和橘之间选桃呢？可没有传递性又无法求出最大。有关不变性假定不完全成立的例子也很多，朝三暮四便是其中相当精彩的一个。[17]可如果不变性假定保证不了，那么最大化也自然失去了根基。总之，这四个公设对理性选择是不可或缺的，但它们在心理实验中或在现实中又的确有反例。这种来自现实心理分析的批判，似乎使理性经济人这一正统理论基础虽说不上崩溃，但至少摇晃起来。

前面对理性最大化或经济人的分析似乎更多地强调了人作为消费者的一面。毫无疑问，人作为生产者，在哈维·莱本斯泰因看来，其行为亦不是最大化的。这一见识是由和他的名字连在一起的“X 效率”理论所揭示的。所谓“X 效率”理论，是考虑生产组织内部因错过了充分利用现有资源的机会而造成的某种类型的低效率。究其原因，则主要根植于完全地或部分地缺乏尽全力有效利用各种经济机会的动力。他的理论最初可能得自对现实的观察，也可能出于对正统派的不满，或两者兼而有之，因为通常的微观经济学理论无法解释企业家或工人宁愿弃而不用那些能使产量增加的途径的现象。由于动力（也可能是压力）不足，特别是由于直接从事生产组织工作的人——管理者和工人——能够对他的努力程度，即花多大力气为雇主干活，进行选择，换言之，由于人的能动性不是一个常量，因此，企业投入与产出之间的关系模糊起来了，管理者和工人的行为在大部分时间里就成为非最大化的了。此时，最大化只是一个特例，即人们很难按照接近于完全的计算程序来做出决策。为此，莱本斯泰因还创造了一个“努力熵”概念。它是一种组织方面的熵，在此被用来表示与假定的企业目标协调不够充分的程度。鉴于努力熵的存在，最大化假定的现实基础便四面楚歌了。[18]

从上面的几种批判中，我们发现了一些似曾相识的东西。西蒙和制度学派虽然都对正统经济学的理性经济人假定表示不满，但从方法论角度看，前者至少没有反对方法论个人主义的倾向，而后者则带有浓厚的方法论集体主义色彩。此外，后者的规范性质也十分明显，因为社会文化对人的影响常常以价值或意识形态为媒介，而前者实证的味道则相对足些，因为它企图用一个更加接近现实的“寻求满意结果的人”来取代“经济人”。也许更为根本的区别在于前者似乎只打算对正统的人类行为假定加以修补，而后者则试图使之改头换面。说到心理学实验，则很类似一种实证分析，并且具有深深的证伪的痕迹。至于“X效率”理论，其中的方法论个人主义和借经验现实来修正传统理论的倾向溢于言表。

3.1.3 对最大化行为的再思考

西蒙对理性经济人的批判确有其独到之处，特别是他对有限理性的强调。在他的论述中，似乎有这样一个暗含的假定，即如果理性与最大或是最优相对应，那么有限理性便与次优（“满意解”）为伍。不过在我看来，事情似乎不那么简单。人们对决策所需信息的掌握远非完备这一点是一个事实。但是我们由此推出人的选择就一定是次优的吗？非也。[19]西蒙的那位棋手，只走那种最终能制胜的棋路而不去穷尽其他能将死对方的套数并“视优择之”，表面上看是次优行为，但他这样做不正是力求节约一些东西吗？他节约了计算的时间（要知道棋类比赛是有时间限制的），同时也逃脱了计算的折磨，最重要的是他实现了自己的目标。这种既能实现目标又能达到效率要求的选择究竟是次优的还是最优的？显然，它可以是一种最优选择，我想至少棋手本身在当时特定的条件下是这样认为的。

最优选择或最大化可以表现为在一组约束条件下求极值的问题。显而易见，如果没有约束条件，则无所谓极值。具有完全理性的经济人是在面对所有选择方案和了解各种选择后果的情况下，经计算找到最佳道路的。现在我们知道，并且也承认，信息是不可能完备的。这大概是出于两个原因，其一是人的能力及收集处理信息的工具有限；其二是人们可能认为已有的信息对做出必要的决策够用了。第一点表明人不可能掌握全部信息；第二点则暗示人至少在部分情况下是可以获得决策所需的全部信息的，但出于某些“约束”——收集处理信息是要付出成本的——而不愿意这样做。我认为，这两种情况均可能存在。实际上，那位棋手是能够找到并比较全部将死对手的走法的（对这一点西蒙本人也直言不讳）。这表明第二种形式的信息不完备的产生，是由于人的最大化的考虑——节约信息成本以最有效、便捷地实现目标。至于第一种信息不完备的情况，虽然证明不了人在此时的选择是最优的，但却并不能否定人在信息不足时的行为本身或倾向是最优的。这里有一点是不言而喻的，即每个人都会充分地利用已有的信息或尽可能获得那些与决策有关的信息来采取行动。退一步讲，即使信息不可全部获得，也仍然存在一个努力获取它们的问题。此时，对信息的成本—收益分析（即最大化）也是决策者自然的一种倾向。鉴于此，我以为，西蒙对引入信息成本和信息极限来为最大化进行辩护的反驳多少有点无力。他批评它们的理由似乎只是由于那些辩护者坚持了最大化。[20]

用“社会—文化人”来取代“经济人”，即用具有多重目标并且其目标在形成过程中受到他人决策及文化结构影响的人来取代单纯追求经济利益最大化的独往独来的人，无疑是一种意义深远的努力。这种努力的结果揭示出了人的多面性和复杂性，并且似乎把对人的假定向现实又推进了一步。当然，这种思想绝非制度学派所独有。实际上，亚当·斯密早在 1774 年就已经涉猎了此问题。马克思凸显人的社会性，亦有此意。制度学派的功绩之所以不可没，在于它高扬“社会—经济人”的大旗，并与正统经济理论分庭抗礼。这本身是需要相当勇气和自信心的。[21]制度主义者强调“社会—文化人”的做法，把我们引向了研究个人目标或偏好的形成过程而不是把目标看作给定的一种效用或福利函数。我们该对他们表示感谢，因为他们从不同角度对人的选择行为做了拾遗补缺性的工作。

也许正是由于他们宁愿重新定义人的性质，故拒绝使用“理性—有限理性”的两分法。但这里有一个问题，那就是人们是否会不假思索地任意选择他们的目标和实现目标的手段。这在我看来是不会的。尽管后制度学派的经济学家也承认信息不完备，而且它们可能是扭曲的，但是即使在这种情况下，我仍然认为人的选择是在约束条件下的最优选择。制度学派的理论实际上回避了这个问题[22]，但从逻辑上讲，这个问题是无法回避的。人往往是尽可能寻找捷径去实现其目标的，尽管目标具有多重性，或在形成过程中受多方面的约束。令人颇感兴奋的是，某些后制度主义者已明确地把人的行为定义为“目标探求”。显而易见，其中已暗含了寻找有效途径的意思。[23]至于依习惯行事而非寻找最优方案，我以为此种现象或事实恰好反映了人的最大化行为：遵从习惯较之搜寻潜在的最优方案可能更合算。对习惯的更为详尽的讨论将在下一章给出。

对理性经济人假定的心理实验批判的侧重点，既不在于强调个人选择的社会性，也不在于重视信息不完备性，而是在假定单独个人了解全部方案及可能结果之后，揭示了人类选择的非理性（即非最大化）和做到理性行事的困难一面。这些实验无疑对理性经济人假定来说是一种挑战；不但如此，它们也的确激发起了我们的深入思考。但是否能因为某些心理学实验就得出最大化原理不存在的结论呢？这尚需深入讨论。

对传递性假定的描述不是十全十美的。当在三种选择对象中进行两两选择时，出现违背传递性假定的现象是可能的，但也是可以解释的。设想一下，如果对三种对象同时选择，我猜测，恐怕人们都能在桃、杏、橘之间排列出次序。在两两选择中，时间不同了（因为人不可能在同时做两件事），他们的偏好也自然可能会因诸如联想或感觉变化等而有所不同。[24]因此我认为，有问题的不是传递性本身，而且即使存在违背它的现象（在两两选择的情况下），也并不能断然否认选择者的行为在当时的条件下是最优的。他的计算和选择总是有其道理的。

从实验所用的数据中[25]，我们的确可以看到有相当一部分人的行为违背了主导性假定，而没有去选择他“应该”选择的方案；同时，我们也确实看到了表述方式对人类选择的影响，从而多少使不变性假定难以成立。但是，我们同样还应看到，除了此处仍有一个共时性问题（时间变了）外，每个人的计算方法和性格、感情倾向在其中也起了很大的作用。换言之，有人可能熟知概率论而有人则对它一知半解或毫无所知（这可被视为一种信息约束，而且计算水平也会因人而异）；有人更倾向于风险或风险中性，而有人则厌恶冒险；虽然人们都深知治疗的成活率和死亡率事实上是一样的，但由于感情或本能地讨厌“死亡”（损失）而受到了以“成活”（收益）形式表述的内容的影响而左右选择。在“朝三暮四”的例子中，我们似乎又可以隐约看到选择者对眼前利益看得重于未来利益的倾向的影子。[26]我在此之所以给出上述理由，即一组条件或考虑或约束，目的在于解释一下人们为什么会不做他“应该”做的事；其暗含的结论是，那些来自心理实验的结论，至少无法证明最大化原则是站不住脚的，更何况我们还能举出更多的例子来说明其具有相当广泛的经验基础呢！[27]

关于“X 效率”理论，我在此仅打算简单说几句。从企业的生产结果上看到的非最大化利润或人们往往不尽全力去工作等现象中，是得不出人的行为是非最大化行为的结论的。结果的非最大化往往是人们最大化行为的情愿或非情愿的一种后果罢了。莱本斯泰因强调了压力不足或缺乏动力，这几乎与说个人在这样的约束条件下是以他认为最合适的方式来努力无异。这里的关键点在于，行为最优和结果最优是两回事。如果说“X 效率”理论的逻辑有毛病，这多少就和将两者混为一谈有关。实际上，正如许多人对“X 效率”理论所做的批判一样，莱本斯泰因所说的一切同样可以被纳入以经济人假定为前提的企业理论之中。

总之，有限理性的判断是正确的，而强调人的社会性也是恰当的。心理实验检验和对“X 效率”现象的描绘，都从不同的角度对理性经济人假定进行了有理有据的批判。但它们好像又都未能很好地了解、回答有关个人的行为问题。委婉些说，它们对经济人的批判虽不无猛烈，但防范起来也是比较容易的。对此，我的初步看法是，人的行为永远都是在约束条件下的最优行为。当然，这还需要做进一步的说明。

3.1.4 一个隐喻式的说明

为了方便讨论，我在此先用一个故事来隐喻地给出目标、信息、计算、选择与最终结果之间的关系。让我们假想有一只狐狸和一只兔子在某时某地不期而遇了。[28]为了生存这一最高目标——无疑是它们各自的根本利益所在，狐狸疯狂地追赶以获取生存的食物，而兔子拼命地逃窜以免死于非命。对两者而言，其选择的既定战略显然都是最优的。在追捕与逃窜的博弈过程中，兔子突然发现前方有一棵大树挡住了去路。为了避免直接撞树而亡，此时，兔子的最优选择便是急转弯以求绕开大树，尽管一般而言跑直线对兔子来讲恐怕不能不说是最合理的选择。作为追捕者的狐狸通常会通过及时修正其追捕路线，最终取得这场狐兔博弈的胜利。不言而喻，狐狸的行为同样也不能否认是最优的。[29]这多少可以被看作一种对最优行为的经验支持。

从这个故事中我们至少可以得到以下几点启示：第一，相对于目标而言，狐狸和兔子都是"经济动物"，即它们都选择最有利于实现其目标的策略或手段：最快速度，最优逃、追路线。第二，它们对信息的掌握都不是完全的，或信息对它们来讲是不对称的，即兔子不知道前面有大树或始料不及，而狐狸事先知道，或者说存在不确定性，否则兔子会提前准备。第三，如果说两者采取的都是最优行动，那么结果则天差地别：一个心满意足，一个灾难降临，也就是说，最初的最优行为和最后的结果不相吻合。第四，随着时间的流逝，即那场博弈的进行，为实现目标所采取的行动是被不断调整或修正的，而非一成不变的；这种调整本身，也是一种合理的、经过计算的选择。最后，同一"约束"，即故事中的大树，对不同的博弈参与者而言影响是各异的，或者说它可能是非中性的。

在上述五点启示中，首先我们可以发现，在两个环节上狐狸和兔子均是经济动物：在压力充分时它们都尽力追捕或逃跑并随时调整其策略。我们可以设想这样一种场面，狐狸预感到可能捕捉不到眼前的兔子，因而放慢了追赶的速度。对兔子来说，或许越是远离天敌就越安全，但它仍很可能也相应地放慢步伐，因为此时的压力或激励不那么强了。这时，我们同样不能说兔子的行为由最优变为次优了，而应该说，在约束条件变化后，其行为也随之变化了，但最优化原则并未被违反。这里，信息不完备并没有根本影响它们的最优选择的性质本身，而只是直接地影响了它们的修正选择内容。其次，最优行为和最终结果的脱节或背道而驰恰恰没有否定追求预期目标的行为的最大化性，而仅表明了最优选择在不确定条件下只是预期目标实现的必要条件而非充分条件。这一点暗示了用结果的好坏来判断行为最优与否的不适当性。它和西蒙所说的理性经济人假定中的将最优选择和最优结果相等同的做法是不一样的。在这个意义上，西蒙的批判似乎少了几分锐气。再次，从理论上讲，兔子是“可以”设法事先收集有关“大树”的信息的，但这样做的成本和风险在当时的条件下极高以至不可能。因此，从这一点看，我们同样不能否认兔子行为的最优性，尽管就结果而言，兔子的最优行为具有强烈的悲剧性——它没犯任何错误，一直在尽最大力量行事，但仍遭到了灭顶之灾。最后，狐兔博弈十分典型地反映了社会性：行为者的选择绝非只取决于自己的愿望，而是特别地依他人他物的行为或存在为条件。这个以隐喻方式表述的狐兔博弈模型具有如此之大的包容性，正是我使用它的原因。

3.1.5　经济人假定：一个充分体现人类行为的假定

通过对上面故事的分析以及对各种批判的再思考，我现在多少有点信心地将“经济人”作为本书的一个基本假定。当然，在“经济人”之前，我还要加上一系列限定语；在它之后，一些补充说明亦在所难免。每个人可以讲都是目的性很强的经济人，也就是说，他都在特定的并且是不断变化的约束条件下，通过成本—收益计算以寻找并借助于最优途径来达到他们自己认为能够获得的最理想的预期结果；说得绝对点，人的行为是时时处处最优的。也正是在这一点上，我认为所有人都是同质的。这里需要指出一点，我理解的理性在经济人假定中的地位和传统经济人假定不同：它与信息或知识的完备性无直接关系，与最优选择和最终结果是否具有一致性无直接关系，而只统一于人在约束条件下的择优选择；预期结果体现的正是由信息不完备而表现出来的不确定性，它既可能是非零和的，如狐兔的“你死我活”，也可能是零和的，结果对大家都有好处，尽管程度可能不同。特定的、不断变化的约束条件，除了不完备的信息随时间而持续增减以外，更多的是来自人的社会文化性这一事实，即人的行为乃至其结果和偏好既受其他人的行为的影响，同时又受现行制度的影响，尽管制度本身也是众“经济人”的选择后果之一。结果和目标（动机或需要、偏好、愿望）既可以是物质的，同时也可以是精神的[30]（马斯洛给出的“需要的五层次”最典型地表现了这一点。这五层需要分别为生理需要、安全需要、爱的需要、尊重的需要和自我实现的需要。显然后四种需要为精神的，尽管它们同物质有相当密切的关系）。两者的区别仅在于，前者是实现了的现实，而后者往往是一种预期。至于目标或动机的形成问题，在此我只想用斯密曾给出的双重源泉来简洁地加以说明：“自利动机”和“寻求社会肯定”。[31]

§3.2 稀缺性假定

本章讨论的主要是关于人的行为假定，因此有人可能会认为在此处谈稀缺性假定不合时宜，因为稀缺性往往指的是物（尽管有时也指劳动）。应该说提出这样的疑问是很容易理解的，同时它也不无道理。可是，如果假定没有稀缺性，或者说，满足人们愿望的手段是无穷的，是极大丰富的以至可以做到“按需分配”，那么还会有经济或节约问题吗？人们还会去寻找最优方案吗？人们还会进行选择吗？如果说否定回答过于武断，那么，肯定回答则毫无疑问是没有根据的。绝大多数经济学理论实际上都是以稀缺性的存在为前提的：土地是稀缺的，资本也是，信息也是，而且人力资本也是。这些在经济学中几乎已获得了普遍的认同。如果用图示的方式表述，那么我们就能更清楚地看到稀缺性在经济学中的作用，见图 3 - 1[32]。

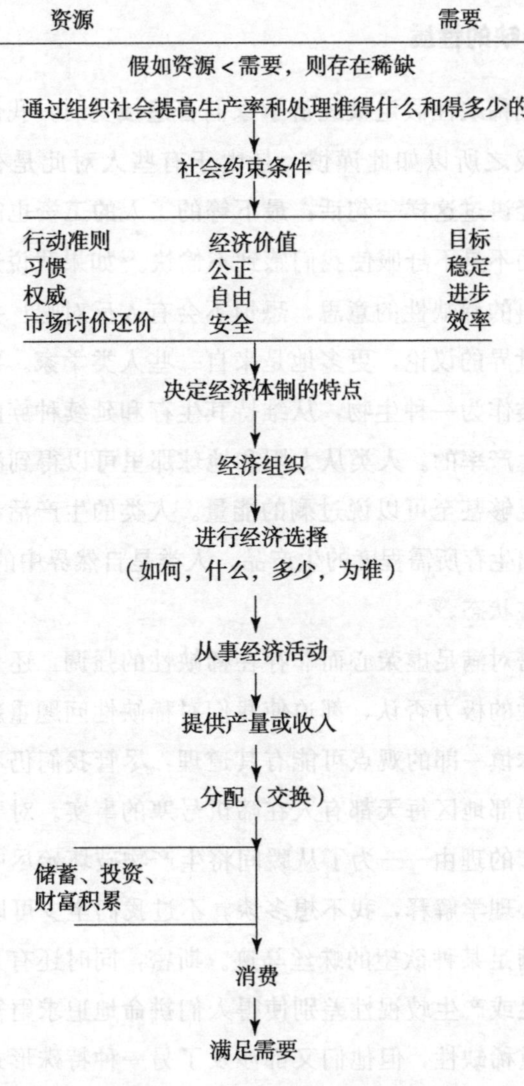

图 3 - 1　经济学的基本思想

需要指出的是，我在这里讨论稀缺性是别有用意的。首先，我打算说明稀缺的性质，即阐述稀缺是在什么意义上出现的；其次，也是最关键的，我试图将一个新的概念——制度稀缺——引入现有的稀缺“对象”的队伍之中；最后，我将结合稀缺性来说明人的行为假定。

3.2.1 稀缺的性质

前文在谈到稀缺性假定被经济学家们普遍接受时，我使用了一个“几乎”的定语。我之所以如此谨慎，是由于有些人对此是有所保留的。亚当·斯密就曾经讲过这样一句话：最下等的工人的工资也能满足肉体的需要；是虚荣心而不是不舒服使我们感到不愉快。[33]如果我说这段话中包含有不赞同物质资料的稀缺性的意思，恐怕不会有人反对吧！关于人所面对的不是一个稀缺世界的议论，更多地是来自一些人类学家。栗木慎一郎就明确地指出，人类作为一种生物，从维持其生存和延续种族的意义上说，是没有必要提高生产率的。人类从太阳和地球那里可以得到满足个体生存以及种族维持的足够甚至可以说过剩的能量。人类的生产活动的特征是：有意识地生产超出生存所需程度的生产品。人类是自然界中的“超出者”，是一种过剩的存在状态。[34]

无论是斯密对满足虚荣心而非存在稀缺性的强调，还是栗木慎一郎对稀缺性的存在性的极力否认，都迫使我们对稀缺性问题重新考虑。对整个人类来讲，栗木慎一郎的观点可能有其道理，尽管我们仍不能忘记在这个地球上的某些局部地区每天都有人在啼饥号寒的事实。对于他所给出的人类从事过剩生产的理由——为了从瞬间将生产物破坏殆尽中得到最大的快乐——的这种心理学解释，我不想多谈。不过我们至少可以从中看到有些人总是在力求满足某种欲望的蛛丝马迹。斯密，同时还有凡勃伦，都更强调虚荣心的满足或产生歧视性差别使得人们拼命地追求财富。虽然没有在一般意义上看重稀缺性，但他们又都涉及了另一种特殊形式的稀缺性：为了满足虚荣心所需的物品，用凡勃伦的话说，即那些没有实用价值且价格昂贵的奢侈品，是不足的。结果，生产这些产品的手段也就可能随之欠丰了。

由此看来，我们对稀缺性有了一个新的了解。对整个人类的生存和繁衍来说，物质资料的稀缺性很可能是不存在的。但当人们的愿望或目标已不仅是生存和物种保持，而是要寻求一种相对的优越感来满足其生理需要以上的需要（回忆一下马斯洛的五层需要的后四层）的时候，物品的稀缺性就被“制造”出来了，所谓“经济”问题，即稀缺资源的有效配置便产生了。从这个意义上讲，图 3-1 的经济学基本思路框架的理由还是相当充分的。关于图 3-1，我在此要补充说明的是，经济学的基本思想似应首推其中的那句不那么显眼的话：“通过组织社会提高劳动生产率和处理谁得什么和得多少的问题”。何以组织社会？非制度莫属也！当各国或各集团或各人之间处于激烈竞争时，便意味着对该国或该集团或个人的挑战，物质资料的稀缺可能尤为明显。一切取决于经济实力，大概说的就是这个意思吧！

3.2.2　作为一种稀缺资源的制度

在第 1 章中，我曾提纲挈领地将制度定义为习惯和规则（对它的详细讨论见第 4 章）。由于制度本身具有在特定时期和地点消除或减缓稀缺性的功能（详见讨论制度的功能的第 7 章），并扮演了迎接挑战的主角，因而，制度本身便成了重要的资源。像其他资源一样，在满足人们的目标时，制度本身在逻辑上也可能出现稀缺。这样说的基本理由在于制度的提供和维持不是免费的，而是要付出代价的；另外，用标准的经济学语言来说，制度类似一种公共产品。由于它很自然地会带来外部性问题，因而制度的供给可能不足。[⑧]所谓公共产品，指的是不具有使用上的排他性和拥挤性（即享用者的多少并不影响其成本和价格）的产品。换言之，一旦某项产品的好处对所有人来说都是可以得到的，那么它便成为公共产品。举例来说，法律就是一种由国家提供的公共产品。它的物质基础来自税收。全社会的每个人原则上都不会被排除在法律的保护伞之外。公费教育也是如此。由于使用上的非排他性的存在，它使得人们不愿为公共产品的创造付费而希望别人付费，最后自己坐享其成——这就是人们常说的“搭便车”。如果大家都这样做，其结果自然就是制度供不应求了。

制度稀缺不仅仅是逻辑推导的结果或理论上的可能，它在现实中也是存在的。现代社会中私人警察的出现并能“得逞”一时，恰好说明了这一现象的真实性。在这里，警察无非是制度的化身而已。因为没有对制度的维护、监督，制度只能是形同虚设。[36]这同时也暗示了，当面对挑战时，当制度的供给与需求不对称时，制度本身会被创造出来。

在这里需要对制度稀缺的性质补充几点说明。第一点，制度常常不完全是公共产品。这不仅由于它可能是“俱乐部产品”，而且在于它也可能不是由国家（或政府）或俱乐部来提供的。这里，“俱乐部产品”指的是这样一种产品，对它的消费虽是排他的，但又并非由一个人完全排他地消费，而是由属于特定群体的人来享用。[37]与之相对应的典型例子便是俱乐部。你付了会费就可以享受俱乐部提供的服务，例如在一个网球俱乐部中不用排队就可优先使用网球场地。制度作为“俱乐部产品”，同样也可能是稀缺的，因为“俱乐部产品”本身就具有公共产品的性质；另外，它同样会鼓励“搭便车”现象的产生。

虽然说“俱乐部产品”本身已在一定程度上讲明了制度可能不是由国家提供这一点，但我的意见是，我们还应从“习惯”的角度来考察这一问题。作为人们在处理其所熟悉环境中事物时共同遵守的行为准则或惯例(但这并不排除有些人不循规蹈矩的可能性)，如形形色色的民俗，“习惯”通常会给人带来方便（当然也可能拖效率的后腿），同时它也不排斥某些人学习或“享用”。从这个意义上讲，习惯的确是一种公共产品。但它显然不是由政府或俱乐部提供的，而是带有很强的自发倾向。

我要补充说明的第二点是，制度的稀缺性是无法用绝对量来刻画的。换句话说，它无法像其他物品或劳动那样通过市场价格直接表现出来。故我们无法直接地计算出缺乏“多少”制度。相反，制度稀缺的程度可以间接地由相对量或“机会成本”反映出来。“相对”和“间接”在这里是指用某种可行制度的预期收益与现行制度的结果在经济指标上的差来表示当前的制度稀缺程度。解决制度稀缺的基本途径是以制度创新方式扩大制度的供给。这些将构成第 5 章的主要内容之一，故不在此赘述了。

制度稀缺的无形性是我要补充的第三点。不难发现，具有稀缺性的东西并不仅仅是有形的，如土地、资本和劳动，而且包括无形的制度。我在此将这两类稀缺定义为有形稀缺和无形稀缺。后者是我特别要给予关注的内容。

有形稀缺和无形稀缺虽然在不足这一点上是相通的，但除了有形与无形的基本不同外，它们各自所处的层次和引发的机制及功能亦是有差异的。这种差异首先表现在有形稀缺在逻辑上是引发无形稀缺的先决条件。相对人类目标而言的有形稀缺给人们以动力以显示其自身的优越性。结果，能否成功地聚敛财富，进行摆阔性消费以产生歧视性效果（获得社会承认），便成为人类面对的基本挑战。只是在这时，为了有效地达到目的，作为一种集体行动，制度被创造出来以迎接这类挑战。由此，我们便看到了制度本身所具有的滞后性质。这大概正是产生制度稀缺的必要条件吧！马克思所说的生产力决定生产关系，生产关系必须适应生产力的发展，讲的大概就是这个意思。这可以说是第四点补充。然而有趣的是，恰恰由于这种无形稀缺的存在，使得它反而成为“瓶颈”了，即成为决定性的东西了。制度先于行为，从这个角度讲恐怕是相当有道理的。

当我们谈稀缺时，即供给相对不足，往往要涉及其供求。在既定的价格下可能会出现某种商品的供给过剩是众所周知的事，但是否会出现制度供给过剩呢？我想对制度这类无法市场化的“人工”产品而言，说其供给过剩，同样也只能使用前面曾提到的“间接”“相对”的办法，即当维持现行制度的净收益（成本与收益之差）小于推行某种制度的预期收益时，我们说现行制度供给过剩。机构臃肿、人浮于事、公文旅行等便是制度过剩的表现。更为有害的是，它们总是与降低收益（效率）形影相随。显而易见，这同时也就自然意味着能带来更多预期收益的制度是稀缺的。对此类问题的更进一步讨论，将在第 5、6、7 章进行。

3.2.3 稀缺性与人类行为

我们已经认识到，稀缺性在人类生存的意义上可能不成问题，但相对于人们的“过度需求”而言，稀缺性假定无疑是成立的。本章专辟一节来讨论稀缺性的成因，旨在凸显它与人类行为之间相辅相成的关系。没有有形稀缺，人类的动机也就成为无源之水；反过来讲也一样，如果没有人的欲望，那么有形稀缺也就成了无本之木。有形稀缺和人类动机一道构成了经济学的基本前提。当然，仅把经济学限定在有效地配置有形稀缺资源以满足人类无止境的需要，目光则过于狭窄肤浅了。正如图 3－1 所昭示的，制度安排在使有形的有限资源满足人们的需要时发挥着巨大作用；也正如我们已经看到的，无论制度的供给“过剩”还是不足，其结果都是一样的，那就是激发人们去创新制度。人的选择体现于其中。因为有形稀缺的存在，获得它们就要由集体行动加以管理，而集体行动的结果便是制度安排——规定财产和自由签订契约的权利及义务，以防止发生无政府状态。康芒斯的话，的确是有分量的。[8]

§3.3 其他重要的辅助假定

仅凭经济人和稀缺性假定是不足以建造起制度理论大厦的，正如人们不能仅靠地基来修筑起高楼一样。为此，我们还需要一些其他的重要的辅助性假定，如个人偏好及能力的差异性、作为比较利益者的个人、规模效益、外部性普遍存在和不确定性永存等。

3.3.1 个人偏好及能力的差异性

我在讨论人类行为假定时曾经说过人的同质性问题。那里所谈的同质性显然是指人具有工具主义的目的性，即人总是面对不确定性并在他所处于其中的物质环境和制度结构的约束中，借他们认为最优的方式达到自己的目的。关于这一点，我想第 3.1 节已讲得比较清楚了。在给定了人的目的性这个一般假定之后，我们很自然地会发现，人的能力和志趣、偏好或具体目标光怪陆离，相去甚远。这大概也是不容否认的事实吧！我们只要稍微运用一下想象力或借助于对我们亲身经历的归纳，便会轻而易举地检验出这类假定的真实程度还是比较高的。[39]

将个人能力和偏好差异性列为本章的主要辅助假定之一的理由有二：其一是它强烈地暗示了人的能力特别是偏好不同——尽管他们都以自认为的最优方式去满足其偏好——事出有因，或者说，在差异的背后还有某些深藏的原因值得我们去挖掘、探明；其二，能力和偏好的不同又为供给和需求的多样性以及社会分工和协作，尤其是为个人之间的比较利益的存在奠定了基础。关于第二项理由，我将在下一小节中加以讨论。现在先让我们集中精力对第一项理由做些简单的补充性说明。

人的偏好之不同部分起因于性格差异。对此可不去管它。而根本原因之一，则正是本章第 3.1 节中所讨论的后制度学派的“社会—文化人”假定所提到的内容以及斯密所说的“获得社会肯定”的动机所涉及的东西。也就是说，人的偏好主要取决于他所处的社会环境及他人的影响。在此，环境主要指的是他能接受的理论，他所归属的、与制度相关的集团或阶级(层)，以及特别重要的东西，即制度本身。在这里我想说明的是，个人的偏好不仅因人而异，而且因环境不同而改变。假如我们承认制度是一种强有力的约束条件，那么我们就有充分的理由认为，当制度约束变化时，人的目标函数（即偏好）也会随之“变迁”。狐狸吃不到葡萄而说它酸，至少部分地道出了这个意思。这一点对我们以后分析制度的功能而言意义深远，否则我也就不会下力气来强调偏好形成问题了。第 7 章将着重分析这一点。

3.3.2　作为比较利益者的个人

比较利益学说由大卫・李嘉图首创，其核心思想是在国与国之间进行贸易时，各国用其生产率高的产品去交换生产率低的产品，这样能使两国均获利。同时，我们不难证明，比较利益是普遍存在的，或者说，双方在交易时没有比较利益的可能性很小。[40]我现在要说的是，这种国与国之间存在的贸易收益（gain from trade）在个人之间同样存在。这一假定，正如前面所说，是以人的能力、偏好不同为前提的，同时也是以劳动（时间）的稀缺性假定为前提的。后者表明一个人由于时间和精力有限，不可能从事一切工作以生产出满足其需求的物品；前者表明作为具有工具主义目的性的经济人，他总是会去从事在既定条件下能够最有效地满足其需要的工作。这样，在上述两者合力的作用下，人们之间或国与国之间的那种比较利益关系便产生了。这种利益往往还会由于伴随着分工而来的专业化而被进一步扩大。因为有利在，便会有行动。而这种行动即为人们之间的合作、交往。它的存在可以被看成是集体行动起源的本因之一，看成是为第 5、6 章——制度的起源与演进——所做的一项铺垫。

3.3.3 规模效益

规模效益说来极为简单。它指的是随着生产规模的扩大，如雇用更多的劳动、添置更多的机器设备，单位产品的成本在一定范围内会下降；或者说有些工作在达不到一定规模时就根本无法完成。马克思在《资本论》中谈到的由简单协作向工场手工业和机器大工业过渡时，举出的原因之一便是这样做节约了时间和空间。这实际上不过是另一种规模效益的说法罢了。[41]考虑到人逐利而行，潜在规模效益的存在为人类联合行动提供了又一种激励。在此需要说明的一点是，规模绝非越大越好。拿企业来说，当规模扩大到某一临界点以上时，即边际成本等于边际收益那一点以上时，生产则会出现西尼尔所给出的四大假定之一即边际收益递减现象。在这里，规模效益和边际收益递减，除了所处的规模范围不同外，其他毫无二致。

顺便说一句，规模效益不仅表现为生产成本的节约，而且表现为交易成本的降低。（企业）规模的大小就曾被人看成是决定于通过市场来组织生产的交易成本的多寡。[42]关于交易成本概念，我将在下一章详细讨论。这里，暂时先简单地把它视为“使体制得以运转的成本”就可以了。

3.3.4 外部性普遍存在

在讨论外部性定义之前，让我们先来看一句中国人的俗语：三个和尚没水喝。它的前面往往还有两句常被省略的话：一个和尚挑水喝，两个和尚抬水喝。可为什么三个和尚竟没水喝了呢？当取水的办法只有挑和抬两种时，在一次取水的活动中，我们看到至少有一个人是坐享其成的。如果说三个人是平等的，而且是经济人的话，那么每个人就都会争做那个不劳而获的“搭便车者”；同时，由于那两位付出劳动者无法全部得到其成果，故作为经济人谁也不愿做这种傻瓜而让别人“白”占便宜。结果三个和尚便可能没水喝了。这种现象实际上就是外部性问题。[43]

按照一般的说法，外部性指的是私人收益与社会收益、私人成本与社会成本不一致的现象。它又可以具体地分成外部经济和外部不经济，同时它们又分别表现在生产和消费上。这样我们就一共有了四种外部性的具体形式。[44]在上面的例子中，打水的和尚的劳动得不到全部补偿，而又有人“搭便车”。结果，个人成本及收益同由三人组成的社会成本及收益（在此指三人平均的劳动和水的享用量）不一致了，而这在两人和一人的情况下均不会出现，故我们说和尚没水喝的结局是由于外部性的不经济在作祟。不难想见，外部性问题是普遍存在的。三个和尚没水喝不过是其中的一个缩影。坦率地讲，三个和尚没水喝所代表的并非是外部性的全部形式，但它十分形象并常识性地展示了外部性的内涵。这便是我使用它的基本理由。另外，我是在相当一般的意义上使用外部性概念的。

从外部性中，我们不难感觉到它对经济人的选择的强烈影响。没水喝的后果对大家都不利，因此，建立制度来克服它，便是打破这个小小挑战的现实可行的办法之一。这一切正是我将外部性普遍存在当作一个重要的辅助假定提出的基本意图。最后补充一句，三个和尚没水喝的故事还暗示了一个意义深远的推断：三个和尚的目标或需求一致（获得饮用水），但外部性的存在可能导致其无法合作。这一点我在第 6 章还会深入讨论。

3.3.5 不确定性永存

实际上，关于不确定性问题在本章的第 3.1 节已经被涉及了。在此我专门讨论它，旨在突出它在经济中的重要性及在制度理论中的地位。当然，这里首先要做的还是澄清不确定性这个概念。

人类在进行选择时，总少不了和未来打交道。但未来究竟会怎样，却没有人能够肯定地知道。也恰是在这种背景下，人们把那些无法预料和难以测度的变化定义为不确定性。[45]如果更加明确地以人为中心，则不确定性还可被定义为："在任何一瞬间个人能够创造的那些可被意识到的可能状态之数量"。[46]《韩非子》中的"塞翁失马，安知非福"的故事，便是一个诠释不确定性的极佳例子。

对未来的变化没有把握，或无法断定他人如何抉择的情形如此普遍，以至我觉得在此没有必要再多费口舌证明其广泛存在。然而联系到经济学，我又必须做点说明。经济学，至少在我看来，是研究人在交易活动中的选择行为的科学。当人们从事交易时，目的无疑是要获得各种潜在的利益，如比较利益或规模效益。然而各方从交易或合作中获益的道路并不总是那么平坦，其中之一的障碍便是某人投出去的桃并不一定总会被回报以李（意即不了解他人的选择）。这里，减弱不确定性的意义也就随之显露出来了。在这个过程中，制度也就可以派上大用场了。

在此，有必要补充两句。虽说风险和不确定性是有所区别的——前者是一种可测度的（可用概率表示）不确定性，后者为一种不可测度的风险，但就本质而言，两者无异，即都是对无法肯定的变化的陈述。[47]这或许就是人们用保险（制度）来减弱或抵消其对交易的阻滞作用的原因。

另外，不确定性也不全是个信息量或有限理性问题，因为即使人们掌握了全部信息，也仍可能无法肯定事物或行为的变化及状态。这样说同

“经济人”的基本假定并不矛盾，其理由在于人们总是会以他认为的最好方式去进行选择以期实现其目标，而不确定性仅是一个影响其选择的重要参量。

§3.4　小结

本章关注的焦点是理论纲领或研究范式中的假定部分。经济人假定和稀缺性假定对制度理论而言是最基本的。由于它们亦是经济学帝国中绝大多数其他流派或理论的基本假定，故制度理论无疑是经济学大家庭的当然成员。除了上述两个假定之外，本章还讨论了个人能力和偏好差异，以及作为比较利益者的个人、规模经济（效益）、外部性和不确定性等主要辅助性假定或工作假说。它们对建立本书作者眼中的制度理论亦是必不可少的。其基础作用将在下面几章中逐步显露出来。

[注　释]

①说到行为科学，看来有必要给出一个明确的定义，以便为我们理解后面的讨论提供方便。广义地讲，行为科学研究的是“人本身举止的模式，尤指对激励的反应方式”；换言之，它关心的问题是人们是怎么活动的，他们为什么要这么活动，或是什么东西触动了个人，动机是什么，等等。在大致搞清楚这些问题之后，行为科学家力图预测在一定情况下一定的人或人群可能会采取什么样的行动。有关行为科学的文献，参见H. M. F. 拉什．什么是行为科学．外国经济管理选择．北京：中国人民大学出版社，1979。

②亚里士多德的这句话引自钱伯斯《世界政治体制》1989 年英文版第 3 页(CHAMBERS. Political Systems of the World，1989)。如果深究下去，“经济人”和“政治人”似乎区别微乎其微。这不仅由于两者在功能上都扮演着逻辑前提的角色，更重要的还在于人们均无时不在既定约束条件下以最小代价去获取最大收益。从这个意义上讲，政治人无非是活动在所谓政治领域内的经济人而已。

③《管子·禁藏篇》。紧接此句，管仲马上又点破了进行统治或为王之要术：“故善

者势利之在，而民自美安。不推而往，不引而来，不烦不扰，而民自富。如鸟之覆卵，无形无声，而唯见其成。”管仲因势利导的见解和亚当·斯密在《国富论》中所推崇的自然秩序观何其相似。注意，尽管《管子》成书年代不详（史学界一般认为在春秋末和王莽“新”朝之间），但它至少要先于斯密 1 700 多年。

④《墨子·大取》。在此，我引用中国经典文献的目的有二：其一是展示我们祖先在“经济学”方面的真知灼见，其二是试图借此在中西文化间搭筑沟通彼此的桥梁，并揭示它们的区别仅是形式上的。本书引用的《管子》和《墨子》参见巫宝三．中国经济思想史资料选辑（先秦部分）．北京：中国社会科学出版社，1985。

⑤斯密写道：“我们每天所需的食品和饮料，不是出自屠户、酿酒家或烙面师的恩惠，而是出于他们自利的打算。我们不说唤起他们利他心的话，而说唤起他们利己心的话。”亚当·斯密．国民财富的性质和原因的研究．北京：商务印书馆，1981：14（ADAM SMITH. The Wealth of Nations，1776）。类似的思想，斯密在《道德情操论》一书中亦曾有所表示。对此，后文将有所涉及。实际上，《韩非子》说得更漂亮些：“医善吮人之伤，含人之血，非骨肉之亲也，利所加也。”

⑥参见亨利·勒帕日．美国新自由主义经济学．北京：北京大学出版社，1985：24。勒帕日把“经济人”当作科学思考的方式、过程和工具的观点言之有理。我所持的看法深受其启发。

⑦参见汉斯·E. 詹森的“人类本性理论”（HANS E. JENSEN. The Theory of Human Nature. Journal of Economic Issues，1987（9）：1068）。詹森在此文中所表述的中心思想是对“单维经济人”的批判，并提出了“多维人性”，以此作为后制度经济学的基本前提。

⑧赫伯特·A. 西蒙在为《社会科学辞典》撰写条目时给广义理性下的正是这样一个定义。它载于赫伯特·A. 西蒙．现代决策理论的基石——有限理性说．北京：北京经济学院出版社，1989（3）。

⑨关于完全理性的讨论，可参见赫伯特·A. 西蒙的《管理行为——管理组织决策过程的研究》（北京：北京经济学院出版社，1989；HERBERT A. SIMON. Administrative Behavior，1976）和《现代决策理论的基石——有限理性说》。

⑩引自赫伯特·A. 西蒙《现代决策理论的基石——有限理性说》第 46 页及《管理行为——管理组织决策过程的研究》第 4、5 章。在这里有必要补充一点，即西蒙认为，有限理性可能来自风险和不确定性；来自信息的不完备性；来自复杂的环境约束。

⑪丹尼尔·R. 法斯费尔德．对个人行为经济理论的一种修正．经济问题杂志，1989 (6) (DANIEL R. FUSFELD. Toward a Revision of the Economic Theory of Individual Behavior. Journal of Economic Issues，1989 (6))。类似的论述，我们在汉斯·E. 詹森的论文中亦可看到。这种把人看成是社会文化性的人的做法，的确是美国后制度学派的理论"硬核"之一，也是美国制度学派与主流正统派的分水岭之一。

⑫读者可参见凡勃伦《有闲阶级论》(北京：商务印书馆，1982) 一书的第 2、3、4 章。他尤为强调满足虚荣心对人类行为的影响；而对个人而言，这种满足只能来自他人。于是，随着人口密度和人事关系的日趋复杂，一切生活的细节都经过了一番认真的安排和仔细的挑选，品级、头衔、勋位及五花八门的显示尊荣的装饰也就自然而然地发展起来。金钱最终成为区分人群、体现相对地位的尺度。结果，"金钱竞赛"以及伴随而来的附庸风雅、赶时髦、力求登上高一层社会阶梯的人类行为便成为名副其实的一种社会文化现象。

⑬约翰·肯尼思·加尔布雷思是美国后制度学派 (neo-institutionalism) 的主要代表人物之一，并于 1976 年获美国演进经济学会颁发的"凡勃伦－康芒斯奖"。他关心的焦点是经济分析中由制度作保证的权力结构问题。他认为，消费者需要什么市场就会让生产者生产什么的所谓"消费者主权"在现代资本主义条件下被完全颠倒过来，而成为了"生产者主权"。其原因在于大公司自行设计产品，控制价格，然后通过庞大的"功能网"向消费者进行灌输。此时，消费者的行为便只能是服从，进而失去了纯粹个人选择的自主性和独立性。约翰·肯尼思·加尔布雷思．经济学和公共目标．北京：商务印书馆，1983 (JOHN KENNETH GALBRAITH. Economics and the Public Purpose，1973)；厉以宁．论加尔布雷思的制度经济学说．北京：商务印书馆，1979。

⑭相关论述参见丹尼尔·R. 法斯费尔德的《对个人行为经济理论的一种修正》以及汉斯·E. 詹森的《人类本性理论》。

⑮比如说由詹姆斯·M. 亨德森和理查德·E. 匡特所著的教科书《中级微观经济理论——数学方法》(北京：北京大学出版社，1988) 就是这样做的。参见该书的第 8 页 (JAMES M. HENDERSON，RICHARD E. QUANDT. Microeconomics：A Mathematical Approach，1980)。

⑯相关实验参见阿莫斯·特沃斯基和丹尼尔·卡尼曼的《理性选择和决策形成》一文 (AMOS TVERSKY，DANIEL KAHNEMAN. Rational Choice and the Framing of Decisions. Journal of Business，1989 (59)：251－278)。李向阳在一篇题为《新古典经济学的理

论假说所面临的挑战》的文章中，亦对此类问题进行了评述。该文载于《经济文献信息》1990 年第 5、6 期。

⑰“朝三暮四”见《庄子·齐物论》。这个故事讲的是一个养猴人对众猴说，早上给你们三升橡子而晚上给四升。众猴颇为不满。后那人改口说早上给四升晚上给三升，然后众猴大悦。对“朝三暮四”的解释多种多样，不过我看到的却是同一“事实”的不同表述，其结果并不一样。这种现象在现实中如此普遍，以至我们可以将其定义为“朝三暮四效应”。此外，由于为检验取消性和主导性假定所设计的实验较为复杂，在此我就不打算详述了。但有一点是明确的，即实验结果都至少部分地否定了这两个假定的绝对性。

⑱哈维·莱本斯泰因．微观经济学与 X 效率理论：假如没有发生危机，也应当有危机．丹尼尔·贝尔，欧文·克里斯托尔．经济理论的危机．上海：上海译文出版社，1985：134－150（HARVEY LEIBENSTEIN. Microeconomics and the Theory of X-efficiency, in The Crisis in Economic Theory，edited by Deniel Bell and Irving Kristol，1981）。

⑲持有信息不可能完备这一观点的人很多，如米塞斯、哈耶克、弗兰克·H. 奈特及肯尼思·阿罗等人。在《人的行为》的第 6 章中，米塞斯专门讨论了不确定性问题，并写道：“每一行为都涉及一个未知的将来。在这个意义上，行为总归是风险的投机。”有趣的是他把人类处理同未来的关系的方式归结为三类；赌博——对结果赖以发生的事实一无所知；工程——靠确定性解决问题；投机——成功还是失败取决于他对未来理解能力的大小（第 118～125 页）。哈耶克干脆用《似乎有知识》（1974）为题来表达其对严格定量的、物理学化的正统经济学的不满，并强调人在获取和处理信息方面遇到的障碍（王宏昌．诺贝尔经济学奖获得者讲演集（1969—1981）．北京：中国社会科学出版社，1986：219－230）。奈特将利润同不确定性联系起来，并用前所未有的、无法用概率加以衡量的不确定性来解释利润的产生。阿罗似乎更加直言不讳地说：“确实，关于未来，一个最引人关注的特征就是，我们不能完完全全地认识它。”关于奈特，参见马克·布劳格的《凯恩斯以后 100 位杰出的经济学家》；阿罗的观点，参见阿罗的《信息经济学》（北京：北京经济学院出版社，1989：157－158；KENNETH J. ARROW. The Economics of Information，1984）。意味深长的是，他们虽然都强调了信息难以完备，但却均未由此推出人的行为是次优而非最优的结论。

⑳西蒙在反击某些人对最大化假定所做的补充说明时，多少流露出了这种带有感情色彩的倾向，这一点在其《企业组织的合理决策》一文中有所反映。该文载于《诺贝尔

经济学奖获得者讲演集》一书。

㉑随便翻阅一下美国后制度主义者的《经济问题杂志》(JEI) 我们便会发现，新古典正统经济学所扮演的只是受批判的靶子角色。阿兰·G. 格鲁奇在其最后的一篇题为《制度经济学的三种不同方法》的论文中指出，那些运用所谓"杂文法"的人虽难以归类，但在对新古典经济学正统派的厌恶上却是一致的（ALLAN G. GRUCHY. Three Different Approaches to Institutional Economics：An Evaluation. Journal of Economic Issues，1990（6））。

㉒杰里·L. 彼得曾将后制度经济学的政策形成的理论基础归结为以下十点，即(1) 价值驱动；(2) 注重过程；(3) 工具性；(4) 演进性；(5) 非教条；(6) 以事实为基础； (7) 强调技术；(8) 整体性；(9) 积极行动者；(10) 民主性（JERRY L. PETER. Fundamentals of an Institutionalist Perspective on Economic Policy. Journal of Economic Issues，1984（3））。艾戴丝·S. 米勒在美国演进经济学会会长的就职演说中，对彼得所表述的制度经济学的基本思想非常赞赏；同时，她还做了两点补充，即强调二元论的统一性和纠正新古典经济学所犯的合成谬误之错（EDYTHE S. MILLER. Economics For What?. Journal of Economic Issues，1989（6））。由此可见，在后制度经济学的"主流"中，我们很难发现在约束条件下寻求最大化利益的人的影子，尽管有些人不时地谈到人的本性。

㉓迈克尔·J. 莱德茨基在试图为制度经济学建立计算机模型时，提出了关于人的这一假设。要建立模型，并在制度经济学中引入数学，没有类似的行为假定大概是不行的（MICHEAL J. RADICKI. Institutional Dynamics：An Extension of the Institutionalist Approach to Socioeconomic Analysis. Journal of Economic Issues，1988（9））。

㉔这样看来，正统经济学借助于传递性假定所导出的表明两种商品的无差异曲线才是有问题的，因为这种做法没有顾及时间问题。

㉕现在有必要介绍一下心理学家所做的实验。有甲、乙两个盒子，其中不同颜色的球所占的百分比及每种颜色的球所代表的输赢数额由下面给出。你所输赢的钱数依赖于你随机抽出的球的颜色。现在你愿意从哪个盒子中取球？

甲	90%白	6%红	1%绿	3%黄
	0 元	赢 45 元	赢 30 元	输 15 元
乙	90%白	7%红	1%绿	2%黄
	0 元	赢 45 元	输 10 元	输 15 元

实验结果是58%的人选甲，42%的人选乙。而依据主导性假定，如果 X_1 至少与 X_2 一样好，则人们必选择 X_1，即人们应选择从乙盒中抽取。这里的实验结果表明主导性假定有问题。心理学家对此所做的解释是：该结果可能由于表述不同（甲中出现的“赢”多“输”少而乙则相反）而导致偏好不同；也可能由于钱数和百分比的差异不甚明白或很小；等等。参考文献同本章注释⑮。

㉖如果我们能够确切地知道养猴人和猴之间的对话发生在早晨，则我们可以推断猴子们的做法是对的，因为现值，至少在利率理论中，是大于未来值的。

㉗人们似乎很容易想象米尔顿·弗里德曼对用否定假定的现实性来推翻理论的做法的态度：不屑一顾。不过据我猜测，在内心深处，弗里德曼还是会对这些实验结果有所感触的。

㉘在此我举的例子便是著名的所谓“追捕问题”。奥斯卡·兰格在论述经济控制论时便使用了这个例子，见奥斯卡·兰格．经济控制论导论．北京：中国社会科学出版社，1981：31－32（OSKAR LANGE. Introduction to Economic Cybernetics）。当然，我们的目的是相差很大的。兰格力图借此阐述跟踪调节和提前控制问题，而我则意在他求。这里我想就“讲故事方法”谈几句。它指的是用一个逻辑连贯的典型案例或模型（即 pattern modeling）隐喻地给出所要解释的东西的答案。狐兔博弈可以说就是使用此法的一个例子。

㉙实际上我们很容易地就可以设想出另一种结局，它对兔子有利而于狐狸有害。如前者熟悉地形而逃脱，后者却掉入泥潭而亡。但无论是什么样的结局，都同样能从中推出我们想得到的结论。张宇燕．狐兔博弈的经济学启示．经济文献信息，1989（3）－（4）。

㉚马斯洛．人的潜能和价值．北京：华夏出版社，1987：162－177。另外，将人类需要划分为层次的第一人肯定不是马斯洛，因为至少管子就曾讲过“衣食足则知荣辱”这样的话。

㉛亚当·斯密的有关论述涉及制度或社会过程对个人目标形成的影响，故它在第6章中将被深入地加以讨论。

㉜此图引自克里斯·马斯丹、史蒂夫·亚当斯和约翰·克鲁森所著《比较经济学概论》英文版第7页（CHRIS MARSDEN，STEVE ADAMS，JOHN CREWDSON. An Introduction to Comparative Economics. London：Heinemann Educational Books，1980）。

㉝在《道德情操论》一书中斯密写道：“在肉体舒适和心灵平静方面，一切不同阶级的人的生活，几乎都处于同一水平；那在公路旁边晒太阳的乞丐，却拥有国王们为之

奋斗的安全。”转引自埃德蒙·惠特克《经济思想流派》(上海：上海人民出版社，1974：127－128；EDMUND WHITTAKER. Schools and Streams of Economic Thought，1961)。凡勃伦的有关论述参见《有闲阶级论》第 3、4 章。

㉞参见栗木慎一郎．穿裤子的猴子——人类新论．北京：中国工人出版社，1988：32、38。该作者对人类为什么从事经济性生产问题的回答——人类这样做是为了从瞬间将生产物破坏殆尽中得到最大的快乐（第 43 页）——真可谓别出心裁。

㉟制度的起源与演进或创新与外部性问题密切相关，故在第 6 章里我将把它作为制度的起源与演进的基本原因之一加以讨论。

㊱《半月谈》1990 年第 5 期曾登载了一篇题为《假公安为何能得逞》的报道。它讲述的是一个河南流浪汉在 1989 年自办非法公安机构并且生意愈做愈大、顾客日益增多，最后走上犯罪道路的真实故事。

㊲参见理查德·考尼斯和托德·山德勒所著《外部性、公共产品和俱乐部产品的理论》英文版第 6 页（RICHARD CORNES，TODD SANDLER. The Theory of Externalities，Public Goods and Club Goods. Cambridge University Press，1986)。

㊳约翰·R. 康芒斯．制度经济学．北京：商务印书馆，1981：12（JOHN R. COMMONS. Institutional Economics，1934)。

㊴在我看来，偏好有两种，其一为影响选择行为的偏好，其二为不影响选择行为的偏好。它们或许可以被分别称为“观念偏好”和“现实偏好”。为了进一步说明两者的区别，我们可以试着回答这样的问题：你愿意打伞还是不愿意打伞？如果是不喜欢打伞，那么你为什么还要在雨天打伞？在这里，行为或选择和“观念偏好”无关，而取决于现实偏好。本章所考察的偏好主要是后者，即对选择行为施加影响的现实偏好。它和保罗·萨缪尔森提出的所谓“显示偏好”类似：偏好可以通过观察消费者的选择“显示”出来，因而需求理论不必受主观内省的限制。

㊵大卫·李嘉图．政治经济学及赋税原理．北京：商务印书馆，1962。另外，赫克歇尔－俄林理论，即不同地区的相对价格取决于这些地区天赋要素的相对稀缺状况，就思想实质说，同李嘉图的比较成本说如出一辙。对于比较利益普遍存在的说明，我们可以从不存在比较利益的苛刻条件之中得到。假定有两个人 X 和 Y，他们都生产两种同类产品，如鱼和椰子。其中 X 用单位成本生产 a 单位的鱼，Y 用同样的单位成本生产 b 单位的鱼；X 用单位成本生产 c 单位的椰子，Y 用同样的单位成本生产 d 单位的椰子。如果 $a>b$，$c>d$，则 X 的生产效率高于 Y。如果 $a/c\neq b/d$，则存在比较利益。可以想

见，在现实中 $a/c=b/d$ 的情形是很少的，因而比较利益普遍存在。按此思路，我们不难计算出双方各以什么比例进行分工能使收益最大，即最大限度地获得比较利益。

㊶卡尔·马克思．资本论．第1卷第4篇“相对剩余价值的生产”（北京：人民出版社，1975：347－554）。

㊷经济学家罗纳德·H. 科斯的《企业的性质》一文（1937）可以说是开了这一研究领域的先河。如果说企业本身也是一种制度，那么交易成本——制度起源便被提到议事日程上来了。它构成了第5章的主要内容之一。

㊸张宇燕．经济学与常识：从“三个和尚没水吃”谈起．读书，1989（11）。在写作该文时我还有另一个目的，即用常识性语言来表述经济学思想。外部性概念最初是马歇尔在19世纪前明确提出来的。关于它的定义，除了我在此引用的“私人收益与社会收益、私人成本与社会成本不一致的现象”之外，还有不少。如在《经济外部性理论》一书中，J. E. 米德是这样给外部性下定义的：“外部经济（不经济）是这样一种事件，即它给某位或某些人带来好处（造成损害），而这位或这些人却又不是做出直接或间接导致此事件的决策的完全赞同的一方”（JAMES E. MEADE. The Theory of Economic Externalities. Geneve，1973：15）。

我在这里之所以特别强调“完全赞同”这一点，原因在于米德的外部性定义明确地将当事人的赞同与否引入其中，从而具有新意。私人与社会的成本—收益不一致的确体现了外部性的实质，但它似乎仅是外部性的必要条件，而充分条件则应是当事人的不完全赞同，可话又得说回来，当个人与社会的成本—收益不一致时，当事人会无动于衷吗？这是否意味着充分条件多少已暗含于必要条件之中呢？我在正文中用“必要条件”作为定义，而在此注释中用“充分条件”补充说明，原因就在于此。顺带补充一句，如果说三个和尚没水喝是外部性不经济的典型事例，那么家长强迫孩子读书，便是一个司空见惯的外部性经济的例证。

㊹对四种外部性的进一步讨论如下：生产上的外部经济，指的是一个经济单位采取的行动对他人产生了有利影响而自己却无法从中得到补偿（如你种树别人乘凉）；消费上的外部经济，指的是一消费者采取的行动对他人产生了有利影响而自己不能从中得到补偿（如你放烟花别人观赏）；生产上的外部不经济，指的是某经济单位采取的行动使他人付出了代价而他人得不到补偿（如人们呼吸工厂排放的污染气体）；消费上的外部不经济，指的是某消费者采取的行动使他人付出了代价而后者没有得到补偿的情况（如甲穿上新衣服使乙感到自己的境况变差了）。埃德温·曼斯菲尔德．微观经济学：

理论与应用．上海：上海交通大学出版社，1986：486－488（EDMIN MANSFIELD. Microeconomics：Theory&Applications. Shorter Edition，1982）。

㊺这是弗兰克·奈特给不确定性下的定义。对不确定性和风险的区分亦是由他给出的。有益的是，奈特还论述了不确定性产生的四个来源：(1) 人们是根据现在的情况推断未来，但对眼前的情况的认识却不一定正确；(2) 对人们的行为如果不加干预，情况会怎样的预料也不一定正确；(3) 人们对于预究竟会引起一些什么样的变化亦未必真正了解；(4) 人们在从事行动时，其结果未必完全与所希望的相符。奈特似乎将不确定性全部归结为人的有限理性或认识能力不够。这恐怕是可讨论的。参见弗兰克·奈特所著《风险、不确定性与利润》(FRANK H. KNIGHT. Risk，Uncertainty and Profit，1921)。

㊻如此给不确定性下定义的是一位奥地利学派的经济学家理查德·D. 福尔勒。不仅如此，福尔勒还给出了三个所谓的"不确定性定律"，即人口的不确定性定律、时间的不确定性定律和初始条件的不确定性定律。其各自含义分别是指，如果相互作用的人数增加（减少），则不确定性呈指数式提高（降低）；如果某个人进行选择（不包括选择死亡），则不确定性将随着时间迈进未来的跨度加长而呈指数增长；如果不确定性现在增加（减少），则不确定性随着时间愈进入未来而变大（变小）。参见理查德·D. 福尔勒《纯粹选择逻辑》英文版第 205～212 页（RICHARD D. FUERLE. The Pure Logic of Choices. Vantage Press，1988）。

㊼从哲学角度看，概率论的基础是过去的经验。在处理未来问题时，因条件或时间变化了，故用概率来加以测度的风险的准确性是应该打些折扣的。

第4章
作为分析前提的制度范畴

考虑到本书的中心在于讨论制度作为一种重要资源的有效利用问题，以及力求与方法论中的七要素相吻合，本章打算集中分析一下制度概念，以便为今后的分析打下基础；另外，通过评价先行者和同行者的有关论点，我在此亦想为本书增添一些文献价值。当然，更重要的在于从中引出我关于制度的见解，正像我以前所做的一样。

§4.1 某些文字上的考察

“制度”一词在中国思想史上久已有之。《商君书》中就曾有过这样的论述：“凡将立国，制度不可不察也，治法不可不慎也，国务不可不谨也，事本不可不抟也。制度时，则国俗可化而民从制；治法明，则官无邪；国务壹，则民应用；事本抟，则民喜农而乐战。”[①] 在《礼记》中亦曾有过关于“制度”的议论：“故天子有田以处其子孙，诸侯有国以处其子孙，大夫有采以处其子孙，是谓制度。”[②]

在《商君书》中出现的“制度”与治法、国务和事本并列，其含义为制定法度，它和执行法令的治法还有些区别。依我之见，制度在此作为立国之第一支柱，指的是订立或设立规则以建立秩序和提高效率。而只有制度符合时宜，它才能行之有效地设立规则以建立秩序和提高效率。而只有制度符合时宜，它才能行之有效地达到设立者的目标。这里的制度是一个动宾词组，强调行动，似乎带有一般性，尽管其侧重点在立法上。在《礼记》中出现的“制度”主要讲的是设立一套规则，使作为当时最基本的生产资料的土地得以被分封，进而使收取税租有章可循、有法可依。它同财产权的转移或使用权的有偿转让极为类似。这样一来，我们便得到了“制度”一词在中文里的基本内涵：以法令为主要表现形式的规则和以财产权让渡为内容的规定。一般而言，上述“制度”一词的内涵同今天我们的理解已十分接近。按《辞海》解，制度的第一含义便是指要求成员共同遵守的、按一定程序办事的规程。[③]通过下文的讨论，我们也很容易发现，中国人对制度的理解同讲英语国家的人对“institution”的看法几近相同。[④]

§4.2　先行者和同行者对制度范畴的理解

在上一节，我浅显地讨论了中国古人对制度的理解。应该说中华先哲们的讨论虽然着墨不多、零零散散，但却具有高度的概括性。当然，我们也不必讳言，古人并未对制度进行系统的逻辑实证分析。相对来说，西方学者在这方面则做了大量的工作，其中以制度为研究核心的学者群——制度学派——最为突出。其中，凡勃伦和康芒斯又是其开山鼻祖。

4.2.1　凡勃伦眼中的制度

对“制度”一词，凡勃伦虽曾在许多场合中加以使用，但他没有明确地给出有关它的一个完整的定义。在我看来，《有闲阶级论》（1899）一书是较详细地讨论制度的著作。也许是由于受到了达尔文进化论，特别是当时美国著名的达尔文主义者赫伯特·斯宾塞的影响，凡勃伦总是将制度纳入生存竞争分析的框架。他认为人类在社会中的生活同别的生物的生活一样，是生存竞争或淘汰适应过程；而社会结构的演进却是制度上的一个自然淘汰过程。在人类制度和人类性格上一些已有的和正在取得的进步，可以概括地被看成是出于最具适应性的、在自然淘汰过程中存留下来的一些思想习惯，是众多个人对环境强制的适应过程，而这种环境本身也是随着社会的发展、随着人类赖以生存的制度的不断变化而变化的。就制度而言，不但它本身是精神态度与性格特征的一般类型所形成的淘汰适应过程的结果，而且是人类生活与人类关系中的特有方式。因此，它也是进行淘汰的有利因素。他进而写道："制度必须随着环境的变化而变化，因为就其性质而言，它就是对这类环境引起的激励发生反应的一种习惯方式。而这些制度的发展也就是社会的发展。制度实质上就是个人或社会对有关的某些关系或某些作用的一般思想习惯……人们是生活在制度——也就是说，思想习惯——的指导下的，而这些制度是早期遗留下来的。……今天的制度，也就是当前公认的生活方式。"而所谓经济制度，则指的是人们在社会的生活过程中接触到它所处的物质环境时如何继续前进的习惯方式。[5]

在一本名为《不在所有者和近代企业》（1923）的书中，凡勃伦曾将制度定义为"一种自然习俗，由于被习惯化和被人广泛地接受，这种习俗已成为一种公理化和必不可少的东西。它在生理学中的对应物，类似于各种习惯性的上瘾"[6]。这个定义同上面所叙述的制度说明几乎一样，尽管从时间上看相差了近四分之一个世纪。

4.2.2 康芒斯对制度的论述

康芒斯和凡勃伦在对待制度范畴的方式上有所不同。后者似乎更愿意在行文中或字里行间讨论制度，而前者则是企图为制度下一个较为全面的定义。康芒斯承认，"制度"一词的意义不十分确定。有时候它似乎可以被比作一座建筑物，一种法律和规章的结构，正像房屋里的居住者一样，个人在这个结构里面活动；有时候它似乎又是指居住者本身的行为；有时候凡是对古典经济学加以批评的东西，都被认为是制度的[7]；有时候凡是讲动态的、过程的、管理或控制的，似乎就是制度经济学。但最终，康芒斯还是从中找出了一种普遍的原则，它适用于一切所谓属于制度的行为：制度是集体行动控制个体行动。在他看来，集体行动的种类和范围甚广，从无组织的习俗到许多有组织的、被他称为"运营机构"（going concern）的机构，如家庭、公司、同业协会、工会、联邦储备银行以及国家等。这一切所共有的特征在于，个体行动受集体行动的控制。此外，集体行动在无组织的习俗中比在有组织的团体中还要更普遍一些。更进一步说，集体行动又是同所谓业务规则密切相关的，后者告诉个人能够、应该、必须做什么，或是相反。[8]也许最耐人寻味的是，康芒斯指出这种控制是通过所有权关系来施行的，因为所有权是制度经济学的基础。再有，他把"交易"视为制度经济学的基本分析单位，并分析了三种基本的交易类型：讨价还价、管理和配给，从而突出了人们之间的关系及与之密切相关的制度。[9]

4.2.3 安德鲁·斯考特为制度所下的定义

斯考特深知给制度下定义绝不是轻而易举的事，但由于他所关心的主题是社会制度的经济理论，因而给出制度的明确的界定或描述，便成了逻辑上必不可少的一环。为此，他写道："社会制度，指的是社会的全体成员都赞同的社会行为中带有某种规律性（regularity）的东西，这种规律性具体表现在各种特定的往复的情境之中，并且能够自行实行或由某种外在权威施行。"[10]在各种情境中，规律性可以是对类似货币这样的特殊商品的使用，同时也可以是付给餐厅侍者的小费的百分比，或是用以要求个人为公共产品或俱乐部产品付费的某种指令。也许是出于数学精确性的考虑（斯考特是一位借助于博弈论的数学工具来对制度问题进行分析的经济学家），他又对制度做了更为正规的限定：某种一定人数（P）的行为中的规律性（R），当这些人是处于某个往复情境（S）中的当事人时，并且在满足下列条件的情况下，便是一种制度。这些条件包括在 P 中的每个人，（1）都遵守 R；（2）每人都认为其他人也会遵守 R；（3）在其他人遵守 R 的条件下，每个人都宁愿遵守 R；（4）如果某人背离了 R，那么某些或所有剩余的人都将背离它，并且由于大家都背离了 R，因而其损益状况要糟于遵守 R 时的损益状况。[11]

4.2.4 瓦尔特·C. 尼尔对制度特征的归纳

如果说斯考特的制度定义追求的是一种精确性或严格性，那么尼尔则认为给制度下定义是不可能的。在他看来，只有那些类似等腰三角形的东西才可以被定义，而像制度这样的东西只能用它所具有的特征来加以描绘或被识别。尼尔指出，从广义上说，制度暗指一种可观察且可遵守的人类事务的安排，它同时也含有时间和地点的特殊性而非一般性（也就是说，制度具有历史性）。从这个意义上讲，家庭是一种制度，而爱情和生儿育女则不是；不仅如此，家庭因时因地而形形色色。具体地说，某种制度可以通过三类特征而被识别：（1）存在大量的人类活动（people doing），并且这些活动是可见的和可辨认的；（2）存在许多规则（rule），从而使人类活动具有重复性、稳定性并提供可预测的秩序；（3）存在大众观念（folk view），它对人类活动及各种规则加以解释和评价。随后尼尔补充说，对"为什么"问题做出回答的是大众观念；对"如何"和"是什么"问题加以解决则由规则来完成。如果说制度还有什么其他主要特征的话，那便是它是作为一种精神产品（mental construct）出现的。制度本身作为整体是无法被观察到的，但它的构成要素则可以为我们所看到，如在特定情境中的人类活动，后者又同社会规则和大众观念密切相关。[12]

4.2.5 其他关于制度的定义

在奥尔森看来，所谓制度，无非是形形色色的法律和组织安排以及经济政策。他特别指出，这些制度包括财产权，因为如果没有财产权，也就没有人会积极地进行储蓄和投资。[13]

沃尔顿·汉密尔顿给出的带有经典味道的定义是：一种制度意味着一种思维方式或某种广为流行的、经久不衰的行动；制度是根植于人群的习惯或风俗，它为人类的活动划定了界限并且被强加给人类。[14]

杰弗里·M. 郝奇森使用了他自己认为的、较之凡勃伦的定义更为完整的术语来为社会制度下定义，即通过传统、习惯或法律约束的作用力来创造出持久的、规范化行为类型的社会组织。他补充说，在这个错综复杂、有时是变化莫测的世界中，正是这种高度的持久性和规范性，才使得社会科学有可能被运用于一切实践。[15]

联邦德国的 W. 艾尔斯纳将制度定义为一种决策或行为规则，后者在此控制着"往复多人情境中的个人活动"。特定的规则通常在特定的社区内得到普遍承认，因此它为与决策有关的预期提供了基础。这里，决策或行为包括这样的预期，即对特定规则的背离或违反很容易受到消极制裁(negative sanctions)；而当别人都遵守规则的时候，特定个人亦愿意遵守规则。[16]

许多人将弗兰克·奈特当作美国经济自由思想著名堡垒芝加哥学派的奠基性人物之一，恐怕是有充分理由的。与此同时，他的名字也经常出现在美国后制度主义者所引述的文献目录中。虽然把他看成是一个地道的制度主义者的证据尚显不足，但至少我们可以说在他身上带有颇浓的制度主义色彩。举例来说，他和康芒斯一样，都把制度视为社会控制的必要形式；机会同时亦产生于此类社会控制，并且它最终导致个人决策的形成。奈特强调指出，特定制度结构的一个必要功能在于建立起了一种稳定的行为类型，凭借它人们的预期得以形成，从而使经济交易成为可能；并且制度在决定每一个参与者所获社会财富的份额问题上的作用举足轻重。[17]

保罗·布什定义制度的方式别有一番特色。他先把社会看成是一组制度系统。而某一制度系统又可被视为一组制度。某种制度可被定义为一组由社会限定的相关行为类型。在此，"一组"指的是在功能上相互关联的因素。在运用制度定义时，布什极为重视其“社会限定”这个定语，并指出，尽管人类行为具有随机性质是完全可能的，但制度主义者坚持认为处于某一社会内的所有行为最终均要受制于社会限定或制约。[18]

4.2.6 对上述制度定义简短的评论和概括

人们从自身的经验和理论结构对制度加以定义或讨论，可以想见，其角度和侧重点一定很多且各不相同。显然，穷尽它们既不可能，也没有必要。我在这里给出的各种议论，恐怕还是有一定代表性的，至少它们点出了制度的基本特征。

凡勃伦为制度下的定义的确不那么精密，还很含混，但他开创了对制度进行重点分析的先河，并且对制度进行了定义——思想习惯或自然习惯，且罗列出了制度的一些主要特征：它是人类适应环境的结果（类似一种“激励—反应”），是演进的或变化的，是由过去决定的，它影响人的行为等。康芒斯对制度的定义充满了方法论集体主义的味道，并且相对来讲要明确一些。他把分析的基本单位定义为交易，并从交易、实际上是从冲突利益的协调过程中来考察集体行动对个人行动的控制，可谓真知灼见。和凡勃伦不同，康芒斯似乎更关注制度的实际载体，例如家庭、公司、国家，而非那些看不见、摸不着的习惯，尽管他还似乎是漫不经心但却颇有见地地区分了有组织的和无组织的集体行动。斯考特的制度定义真可谓严密，这显然同他钟爱使用数学工具进行推导有关。他的强调行为规律性的制度定义，与郝奇森的定义——作为持久、规范化的行为类型——几乎无异。而他给出的行为规律性是制度的条件，又与艾尔斯纳的论述雷同。这两点构成了制度的部分基本特征。不过也恰恰由于其定义的严格和精确，以至它可能偏离现实，这样说是因为某人对规律性行为类型的违背并不总会导致制度顷刻间土崩瓦解。[19]相比之下，艾尔斯纳不那么严格的定义倒是更能让人接受。通过明确地把行动中的人纳入对制度的分析，尼尔充实了康芒斯的制度现实载体的基础。与众不同的是，尼尔还为制度分析引入了所谓的“大众观念”——对规则的解释；随之而来的大概便是意识形态等规范内容的不可避免的介入。尼尔对制度的分析比较系统、精确；如果再加上奈特和艾尔斯纳重视制度与预期的关系，就更是如此。从预期形成和集体行动控制个人行动（社会控制）的角度来观察制度，实际上是从制度所具有的功能方面来为制度下定义。这不失为一种方法。在第 7 章，我将深入地展开对制度功能的讨论。

从上面的议论中，我们大致可以描绘出制度范畴的内涵的轮廓。这也正是我旁征博引各家对制度进行议论的原因之一。制度的轮廓，我想或许主要由下述数项基本特征支撑起来。[20]它们包括：

（1）制度是人类适应环境的结果，用汤因比的模型表述，那就是制度乃人类应战的结果，不过这里所说的应战似乎具有更多的被动性质。这一陈述的一个派生推论为，制度是一种人工产品。

（2）制度的主要表现形式之一，是人们习以为常的惯例（或习惯），或是规范化的行为方式。它们都同特定的文化模式和社会过程密切相关。这至少暗示了人们的行为是相互影响的。

（3）规则是制度的另一核心内容。它的主要特征之一在于其具有强制性或约束性，并主要由法律法规、组织安排和政策来表现。

（4）制度是历史进程中人类行为的沉淀物，换言之，它是由过去决定的，或它一旦形成，便具有历史惯性。作为一种推论，制度虽可能随时随地而变，但却会深深打上“历史”的烙印。

（5）制度和集体行动交织在一起，也就是说它为某社会中的众多人所接受或遵守，同时，这种遵守可能既是自觉自愿的（或无组织的），也可能是被迫的（或有组织的）。换言之，制度是一种一致赞同的结果，尽管赞同本身有自愿和非自愿之分。

（6）制度具有某些功能或是一种工具，否则它不会被人为地创造出来。制度作为人类面对挑战时的应战手段这一假说（回忆一下我在第 1 章的有关分析）本身，就暗含了其功能性质。制度为人们之间的交往、合作及交易的顺利进行提供了必不可少的保障，因为它至少使个人对他人行为进行预期成为可能（在这里，制度又同未来发生了联系）。制度的工具性隐含着制度本身的优劣良差。

（7）当人们遵守或违反制度的时候，它通过各种习惯和规则为处于其中的人提供奖励或制裁；换言之，制度限定了什么是可以做或必须做的，使人们有所节制并要求他们放弃某种权利以使他人或社会受益，制约了人们在各种选择方案中进行选择的能力。制度所提供的奖励或制裁，无异于为人们创造或减少了机会及可能性。

（8）维护和施行制度意味着某种“外在”权力或权威的存在[21]，国家大概是这种权力的典型。“外在”在此指的是独立于或超越了个人影响力的意思。

（9）交易是对制度进行分析的基本单位，这既是由于习惯和规则只能体现于人们之间的交易中，同时又因为交易的各种具体形式为描述不同的制度创造了条件。应说明的是，交易的对象十分庞杂，绝非仅是商品。

（10）财产权与交易关系密切，同时财产权又是集体行动控制个人行动的主要手段，因此，它亦同制度密不可分。说得极端些，财产权作为一种权力安排——既体现了规则又包含习惯，其本身就是制度的同义词。

（11）制度本身是不能独立的，而必须有其实际承载体，比如说家庭、企业（或公司）、国家等。反过来讲也是同样的：像企业这样的合作组织，本身就是由制度来支撑和维系的，或者干脆可以说，企业就是制度的化身。

（12）制度是观察和理解人类经济活动或行为的——即使不是唯一的，至少也是最重要的——钥匙或范式。

说到这里，我必须作一点补充说明。产权经济学家们眼中的财产权，实际上与制度同质。从其主要代表人物之一哈罗德·德姆塞茨给产权所下的定义中我们便可清楚地看到这一点。他写道，产权是一种社会契约，它的意义在于它有助于形成一个人在同其他人的交易中能理性地把握的那些预期。这些预期在法律、习俗和社会惯例中得以实现。[22]此时，我们或许会回忆起第 1 章提到的那两位强调产权制度的有效性的作者：道格拉斯·诺思和罗伯特·托马斯，他们眼中的财产权同样等同于制度。

§4.3　制度硬币的正反面：习惯和规则

以上 12 点可以说是对制度范畴的特征的归纳性描述，其中掺融了我对前述各种制度定义或议论的理解和推测。能够站到他人成就的肩膀上多看哪怕是一点东西，或是从纷杂的议论中理出个头绪来，是我所渴望的目标。下面论述的关于我对制度的看法，正是以这 12 点内容为基础的。

我始终认为，任何理论，特别是那些构筑理论大厦的概念性“砖石”，在本质上应该而且必须是十分简单的。[23]这或许就是我对上述制度的 12 点内容归纳略感丰富有余而精练不足的原因。实际上，制度的本质内涵不外乎两项，即习惯和规则，而其他特征或属性或附带说明均不过是它们的派生物。在此有必要事先指明，两者绝非水火不容，而是互补或相辅相成的。

4.3.1　对习惯概念的审视

将习惯纳入经济学分析的人为数不少，如凡勃伦、康芒斯、马歇尔及一大批现代经济学家。如果把那些经济学领域以外的思想家考虑在内，那么对习惯感兴趣的人则更多了，至少查尔斯·皮尔斯和约翰·杜威应被单独列出来。把习惯或习惯行为看成是人们处理熟悉环境中的问题的有效方式，为皮尔斯实用主义论中的著名观点。[24]和皮尔斯一样，杜威也把习惯行为理解成一切理智活动所必需的东西，但他又极为敏锐地觉察到了习惯所具有的双重功能——积极的和消极的作用，亦即其效率性和在面对变迁时表现出来的僵化性。[25]总之，他们两人都是从习惯所具有的功能（也正因为它有用）展开其分析的。

我们已经了解到，凡勃伦是用习惯来定义制度的。他关注的焦点在于不同习惯的影响和稳定性——对变化的抵御能力，后者暗含了变迁或动态之意。[26]应该说，他在这方面走得相当远，甚至把某种生活标准的本质亦视为习惯。虽然凡勃伦在讨论习惯时付出了大量的心血，但却未对习惯概念做出明确的定义式的说明。康芒斯对习惯的讨论更多地是贯穿于对资本主义的法律基础的分析之中的，特别是习惯法的产生及对法律的解释。有时他还独具慧眼地把习俗也看成是集体行动控制个人行动（这里习俗等于制度）。另外，他又强调习俗或习惯是一种不必用文字详细陈述的、人们认为是理所当然的假设。[27]至于马歇尔，虽然算不上是制度经济学家，但却显示了对与制度有关问题的极大兴趣。他把习惯本身看成人们有意识的选择，并将其视为人类经济活动的一种准则，正说明了这一点。更有甚者，马歇尔还是我所知道的第一位明确地把组织看成一项生产要素的正统派经济学家。[28]

由于所要求的过大信息量和计算量大大超出了人的潜力，因此要求对经济行为的所有方面进行深思熟虑是办不到的，准确地说是成本将无穷大。了解到这一点，当事人就力图寻求某种机制，以使实际的行为从连续的理性估计中摆脱出来。这种机制就是人所共知的习惯。郝奇森作为现代经济学家，对习惯的上述议论看来并未超出前人多少。但重复本身至少还是表达出了一种倾向性。[29]西蒙在讨论“程序化决策”，即根据以往的经验（而不需要富于创见地解决非常规问题）来处理日常或常见问题时[30]，照我理解，心中恐怕想到的就是习惯。如果说西蒙离主流经济学距离尚远，那么乔治·J. 斯蒂格勒和加里·S. 贝克尔则可以说是主流经济学阵营中的两位实力人物。或许是为了回击诸如制度主义等从习惯的非反射性（不假思索）引发出的对最大化的攻击，他们亦将习惯纳入了经济分析，并写道：“决策本身是要有所花费的。……为了做出决策，人们必须获得信息并分析它。搜寻信息并将其用于某种新的环境的成本如此之大，以至习惯较之那些可能是完满的和显然是使效用最大化的决策，常常是一种处理特定环境中小规模的临时变化的更有效的方式。”[31]

好了，关于他人对习惯的讨论的介评就到此为止。我这样做的目的，除了前面曾表明过的为本书增加些文献价值之外，更重要的在于昭示习惯在经济学及哲学思考中的地位，进而为我将习惯作为制度的重要构件、作为本书所关注的核心之一提供一些理论背景和理由。当然，习惯远非像凡勃伦所说的那样几乎是制度的等价物，而不过是制度这枚硬币的一面。它的另一面，正如本节开头所示，是规则。现在到了说明两者特征或澄清两者异同的时候了。

4.3.2　习惯与规则：以例说明的制度内涵

为阐述习惯和规则的含义，我先举个例子：围棋爱好者所熟悉的各种所谓“定式”，就是习惯的典型例证。在一般情况下，棋手落子时并不需要经过长时间的思考，只要按定式走通常就不会有失误。这里，定式是在千百人长期对弈过程中经过反复推敲琢磨而形成的。在成为定式后，它一般不易被改变，除非出现了新的、更有效的定式或其他更具影响力的事件，如比赛规则的变更。比较而言，规则指的是棋手所必须遵循的东西，如一人走一步、对所用时间的限制及胜负计算的方法等。赛场上的裁判员所扮演的角色，便是规则的维护者和监督者，准确地说他就是规则的化身。在这里，有一点是明确的，那就是在规则所允许的范围内，裁判无权干涉弈者如何走棋。由此我们可以看到，规则和习惯虽相互作用，但却各有自己的领地。裁判员惩罚的是犯规行为；而对违反定式的惩罚则来自敌手。如果我们承认每个人都是社会这场大对局中的一个博弈者，那么这个例子在相当程度上便具有了普遍意义。[32]

从上面所举的例子中我们不难推出下述结论：习惯，正如皮尔斯等人所述，是人们处理所熟悉环境中的问题时所遵循的有效行为准则。它作为制度的重要组成部分，具有以下一些特征。

第一，相对于人们所追求的特定目标而言，习惯是行之有效的，至少曾经是行之有效的。换句话说，只有那些在特定情境中有效的行为方式，才能广为人们所接受并最终成为习惯，即习惯有其特定的功能，好的或不好的。

第二，习惯是由历史来驱动的，即一方面它有历史性，另一方面它又是在人们多次的往复实践中积累并形成的。换言之，人们是在反复计算了成本—收益后，或在学习过程中逐步形成其习惯的。习惯的经验性是很强的。

第三，习惯的产生和对习惯的遵守是一个自发的过程或人们自觉的行为。它通常以分散性、个人性和非强制性为土壤，尽管有时带有强制色彩的灌输会出现。在这样的环境中，每一个人不仅是习惯的自觉或不自觉的遵守者，而且是潜在的习惯破除者或更有效的习惯的引入（创新）者。

第四，正是由于习惯的自发性，对习惯本身及其改变通常不需要做过多的解释。换言之，人们把它看成是理所当然或不言而喻的。

第五，作为人类面对环境压力（如不要败于敌手）时所做出的反应，习惯既有被动性又有明显的滞后性；不仅如此，习惯一旦养成，便会产生一种韧性或惰性。一般而言，习惯的接受者往往是一个可大可小的社会的（至少是）大多数成员，其好的或坏的结果常落到大家头上，尽管这种“分摊”可能不那么平均。[33]

相比之下，作为某一群体中成员所必须共同遵守的规则，自然有着一系列有别于习惯的特征。其间的差别为：

第一，虽然规则也是由人群自己制定或选择的，但它却带有更为浓厚的强制性和有意识性：它明确以奖赏和惩罚的形式规定什么是可以做的，什么是不可以做的。而照习惯办事通常是以无意识或潜意识的方式进行的。理性化的思考或计算在这里常常是多余的。当然，规则的强制性本身并不能保证杜绝一切违背规则（也包括习惯）的现象发生，因为现实中常有这样的情况，即不循规蹈矩的行为的预期收益大于安分守己时的预期收益。[34]

第二，对博弈参与者来说，规则更像是一种外在的约束，而不像习惯那样可纳入自己的控制地盘。这就如同棋手虽然可以自由地运用所掌握的定式，但对比赛规则却无能为力一样。与之相对应，现实中总出现规则的维护者，而习惯则没有明显的监督者。这一点在传统社会可能不成立，但在今天却是如此。

第三，如果说相对于特定环境而言的习惯对于每一位遵守者来讲都是有利可图的，那么在特定的规则下情况就远非如此。体育比赛的项目差异的实质，恐怕恰在于规则的不同。其结果便是使具有超群技艺的足球明星被排除在围棋高手的圈子之外（除非他是一个绝顶聪明者），因为特定的规则限定了某些人在此规则下成功的机会；或相反，它为那些能够应运而生者创造了出人头地的条件。[35]简言之，同一规则常常使部分人受益而使一部分人受损。当然，人们所感受到的损益程度可能因人而异。

第四，对于习惯来说，规则所扮演的是一种外部决定变量或环境的角色。换言之，规则本身在既定的条件下对习惯的养成和演化施加着不同程度的影响。当组织经济活动的规则由计划转为适者生存的市场竞争时，原有的习惯恐怕是非改变不可了。从某种程度上讲，习惯被改变或被破除的程度取决于规则改弦更张的幅度。[36]相对于规则对习惯的直接明确的影响而言，习惯对规则的影响却隐蔽得多，尽管对规则加以解释的"大众观念"部分就源于习惯。

第五，规则的设立，尤其是改变，需要加以解释、劝说，而不是理所当然或不言自明的。这也就是说，规则的背后存在着某种一般原则和利益，或统称为社会目标（这里所指的社会可大可小）。正是在这个意义上，我们可以把规则看成是冲突利益——个人的或集团的——之间的均衡。

第六，规则具有典型的集体行动的性质。它至少要被某个群体的成员遵循，其结果便是集体行动。每个人可以有自己的习惯，但不可能拥有个人的规则，因为规则还是共同的约定或契约。这里要说明的是，习惯的社会性（即某一社区内大家共同遵守的东西）才是制度理论要关心的内容。

我将习惯和规则视为制度的两项基本内涵而舍掉了制度的其他特征及内容，并非认为它们不重要，而是考虑到它们更多地是制度所具有的功能或特征。而最能够体现出协调人们之间关系的制度的本质的，唯有互补的习惯和规则。正是由于它们一起构成完整的制度世界，因此它们之间有着某种类似甚至重叠之处，也是很容易理解的。这些类似点不难从前面所归纳的制度的12个特征中看到。这里要说明的一点是，区分习惯和规则的意义绝非仅限于揭示两者的不同本身，更重要的在于指出两者在影响人类行为过程中的不同作用、领域和层次，在于展示人类行为与制度相互作用的不同侧面。借助于对习惯和规则的划分，我们还可以引申出一系列更进一步的问题，如在企图变革制度以获取潜在好处的时候，或当环境改变了的时候，至少我们拥有了两种选择：走分散的、自下而上的人类行动之路，即从习惯形成到习惯的规则化；或是相反，走由现行制度的维护者或监督者推行的、自上而下的改变规则进而影响人类行为之路。此外，有时候习惯和规则两者的界线并不那么清晰，特别是在传统社会中，习惯本身似乎就是规则。

4.3.3 对制度的具体描述：以经济体制表示的外延

在大千世界之中，制度自然形形色色。制度的差异无疑体现在规则和习惯的不同上。然而仅说两种制度的规则和习惯不同，并不能给我们留下划分或辨别不同制度的标签。因此，我们很有必要将制度进一步具体化，或在更为具体的层次上找出识别不同制度的要素。如果说习惯和规则构成了制度的内涵，那么现在我要做的工作就是给出制度的外延，准确地说是找到几项最为基本的，能够为人们识别的，与国家的兴衰有密切关系的制度要素。我认为，能满足我们区分不同制度的要求的工具有以下三项：所有权关系、经济决策结构和资源配置方式或经济协调方式。它们三项又常常被统称为经济体制。[37]在这里，经济体制的三项要素无非是规则和习惯的具体表现罢了。而且从表面上看，它们似乎更具有“经济学”的味道。下面，我将用些笔墨来说明一下体现在经济体制三要素之中的或在这三个领域内的规则和习惯。

财产权或所有权关系[38]为经济体制概念的一项内容。其内涵许多学者皆有论及，它包括三项子内容，它们分别为法律意义的占有权即处置权、管理经营或使用权以及通过占有而拥有的获得占有对象所带来的产品或收入的权利（也即收益权）。所有权的“所有”对象为财产。按照通常的说法，财产一般是指生产资料，如土地和机器设备。所有权关系的实质在于其排他性。这种排他性可以并常常体现在其三项子内容中。在众多的比较经济体制文献中，较为普遍的是将所有权关系的排他性归结为三种类型，如公有制、私人所有和集体所有。[39]私有制的排他性最强，集体所有制次之，公有制则“彻底”消除了排他性。从上面的论述中我们不难看到，对所有权关系的讨论已触及下列问题：所有权同使用权的分离或统一、收入分配以及由此而派生出的问题，如决策经营权的终极来源和动力或激励问题。此外，所有权的三种类型在现实经济生活中常并行不悖。这无形中又引申出所有权关系要触及的另一类问题，即三者（或两者）在同一经济中所占的份额或比重。我们在此将其称为“所有权结构”问题。

前面曾谈到，所有权的对象为财产，即生产资料。但我们应看到，财产还应将“人”纳入其中。“人”在此被当作一项特殊的资本加以看待。他不仅能劳动，而且尤为重要的是能够运用所积累的智慧进行创造性生产。人们所具有的技艺、专业知识、企业家才能以及精神禀赋等，均为构成人力资本的要素。[40]在此，财产本身出现了“广义”与“狭义”之分。我们关心的则是两者，即既讨论生产资料的所有权关系，亦给“人力资本”的所有权以足够的重视。在拓宽了财产疆界后，有些经常困扰我们的问题也就容易得到解释了。举例说，常听到人们抱怨中国缺少真正的企业家，其原因恐怕就隐藏在所有权不明确（即排他性弱）的背后。对一位企业家来说，其资本的价值高低应完全取决于经营成败。而我国较为普遍的现象是：成，归于集体领导；败，则大家负责。不仅如此，就我国目前的经济状况而言，无论是“人力资本”的处置权、使用权还是收益权的行使，均面临着一系列障碍。同时，评估企业家才能资本高低的市场也不完善。

对经济决策结构的讨论是比较经济体制理论的热点之一。我感兴趣的有三方面内容，它们分别为经济决策权的来源、结构和类型。按照纽伯格和达菲的说法，决策权源于传统、强制、所有权和对信息的占有四个因素。被纽伯格和达菲称为“权力的最早来源”的传统和习惯，尽管其中有些形式（诸如权力世袭和家族企业中的家长制等）时至今日依然存在，但不能不说其影响力已大大不如昔日了，其重要性亦随之减弱。从使用强制力中派生出来的权力似乎也未能逃脱“传统权力”的命运。相反，在今天的社会中，对信息的占有已扎扎实实地成为决策权的最根本的来源之一。纽伯格和达菲的这种观点，我们亦可在被西方许多人士称为“知识分子中的知识分子”的丹尼尔·贝尔的著作中得到证实。然而，如果我们把信息看作一种资源、财富、财产，那么由占有信息而产生的权力就应归于由财产权而引起的权力。事实也正是如此。从历史上看，占有最重要的生产资源始终构成了权力的终极来源之一。按贝尔的说法，前工业社会的主要资源为土地；工业社会为机器；后工业社会为知识。由此看来，上述修正是顺理成章的，同时使决策结构同所有权关系在逻辑上更紧密地结合起来了。[41]除了所有权外，决策还有另外两个来源：一是权力授予或委派；二是竞争性选举。在一个标准的等级结构中，权力常常以委派的途径产生。[42]至于最高委派者的权力来源，或得自对资源的占有，或得自某种政治渠道。还应补充一句，各类权力来源常常交叉并存。

决策权的结构所热衷的是决策权在社会成员中的分配，即由谁做出决策。由此引出的问题是决策权的集中和分散（纽伯格和达菲借用洛伦兹曲线对其加以描述，的确给人以耳目一新之感）。

决策的种类繁多，划分标准也各异。按照决策制定的层次分，有宏观决策和微观决策；按照决策性质来分，有生产性决策（如何、何时及何地生产）和同目标有关的决策（生产什么和为谁生产）；然而我最关心的却是西蒙所做的区分，即程序化决策和“非程序化决策”。所谓程序化决策，是指那些呈现出重复和例行状态的决策。因其程序性已使人们制定出了一套处理这些决策的固定程序，以至当其再次出现时无须制定新程序来处理它。

相反，非程序化决策则指那些新颖、无结构和随机出现的决策。处理这类决策没有现成的灵丹妙药。[43]在此我引用西蒙理论旨在依其对决策权的行使过程进行考察。一般来讲，程序化决策应该由下层决策者或单位做出，而非程序化决策则需由等级结构中的上级决策者或单位做出。但在现实经济生活中，这一规则常遭到破坏，人们耳濡目染的“瞎指挥”现象便是一例。另外，我们从西蒙的理论中不难品味出该决策区分的另一层味道，即在原则上我们可以将程序化决策和非程序化决策视为确定决策权集中或分散的一个标准。

协调资源配置方式是我心目中的经济体制的一项内容，而经济学所要集中解决或解释的也正是资源的有效配置问题。使资源配置达到“有效”目标的方式或途径时至今日人类找到的不过两类，即计划和市场，或曰以计划表现的规则和以市场竞争（讨价还价）表现的市场规则及习惯。当然，似乎还应该加上其派生形式：计划与市场的某种结合。眼下我们不得不先撇开“有效配置”问题，或干脆将其简单地定义为资源配置达到了观念中的帕累托最优状态，尽管这个概念本身还有些问题。

在协调经济方式的栏目首先需要做的文章无疑当推对计划和市场的概念的阐明。按照美国《现代经济学辞典》的说法，市场一般而言是指商品和劳务买卖关系得以发生的媒介，它远非一个物质实体。[44]通过市场作用而达到配置资源目标的做法，我们称之为市场机制。其具体内容包括竞争机制、价格体系、消费者主权、商品货币关系等。从信息的角度来看，在市场机制中其流动或传播渠道是水平（横向）的而非垂直（纵向）的，并且内容大都与价格有关而非数量指令。此外，如果将信息的传播对象区分为“指名的”和“匿名的”，则市场机制中的信息为匿名信息。依据列昂尼德·赫威茨的观点，匿名信息必须满足两个条件：每一个潜在信息接受者都是平等的；他对信息的反应仅根据其内容，而不考虑其来源于何处或来自何人。位于其反面的便为指名信息。[45]在此有必要指出，仅仅讨论市场机制内容固然有益，但更能引起人们兴趣的却是市场机制发挥作用的类型，如自由资本主义市场机制，混合经济下的市场机制以及计划经济内的市场机制。与此相关的另一类问题为，市场机制究竟源于何处，换言之它是自发形成的或发育良好的，还是“人造的”或半途引入的。

相对而言，对“计划”或者“计划经济”我们要熟悉得多。最简单地说，“计划”是未来行动的方案。它包括三个主要特征：(1) 它必须与未来有关；(2) 它必须与行动有关；(3) 它必须由某个机构负责促进这种未来行动。[46]而“计划经济”则是指，在其中绝大部分生产活动服从于带有强制性的投入—产出指标，后者由控制等级结构的单位以垂直信号的途径下达下来。[47]在此，计划类型仍是我们关心的重点，它取决于计划期限、计划范围的细密程度、指令计划和参数计划的多寡、计划的执行方法以及计划所耗费成本等指标。显而易见，对“计划”的讨论也应从信息诸角度来进行。

必须承认的一个事实是，绝对的市场或纯粹的计划都不过是幻觉。尽管两者之间存在着某种此消彼长的关系，但又绝非水火不容。因此，在资源配置方式的栏目下我们可做的另一项工作便是考察两者结合并存的结构与功能。

这里有必要补充说明一点。在比较经济体制的文献中，正如本章前一部分所展示的，信息结构和激励结构始终占有举足轻重的地位，事实也正是如此。然而通过本章的说明，我们已不难发现，无论是信息结构还是激励结构均已被所有权关系、决策结构和资源配置方式三要素所包容。信息结构的内容散布于其中，这在上文已显露无遗。动力结构亦如此：动力或动机或激励的根基为广义财产的增值，其发挥作用的途径（为奖励和惩罚）均同决策的组织安排密不可分，而市场机制和指令计划之所以行之有效或无效的原因，亦和激励有关。

经济体制是三位一体的，其三要素交叉重叠、相互作用。把所有权关系纳入其中的基本理由在于它对经济体制的整体功能具有相对决定性的影响。一般来讲，有什么样的所有权关系，便有什么样的决策结构和资源配置方式。换言之，三者之间存在着很强的一致性。在这一问题上，甚至连某些西方学者也认为纽伯格等人在试图贬抑或剔除财产权关系的道路上走得太远了。[48]当然，这种一致性关系不等于说当所有权关系相对稳定时另外两要素只能保持静止状态。实际上，决策结构和资源配置方式可能具有更灵活的性质，尽管这种灵活性是受束缚的。另外，体制变动意味着其三要素的调整或重新组合。变动幅度依所面临的挑战的强度和性质而定。

§4.4　一些补充说明及小结

在评述他人关于制度范畴的讨论的同时，阐明我自己对它的理解是本章的基本倾向。对于制度内涵之一的习惯的讨论似乎多了一些。不过从习惯概念长期被排斥在正统经济学甚至一些非主流经济学的视野之外的角度看，突出一下习惯，我想也是在情理之中的。此外，虽说习惯在制度中始终扮演着一个重要角色，但在以后的分析中，我更多地是把分析重心置于规则之上。这不仅是考虑到习惯的复杂性，即同文化有着千丝万缕的联系，更重要的还在于，规则相对来说对人类行为的影响更为巨大。这或许是在本章对习惯多说几句的又一个理由。

用习惯和规则来表示制度的内涵，用经济体制三要素来限定制度的外延，是我所做的一种尝试。它涉及经济学的至少两个分支：作为非主流经济学的重要一派的制度经济学[49]和作为主流经济学原有疆界的拓展分支的比较经济体制学。虽然后者也强调对制度的分析，但其思考方式则与前者迥然不同（这一点在上一章所谈后制度主义者对正统经济学的批判中已有显露）。甚至后者阵营中还有人对前者表现出藐视或不屑一顾。[50]然而，尽管如此，调和两者以为我所用始终是本书的一项宗旨（这种态度在第 2 章讨论方法论时也有所表示）。

从表面上看，既然把制度的外延限定为所有权关系、决策结构和资源配置方式，那么用体育比赛的例子说明制度的内涵似乎就不合适了，因为三要素同体育比赛没有直接关系。对此我要说明的是，首先，本章是在先阐述习惯与规则——制度内涵——时使用棋赛的例子的；其次，制度是广义的、无所不在的，我之所以要给出其三要素式的外延，旨在将我的分析集中在经济学领域内；最后，再退一步说，所有权关系对人类行为的影响难道不是同比赛规则对棋手的影响同质吗？

本章虽是要集中考察制度范畴，但显而易见，这些讨论亦波及许多其他有关的概念，如产权关系、计划、交易等。这对我们以后的分析无疑提供了方便。

我曾经谈到，相对而言，制度两项内涵中的规则和其外延三要素中的财产权关系将是我关心的重点。这一思想倾向同本章第4.1节所述我国先哲对制度的说明是一致的。本章对制度范畴的讨论得益于我们中华古代思想家们的远见卓识，并且我从中受到了极大的鼓舞，获得了自信。

［注　释］

①《商君书·壹言》，转引自巫宝三主编的《中国经济思想史资料选辑》（先秦部分）第332页。

②《礼记·礼运》，转引自巫宝三主编的《中国经济思想史资料选辑》（先秦部分）第548页。古人谈及制度的地方很多，我在此只能有限地提及几处。

③其他两项含义为：在一定的历史条件下形成的政治、经济、文化等方面的体系；旧指政治上的规模法度，如“汉家自有制度，本以霸、王道杂之”（《汉书·元帝纪》）。参见《辞海》（缩印本）（上海：上海辞书出版社，1980：185）。

④“institution”一词在英文中指的主要是创立已久的法律、风俗或习惯等。有些人将其译成“机构”似有不妥，尽管在英文中它有时还专指一些具有慈善目的的组织。把中文“制度”和英文“institution”稍加对比，便可知两者“殊途同归”。有趣的是“制度”作为动宾词组，同“institution”的第三个用法——设立规则——也毫无二致。

⑤参见凡勃伦《有闲阶级论》第138～141页。

⑥参见凡勃伦《不在所有者和近代企业》（“Absentee Ownership and Business Enterprise in Resent Times”）。转引自瓦尔特·C. 尼尔的《制度》（经济问题杂志，1987（9）：1177；WALTER C. NEALE. Institutions. Journal of Economic Issues，1987（9））。顺带提一

句，瓦尔特·C. 尼尔坦率地指出，制度学派的创始人在使用制度这一重要的概念时，并未严格定义它。而后来者们又多把“制度”看成是不言自明但又必不可少的概念。正因如此，他才撰写此文以澄清概念。

⑦在康芒斯那个年代，即 20 世纪 30 年代，制度经济学批判的对象是古典经济学；在今天，后制度主义者们口诛笔伐的矛头，则直指新古典正统经济学。

⑧上述康芒斯对制度范畴的议论，参见康芒斯《制度经济学》第 2 章第 2 节。

⑨同上书，第 11、70～92 页。今天的所谓“交易成本经济学”所步的便是康芒斯的后尘。其代表人物奥利弗·威廉姆逊曾明白无误地把康芒斯的交易理论看作交易成本论的思想源泉之一。参见奥利弗·威廉姆逊《资本主义的经济制度》第 6～7 页（OLIVER E. WILLIAMSON. The Economic Institutions of Capitalism，1985）。威廉姆逊自称是“新制度主义者”（new institutionalist）。

⑩参见安德鲁·斯考特《社会制度的经济理论》英文版第 11 页（ANDREW SCHOTTER. The Economic Theory of Social Institutions. Cambridge University Press，1980：11）。

⑪同上书，第 9～12 页。

⑫参见瓦尔特·C. 尼尔《制度》一文。

⑬此处转述的曼瑟·奥尔森的观点，来自他为美国国际开发署和马里兰大学于 1990 年联合设立的规划项目——制度改革与非正式部门（IRIS）——所撰写的“基本想法”，题目为《取决于制度的经济发展》。该项目的主要目标有二：改变那些阻碍发展中国家和东欧诸国经济发展的各种制度为其一；加深对制度经济学和制度改革的理解为其二（MANCUR OLSON. Development Depends on Institutions，1990，memo）。

⑭沃尔顿·汉密尔顿．制度．埃德温·R. A. 塞雷格曼，阿尔温·约翰逊．社会科学百科全书．第 8 卷（WALTON HAMILTON. Institutions，in Encyclopaedia of the Social Sciences，edited by Edwin R. A. Seligmari and Alvin Johnson，Vol. 8. Macmillan，1932）。

⑮引自杰弗里·M. 郝奇森《经济学与制度》（宾夕法尼亚大学出版社，1988）第 10 页（GEOFFREY M. HODGSON. Economics and Institutions. Philadelphia：University of Pennsylvania Press，1988）。

⑯参见乌尔弗莱姆·艾尔斯纳．亚当·斯密的制度起源模型：古典方法的现代发现．经济问题杂志，1989（3）：191（WOLFRAM ELSNER. Adam Smith's Model of the Origins and Emergence of Institutions. Journal of Economic Issues，1989（3））。

⑰参见弗兰克·H. 奈特的《论经济学史和经济学方法》和《经济秩序和宗教》。本章所述转引自戴维·B. 施维克哈特《价值在经济理论和经济政策中的地位：奈特和康芒斯的比较》。把奈特归入制度学派的人还有前面提到的郝奇森和布坎南。他们指出奈特是一位不是材料收集者的制度主义者。参见杰弗里·M. 郝奇森《经济学与制度》第1章第3节。奈特在其《社会成本解释中的一些错误》（1924）中，通过对庇古《福利经济学》的批判给出了后来产权学派所说的“第一原则”：只有当稀缺资源的财产所有权能够被明确界定时，市场才是有效的。奈特的论证是：公路私有化会导致交通费的出现，结果污染会被限制，而产权学派，则是制度主义的一支，其自称为新制度主义者。

⑱保罗·D. 布什．制度变迁理论．经济问题杂志，1987（9）：1076－1077（PAUL D. BUSH. The Theory of Institutional Change. Journal of Economic Issues，1987（9））。

⑲这种例子在现实中俯拾皆是。破坏交通规则的人或行为司空见惯，但交通规则却并未因此而被废止。从这里，我们可以引申出许多问题，如监督成本、破坏规则的成本与收益等。下一章将对此进行讨论。

⑳张宇燕．经济制度及其起源．沈华嵩．现代经济文化．北京：中国经济出版社，1990：57－59。本章有关的论述，部分直接取自该文。

㉑我之所以要为“外在”两字打上引号，旨在表明它们并非指与内生变量相对的外生变量。我拒斥把某些因素作为外生变量来处理的做法，并认为根本不存在什么外生变量，有的只是我们无暇顾及或认为不那么重要的变量。

㉒哈罗德·德姆塞茨．产权理论．美国经济评论，1967（5）。关于产权学派的观点，我在后面几章还会有所涉及。

㉓伯特兰·罗素讲过的一句话使我坚定了这种看法。他说，哲学大师们的中心思想本质上都是非常简单的。长篇大论的目的，只是为了击败那些现实的或想象中的反论，以捍卫自己的观点（转引自麦基《思想家》第52～53页）。相比之下，卡尔·波普的直率坦诚的态度和口吻给人的印象更深。他说，“哲学的目的是达到经过阐明和批判性考察的常识”。卡尔·波普．我的哲学观．哲学译丛，1988（4）：55。难道“回到常识”不该成为经济学的目标之一吗？

㉔参见查尔斯·皮尔斯《信仰的选定》，转引自小威廉·J. 沃勒．经济分析中的习惯概念．经济问题杂志，1988（3）：144（WILLIAM J. WALLER. The Concept of Habit in Economic Analysis. Journal of Economic Issues，1988（3））。沃勒在此文中得出的基本结论是，习惯的“非反射性”与正统经济学的理性最大化的个人行为相悖。不过在这

个问题上，我持有异议。这里有必要补充一点，习惯有“个人”和“社会”之分。个人的习惯（如左撇子）与我在本章中讨论的对个人行为进行控制的集体行动那种习惯是有区别的。

㉕参见约翰·杜威《人的本性及其行为》。他用了一本书讨论习惯在人类行为中的作用。本章所述杜威的观点，转引自小威廉·J. 沃勒《经济分析中的习惯概念》。

㉖参见凡勃伦《有闲阶级论》第 160 页。

㉗参见康芒斯《制度经济学》（下册）第 363～387 页。一会儿这样定义集体行动，一会儿又另辟蹊径，这就是康芒斯的风格。他的前后不一致据说随处可见，以至有些人把他称为“一位总是措词啰唆且无人能懂的糊涂思想家”。查尔斯·J. 沃兰．对康芒斯《制度经济学》一书的重新审视．经济问题杂志，1989（6）（CHARLES J. WHALEN. John R. Commons' INSTITUTIONAL ECONOMICS：A Re-Examination. Journal of Economic Issues，1989（6））。

㉘参见 A. 马歇尔《经济学原理》（上卷）第 40～41 页第 8～12 章。也许正因为马歇尔的上述倾向，才促使那些极力想扩大影响的后制度主义者试图把他拉入自己的阵营。汉斯·E. 詹森的《马歇尔经济学是否有制度主义的标志?》一文便是这种努力的表示。该文载于《经济问题杂志》1990 年 6 月号第 405～413 页（HANS E. JENSEN. Institutional Signposts in Marshall. Journal of Economic Issues，1990（6））。

㉙参见杰弗里·M. 郝奇森《经济学与制度》第 6 章第 2 节。

㉚西蒙．管理决策新科学．北京：中国社会科学出版社，1982：39。

㉛乔治·J. 斯蒂格勒，加里·S. 贝克尔．一切爱好都是自然的产物．美国经济评论，1977（3）：82（GEORGE J. STIGLER，GARY S. BECKER. De Gustibus Non Est Disputandum，in The American Economic Review，1977（3））。回忆一下上一章关于对经济人的议论，我们便可发现斯蒂格勒和贝克尔的反击很有代表性。在我看来，在考虑信息费用的情况下，他们的观点和阿罗的类似，都有道理。

㉜在谈到习惯时，许多人都提到了打字，并借此说明习惯的作用——熟练性效率。这个例子同样很具有启发性。“熟”需要多次练习，但要生“巧”，恐怕还要遵循某些东西，如指法。弈棋中的各种实践，对定式的摸索和学习，与打字类似。对后者来说，也确有规则存在。如果你要达到你的目标——写作文章于纸上，你就必须服从打字机本身的规则，即按“A”键才能打出“A”，尽管你能不假思索地做到这一点。

㉝习惯的上述特征很容易让人想起“文化”。马林诺夫斯基认为，有相当的永久性、

普遍性及独立性的文化的真正要素是有组织的人类活动体系，就是我们所谓的“社会制度”。文化是人体的或心灵的习惯。它们都是直接地或间接地满足人类的需要。一切文化要素，若是我们的看法是对的，一定都是在活动着，发生作用，而且是有效的。马林诺夫斯基. 文化论. 北京：中国民间文艺出版社，1987：14－18。习惯和文化之间有很强的相似性是毫无疑问的。这似乎说明了社会科学各分支之间界限的模糊性。本书在这方面不想走得太远，只是点到为止。

㉞这类例子很多，足球比赛中的所谓“战术犯规”就是突出的例子之一。

㉟我们甚至可以设想出这样一种情况，即为生活在这个星球上的全体公民各设计出一套独特的比赛规则，从而使每一个人都有机会品尝一下当世界冠军的滋味。

㊱类似的例子极多。篮球比赛规则中“三分球”的出现，不仅为远距离投篮准确的小个子队员创造了大显身手的机会，而且可能在相当程度上使得曾经熟练运用的“战术”随之改变。

㊲至此，我们的讨论便开始进入“比较经济体制学”的研究领域了。一般认为，比较经济体制学的四位代表人物分别是埃冈·纽伯格、J. M. 蒙泰斯、大卫·科恩和列昂尼德·赫尔维茨。用纽伯格的话说，识别比较经济体制学的标志在于，它将经济体制（economic systems）和制度置于分析的中心地位，并将其视为变量加以研究，比较经济体制学或比较经济学所使用的方法是从新古典理论那里继承而来的。这大概也恰是它与制度经济学相左的地方。埃冈·纽伯格. 比较经济体制学：概览. 道格拉斯·格林沃德. 经济学百科全书. 麦格劳-希尔出版公司，1982：163－168；埃冈·纽伯格，威廉·达菲. 比较经济体制. 北京：商务印书馆，1984：8（EGON NEUBERGER. Comparative Economic Systems：An Overview，in Encyclopaedia of Economics，edited by Douglass Greenwald. McGraw-Hill Inc.，1982；EGON NEUBERGER，WILLIAM J. DUFFY. Comparative Economic Systems，1976）。

㊳在此有必要对所有权和所有制的概念做些说明。所有权正文已谈到，其对象为财产。所有制则是指所有权的一种稳定的或普遍的财产权关系（制度）。不过一般来讲，它们通常可以相互替代使用。

㊴例如，J. M. 蒙泰斯所著的《经济体制的结构》一书第 9 章中就是如此分析的。另外，加拿大经济学家 R. L. 卡尔森在分析财产权时所使用的三个标签与之貌离神合：私人财产、国有财产和公共财产，参见 R. L. 卡尔森《比较经济体制》1973 年英文版第 24～32 页。另一位美国经济学家也类似，他的分析集中在公共企业、私人企业和合作企

业上，参见 J. 艾略特《比较经济体制》1973 年英文版第 2 章（JOHN MICHAEL MONTIAS. The Structure of Economic Systems. Yale University Press，1976；RICHARD L. CARSON. Comparative Economic Systems. Macmillan，1973；J. ELIOT. Comparative Economic Systems. Prentice-Hall，1973）。

㊵这里，我引入了由西奥多·W. 舒尔茨和加里·S. 贝克尔高度重视并加以系统分析的人力资本理论。他们的信念及结论是，具有高收益率（相对于物质资本）的人力资本是经济发展的主要因素，而人力资本的形成，主要源于对人力的投资。西奥多·W. 舒尔茨．人力投资：北京：华夏出版社，1990；加里·S. 贝克尔．人力资本．北京：北京大学出版社，1987（THEODORE W. SCHULTZ. Investing in People，1981；GARY S. BECKER. Human Capital，1964）。

㊶丹尼尔·贝尔认为后工业社会的最显著的特征是技术知识成为最重要的资源，而对资源的占有构成权力的基础，所以后工业社会的掌权者便是那些所谓的“知识精英”。他们获取权力的途径为教育、动员和选举。丹尼尔·贝尔．后工业社会的来临．北京：商务印书馆，1986：397－403（DANIEL BELL. The Post-Industrial Society，1973）。这样看来，纽伯格和达菲所建议的在信息结构发挥职能遇到麻烦时所采取的措施之一——将决策权下移给信息的持有者——与所有权关系明确化无异。

㊷在此有必要特别强调一点，就权力授予论而言，其对面还有一个与之针锋相对的理论，即由著名管理学者巴纳德提出的所谓权力接受论，其核心为管理人员的权限取决于支配部下行动的命令是否为部下所接受。占部都美．现代管理论．北京：新华出版社，1984：163。

㊸H. 西蒙．管理决策新科学．北京：中国社会科学出版社，1982：39。

㊹ 参见戴维·W. 皮尔斯主编《现代经济学辞典》第 270 页（DAVID W. PEARCE. Dictionary of Modern Economics. The Macmillan Press Ltd.，1981）。

㊺列昂尼德·赫威茨．集权与分权结构经济效率的条件．G. 格罗曼．价值与计划，1960。转引自 R. L. 卡尔森《比较经济体制》第 35～36 页。

㊻莫里斯·博恩斯坦．东西方的经济计划．北京：商务印书馆，1981（MORRIS BORNSTEIN. Economic Planning：East and West，1975，Chapter 1）。

㊼参见戴维·W. 皮尔斯主编的《现代经济学辞典》第 331 页。

㊽卡米洛·米萨—兰戈．比较经济体制：近期教科书评论．比较经济学杂志，1982（1）（CARMELO MESA-LAGO. Comparative Economics Systems：Review of Latest Text

Books. Journal of Comparative Economics，Vol. 1，1982）。此外他还指出，由于他们又要被迫地应付财产权问题，所以对财产权的压抑并不完全是成功的。

㊾在一篇题为《经济理论的（至少）三个世界》的文章中，三位作者（盖尔斯·曼盖姆、斯蒂芬·曼盖姆、皮特·菲利普斯）指出，经济理论至少有三个世界：新古典学派、制度学派和激进学派。这些学派“在政策上相互抵触，在思想体系上甚至是敌对的，但在分析方法上却可以互相补充”。此文载于美国《挑战》杂志 1987 年 3—4 月号。

㊿大卫·科恩尽管承认比较经济体制学最初是同经济制度发生联系的，但他对把比较经济体制学看成制度经济学的一支深感遗憾。在他看来，后者是非理论性的。大卫·科恩．经济理论和比较经济体制：部分文献评论．比较经济学杂志，1978（4）：355。有趣的是，V. 霍尔绍夫斯基把制度看作他眼中的经济体制的四要素之一（其他三项为资源、参与者和过程要素）。它指的是“一个维系各参与者之间相互联系的稳定形式”（DAVID CONN. Economic Theory and Comparative Economic Systems：A Partial Literature Survey. Journal of Comparative Economics，Dec. 1978；VACLAV HOLESOVSKY. Economic Systems：Analysis and Comparison. McGraw-Hill Book Company，1977）。

第5章
制度的起源与演进：来自历史事例的启迪

如果说前面几章主要做的是必不可少的一般性准备工作，那么现在我们便开始正式进入对制度进行经济分析的正题了。探讨某一事物的起源初看起来常给人以“考古”的印象，其中自然少不了冗长乏味的叙述。坦率地讲，“考古”工作非我所能胜任，同时也不是我所关心的内容；它可能伴随的副产品也是我所力戒的。不过，研究制度的起源与演进，从整个制度理论的角度看，我认为是使之完整的必不可少的一个重要环节，从中我们很容易窥测到制度的功能以及制度变迁的机理。也只有在此基础上，把制度的功能形式化才是可能的。因此，本章的宗旨是从历史或经验的角度（这同“考古”似乎有点关系）归纳性地考察制度的起源与演进。在整个论述过程中，前面各章的内容自然被融于其间。

§5.1 制度的起源：六个历史事例

制度的种类不胜枚举。因此，在用历史“事实”阐述制度的起源时，唯有用个别事例，此外别无他法。这里，选择事例本身就显得十分重要。我想，选择标准因人而异。不过，我所青睐的则是那些最有代表性的、充满哲理的、妙趣横生的、哪怕是经过一些人为雕琢的事例。其中可能有个别事例表面上看超出了第4章中讨论过的制度外延，但实际上它们首先并不失制度之实质；其次又确与体制三要素密切相关。

5.1.1 “和平之烟”的产生

北美的两个印第安部落由于争夺某一河心岛的狩猎权而发生了争执。按照以往的惯例，双方诉诸武力似乎是自然的选择。但是，这两个部落的首领都饱经沧桑且厌恶战争，因而他们不同寻常地决定用和谈方式来解决争端。多年的争斗使他们在会面时局促不安，同时又略带点傲慢和挑衅的态度。在当时，甚至在今天，人类都有着这样一种传统，即极可能把和解的愿望误解为懦弱。因此，两位首领在初次见面时都以保持沉默为策略。在这种多少令人有点尴尬的情况下，如果当事人着手去做第三种与两个冲突动机无关的事，则无疑会具有一种放松作用。碰巧，其中一位酋长点起烟管，另一位随后也点燃了自己的烟管（或许两位还就抽烟这一话题谈点经验或体会）。结果他们平静下来，逐渐进入了议题，并最终如愿达成了和解。第二次会面时，可能其中的一位立刻点烟，另一位马上应和。久而久之，抽烟便成了寻求和解的必要仪式或习惯，烟管也变成了和平的象征。最后，它成为了每个印第安人必须遵循的法律——典型的规则：在抽过烟后就禁止相互攻击。由此，所谓“和平之烟”的制度便昭然于世了。这个事例便是奥地利动物学和行为科学家康罗·洛伦兹在《攻击与人性》一书中借助联想所描绘出的一幅解释某一习惯的产生并最终被“制度化”为规则的历史画面。[①]

5.1.2　悬赏天文钟

我们知道，国际贸易对整个世界的商品生产、分工深度具有深远的历史影响。亚当·斯密提出的“分工受市场范围的限制”——所谓斯密定理[②]——的真知灼见，在国际贸易的迅速发展中得到了证实。不过从历史上看，大规模的国际贸易是同海洋运输分不开的。和内陆中的河道运输不同，航海者需要在无边无际的大海中确定他们的实际位置。要做到这一点，需要有两个坐标的知识，即了解和确定经度和纬度。在 14—15 世纪，人们使用罗盘和按星位航行，即靠测量北极星的顶垂线确定纬度。然而，在南纬度上北极星总是隐没在地平线以下。为了寻求更佳的替代方法，葡萄牙的亨利亲王召集了一批数学家。后者发现，测定在中天的垂线（当它与太阳的斜面重合时）可以产生所需要的纬度知识。在纬度测定这个挑战被成功地解决以后，更麻烦的经度测量问题随之而来了，因为要完美地做到这一点，一台在远洋航行期间走时精确的计时钟是必不可少的（即用时间同太阳所在位置进行比较来估算出经度）。西班牙的菲利普二世为发明这种计时钟悬赏 1 000 克朗。后荷兰把赏金提到 10 万弗罗林，而英国最后将赏金依天文钟的精度定为 1 万～2 万英镑。到了 18 世纪，这笔赏金最后由一位叫约翰·哈里森的人获得。他为了解决这个问题耗尽了半生的精力。从结果上看，为精确测定轮船方位虽有花费，但它给社会带来的好处按减少的轮船损失和降低的交易成本来衡量却是巨大的。这里，付给科学家的赏金无疑是激励或鼓励能人来成功地迎接挑战的人为办法。如果说类似的办法最初只是在遇到特别的，有时是随机的挑战时才使用，那么当它被制度化或法律化时，便是我们今天所看到的专利制度。[③]

5.1.3　扣针制造业中的分工

在《国富论》的开篇，亚当·斯密就对扣针的生产与分工展开了讨论。

扣针虽小，但在斯密那个时代，一个劳动者如果没有受过相当的职业训练，又不知如何使用生产扣针的机械，那么即使他竭尽全力地工作，也许一天也制造不出一枚扣针。然而在专业化后（这本身也是分工的一种结果），情况则大不相同了。生产扣针大约要经过 18 种操作或工序。在一个只雇用十几名工人的小扣针工厂中，每个工人只负责两三种操作。虽然其机器设备十分简陋，但他们经过勤勉工作，每人每天可制成扣针 4 800 枚。对此斯密感叹道："凡是能采用分工制的工艺，一经采用分工制，便相应地增进劳动的生产力。"[④]在此，斯密似乎是把分工本身当成一种制度（在此可被理解为组织的生产方式或规则）来看待的，并且关心分工的效果。尽管他并没有详谈分工作为一种制度的起源，但这个故事却激发了读者强烈的刨根问底的欲望：是谁最先提出要通过分工来从事生产？是原来分散地进行生产的工人自己，还是雇主本人？这种组织生产规则最初是如何确立的？为什么分工会经历从无到有的过程？换言之，为什么这么好的分工制竟在相当长的时间内没有被创造出来？斯密的故事讲的是分工制存在的事实，但它引出的进一步的问题则同制度的起源密切相关。对它们的分析将在下文进行。

5.1.4 井田制：孟子眼中理想的土地制度

在资本主义时期之前，特别是封建社会和奴隶社会，财产的基本形式主要是人们赖以生存的土地。由于土地的极端重要性，故有关土地本身的制度也就显得不容忽视了。孟子所谈的井田制便是集各种规则于一身的、内容丰富且引发思考的例子。为了叙述和分析的准确，让我将孟子的描述抄录于此：

夫仁政，必自经界始。经界不正，井地不均，谷禄不平，是故暴君污吏，必慢其经界。经界既正，分田制禄，可坐而定也。夫滕壤地褊小，将为君子焉，将为野人焉。无君子莫治野人，无野人莫养君子。请野（郊外边远地区——引者注）九一而助，国（郊内地区——引者注）中什一使自赋。卿以下必有圭田，圭田五十亩，余夫二十五亩。死徒无出乡，乡田同井，出入相友，守望相助，疾病相扶持，则百姓亲睦。方里而井，井九百亩，其中为公田，八家皆私百亩，同养公田。公事毕，然后敢治私事，所以别野人也。此其大略也，若夫润泽之，则在君与子矣。[⑤]

对孟子的井田制中的矛盾痛加揭露者有之[⑥]，不过在此我关心的问题不是它的矛盾，而是其制度描述的历史性以及内容。就后者而言，我以为下列表述尤为重要："经界"，即土地所有权的地理标志或范围；"慢其经界"，即侵凌或废置土地这种基本财产的界线；"经界不正……。经界既正……"这段议论蕴含有比较择优之意；"无君子莫治野人，无野人莫养君子"点明了社会等级、利益冲突的事实；"卿以下必有圭田……"，指的是官僚占有不用赋税的圭田；"井九百亩，其中为公田……"，讲的是经界要解决的东西，即一种土地划分的规则。此外，从"九一而助"和"同养公田"中还可引申出一个制度的巩固和监督问题。

5.1.5　重甲步兵革命

人们大多知道古希腊社会的民主制度。它的选举军政法官员的公民大会和以"陶片放逐"为特征的民主形式，奠定了西方式民主思想和民主制度的基础。然而要说古希腊民主制度产生的原因，虽众说纷纭，但有一点似乎是无可争议的，那便是所谓的"重甲步兵革命"。

大约在公元前 700 年，由于冶铁术的完善，铁成为普通的、不甚昂贵的金属了。因而越来越多的人——平民——便开始用铁来制作进攻性的武器和防御性的盔甲。在以前的迈锡尼时代，在战场上起决定性作用的是战车和骑兵：当时的战车由马来拉动，而骑兵的威力则来自青铜盔甲。由于马匹和青铜价格昂贵，故有大笔金钱作后盾的贵族便自然成了社会的特权阶级。但在冶铁术广泛普及之后，身穿铁造甲胄、挥舞铁制矛叉的步兵便开始称雄于世了。在与铁甲步兵方阵对垒时，失败的一方总是骑兵。铁甲步兵的战斗力除了直接来自铁甲铁器外，还在于铁甲步兵的组织性及合作精神，即以密集队形冲垮敌阵。结果，铁甲斗士的胜利极大地削弱并最终瓦解了贵族的统治，这使得平民全面接管了治理国家的事务。这些用了半个多世纪反对贵族统治的、被铁甲武装起来的平民，不是被迫走上战场的，而是在通过辩论并合乎逻辑地得出一致意见之后这样做的。这也就难怪他们随后将这种决策程式引入城邦国的治理活动之中。最终，一种不同以往任何做法的新民主制度便通过冶铁术的扩散，通过权力（战场上的角逐的必然结果）从贵族转到平民手中而确立起来。冶铁术的完善与普及这项表面上看无足轻重的变化，却实实在在地同人类初次尝试的民主制密不可分。

5.1.6 灌溉与专制组织

古老的东方曾经经历过这样一个历史阶段，即处于农业社会中的分散农民在经济上相对比较宽裕，同时还拥有大片的可耕地。然而多少有些不幸的是，这里可耕地由于降雨量不足而无法成为服务人类（更好地）生存的必要生产资料。当面对此种情况时，这些远离雨量充足的农业中心地区的农民就面临了“一个开创历史的时期”，即他们可以选择通过灌溉来解决缺水的挑战。显而易见，灌溉，即使是在今天的技术条件下，也是一项大规模的集体行动。而集体行动又必须是协调一致的。这种一致的取得靠的是纪律，是领导。换句话说，大批农民要征服干燥的低地和平原，在没有任何机器技术的条件下，只能凭借合作以及十分关键的组织；而要使其合作行之有效，要求那些“乌合之众”服从统一的权威领导便是顺理成章的了。虽说大规模的灌溉工程迫切要求一个具有特殊职能的集团（管理者）来组织大批劳动力，但一旦该集团发展起来，意即这批人承担起监督其他活动的责任，如历法、制定建筑及社区规划、军事防务等，这些成为专职管理人员的人便逐渐开始蜕变为一个具有特殊利益并拥有各种特权的统治集团。如果说兴修水利的初始目标是造福于民，并且不妨说它确实做到了这一点（否则农民们是不会一致同意“被组织”的），那么其后来的结果却多少违背了其初衷。管理或统治首领们为了自身的利益，运用手中的权力，尤其是对军队的垄断和给自身镀上的至高无上的宗教权威的金辉，来对民众实行镇压，并最终可能沦落成为本质上专制性的而非慈善性的象征。灌溉→管理型国家→专制政治这条线索便是魏特夫在《东方专制主义》一书中所阐述的理论的浓缩形式。[8]

5.1.7　对历史事例的直观透视

作为制度的一项基本内容，习惯在洛伦兹所讲述的“和平之烟”的故事中不仅是自发产生的，而且是偶然地或随机地出现的。我们如果能够设想一下当时两位酋长的“窘境”，便不难体味出抽烟的功效。最初，它作为一种无害的行动，给了冲突双方以台阶下，并促成了交流；随后两部落各得其所，实现了和解。在抽烟成为和平的象征之后，此习惯便具有了制度赖以存在的基本功能之一：消除不确定性。换言之，它可使人们依此做出判断或预期——抽烟意味着合作的可能，反之则暗示着血肉拼杀。从另一个角度看，人们似乎也乐于遵从这一习惯。这大概是由于它不难效仿，即它有简单性，并能给人带来潜在好处，用洛伦兹的话讲，就是具有“控制攻击性，并且在群体之间产出约束力”[9]。然而，习惯虽具有一定的束缚力，但也许正是因为这一点，它又为那些不肯遵奉者“创造”了获取更高预期收益的机会。当少数人以抽烟为掩护来攻击他人而受益时，多数循规蹈矩者将对此无法容忍。此时，该习惯就面临着两种命运：被人所抛弃或被制度化为法律（规则）。“和平之烟”故事的结局是后一种，即用对不安分守己者的惩罚或制裁来维护这种规则。

接下来我们看看那个关于发明天文钟的事例。海外贸易的进一步发展遇到了精准时钟未出现这一障碍。要跨越它，悬赏是各种办法之一（其他的办法如国王雇人来完成）。虽说悬赏只是一次性的，但它的确有专利的性质，即依靠规则来为潜在的发明家提供激励，并且这种激励具有明显的排他性（否则就不是专利了）。当然，以悬赏形式表现的专利制度之所以能够提供激励，赏金的排他性占有仅是问题在某一层次上的解决。对它的更一般的说明是，这种做法在当时的条件下即便没使得个人收益与社会收益相等，至少也大大地缩小了两者的差距。换句话说，悬赏式排他性规则具有减弱外部性的功能。这使得那些试图滥竽充数的人直接分享赏金的可能性不复存在。在这个例子中，还有一点值得特别注意，即这种规则的设立者是君主；从过程来看，其设立是自上而下的。这一点暗示出了某些个人（不一定仅限于统治者一人）在创立制度时所愿做出的牺牲（努力）和决策权力相当大，其程度与他（们）确立制度后的预期收益成正比。最后补充一点：如果我们假定君主的赏金的最终负担者是纳税人，并且受益者除了王公大臣之外还有广大的百姓人家，那么专利法所规定的专利使用者付费给发明者，便与悬赏的做法在本质上无异。其间的非本质区别仅在于使用发明成果的人是不是直接付费者而已。从这个意义上讲，专利制度不仅能够提供更好和更经常的激励，而且进一步减弱了外部性。在这里，我们清楚地看到了人们依靠制度手段来成功地迎接挑战的事例。

斯密所津津乐道的扣针生产的例子旨在说明分工对劳动生产率的促进作用。但我们不该忘记，分工首先要求有使个人“各就各位”的规则或约定。从这个角度来看，分工本身亦不过是规则的表象或结果罢了。假设分工出现之前的情况是每个人单独地生产扣针（其效率自然很低）。由于每个人既是经济人，同时又是一个潜在的比较利益者，故一旦他们发觉在分工的基础上合作制造扣针可能对双方或多方均有益时，即它可以带来比较利益和规模效益，这些原来分散的个体生产者便很可能自发地组织起来，并通过类似市场上的讨价还价过程来确立使组织得以维持的规则。在这个过程中，如果人们在就规则本身达成协议和对这些规则的维护（如监督）费用过高，以至超过潜在的比较利益和规模效益时，以分工为基础的契约性合作——其中含有斯密很强烈的思想倾向，即和谐为制度之源——便不会产生（这里所讲到的费用实际上就是交易成本的主要组成部分）。这样说并不意味着，只要个人之间进行合作的预期收益大于交易成本就一定会出现分工或合作式的集体行动。当一个人在生产扣针时，他所付出的劳动和收获均由本人承担，故外部性问题在这里并不明显；可一旦其与别人合作，则必会出现成本分摊和收入分享上的外部性难题。作为结果之一的谈判失败便可能使制度胎死腹中。这大概就是那些直观上看是颇为有效的制度长期沉默于地平线之下的基本原因之一。此外，与交易成本和克服外部性有密切关系的技术发展，亦在其中扮演了重要角色。由于交易成本概念在本章以后的分析中占有十分关键的地位，故在此有必要略微详细地加以讨论。用自称是交易成本经济学家的威廉姆逊的话说，交易成本有两类：其一是由签订、监督执行、调整契约引起的费用；其二是用行政组织方式进行管理所付出的代价或牺牲。[10]斯密的这个例子至少暗示了对企业（一种计划组织）和市场的选择与降低交易成本有关。此外，或许是最为关键的，还在于市场规模的扩大。因为分工或专业化的收益是以其产品的顺利出售为实现条件的。狭窄的市场无法容纳分工及专业化带来的商品硕果显然是好的制度难以提早出现的根本原因之一。

分散的扣针生产者是因为逐利而在契约基础上进行分工协作的，而井田制的确立则是统治者自上而下非市场地（或计划地）创建的——尽管它可能只是孟子奉劝统治者采纳的一种理想的土地制度，但它至少暗示了制度的起源可能是因为某种观念。“夫仁政，必自经界始”可以为证。“经界”，用现代经济学的标准概念表述，就是使土地这一当时最基本的财产的权利明确化，即通过界定财产关系来明确人的权利与义务。“经界”这一任务的承担者被郑重地告诫说，如果个人财产权及国家财产权得不到保护，则贪官污吏滋生，不平不公众起，于国于民不利。“谷禄不平”，用今天经济学的语言讲，便是个人的努力因产权界定不清而没有得到应有的回报，即个人收益（或成本）与社会收益（或成本）不相等。其结果只能是个人的积极性受到打击，国家也随之受损。相反，如果“经界”得以正，则天下富平矣。这里，孟子无疑是抓住了制度的实质内容——财产权，并暗示了不同的财产权安排可能导致不同的结果。就井田制本身而言，孟子的思想中还渗透着通过制度设计或创新来降低交易成本的愿望。将公田置于中央，私田平分于四周，“公事毕，然后敢治私事”，表明孟子实际上是打算使徭役地租最大并使收取费用最低，并用“公平”分配井田来提供一种精神激励。显然，由于官员可以很方便地通过对比农作物的长势和果实来达到监督的目的（而这在公田集中时颇难做到），故监督或执行规则的这部分交易成本亦会随之下降，即使在郊外边远地区实行井田制也是如此。[11]至于井田制中规定无税的“圭田”由官吏享有，则突出地表明了此制度的非中性的特征——于官利而于民损。这一点特别值得注意。

从技术革命的角度来考察制度的起源与演进，可以说是我在此给出第五个事例的基本理由。技术进步及普及的作用，在重甲步兵所引发的社会制度革命的事例中得到了淋漓尽致的反映。也许最有益的是，从中我们还可以发现更有趣、也更深入的问题：冶铁术的完善与普及无疑要经历一个漫长的历史过程，然而，正是依靠了这一漫长过程中所具有的积累效果，技术改变了铁的相对价格，从而使得某些不情愿在贵族统治下生活的人得以在新条件下以新的形式组织起来；古希腊民主制度的正式确立从相当意义上讲是平民重甲步兵的组织原则的继续，这突出表明了制度本身是具有连续性或惯性的；冶铁术这一“外在”条件当遇到了平民不满贵族统治的内在动力（亦可被视为压力）时，集体行动或社会革命便很可能出现、爆发。这里很有必要说明一点，即用技术变革来解释制度的起源与演进，其引出的新问题可能会比它能解答的问题还要多。比如说，技术进步的源泉是什么？为什么特权阶级或既得利益者似乎都具有天生的保守倾向和僵化的脑筋？（因为本来他们是可以也用组织重甲步兵的办法来与平民针锋相对的。）如果没有那种后来成为希腊民主基本构架的重甲步兵的组织原则，还会有所谓的重甲步兵革命吗？不过即使有这些疑问，我们至少还是可以得出这样一个结论：技术革命至少能够间接地影响或作用于制度的起源与演进。关于技术变化和制度变迁之间的关系，在下一章中我还会进行较为深入的讨论。

魏特夫所绘制的是一幅精美的地理决定论的历史图画。其中包含的挑战的性质决定应战方式的结论相当有说服力。不过，由此便推断地理决定论是正确的或具有一般性的绝非我所要论证的。我采用“灌溉与专制组织”这一事例，目的在于引发出更令人感兴趣的两个推论：制度的最初创立与演化可能仅取决于当时的某一独特条件或十分普通的事件；而一旦某种雏形制度得以建立，随之而来的则很可能是与最初赞同它的人们的意愿相违背的结果。用稍许学究式的语言说，前一推论可被称为“对初始条件的敏感依赖”，后一推论可被称为“事与愿违的制度选择”（初始条件可能是地理的，但同时也可能是其他方面的，如制度的、技术的。这或许就是我们拒斥地理决定论的基本理由之一）。另外，这一范式还直截了当地告诉了我们利益集团的自利行为的影响。关于这一点，下一节将会更深入地讨论。

§5.2　美国宪法的形成：案例剖析

从表面上看，历史地考察某一制度，尽管仅是粗线条地进行，这项工作多少已由上两节“完成”了。再去列举历史事例，至少从逻辑上讲，恐怕会带来两种副作用：给人以重复雷同之感；举例说明本身是无法穷尽的。然而，事情往往又有另一面。首先，我在此打算历史地考察的美国宪法的形成过程，讲的是一种最基础的、也是最根本的制度安排。其次，通过对美国宪法规则的讨论，至少我们还能够意识到制度作为一种规则和习惯的集合，尚有一个层次问题。再次，在美国 1787 年宪法确立的过程中，斗争激烈，充满了可供我们进行理论归纳的素材。最后，关于这一段历史的文献，相对而言也丰富一些，至少对我这样一个孤陋寡闻者来说是如此。既然对美国立宪过程的讨论还具有上述种种理由，那么按照经济学的成本—收益原则选择对它进行剖析便多少有了些合理性。当然，对其的分析应服务于本书的逻辑结构，而不是就立法谈立法。

5.2.1　宪法的定义

一提起宪法，我们都知道它是组织社会生活并规定国家性质及形式的所谓“根本大法”。依据《世界政治体制》一书的著者的说法，对宪法的定义大体有两种方式。第一，宪法是关于某国是如何被治理的一种一般性陈述，比如说，美国的宪法是共和的、联邦的和总统制的，而英国则是君主的、中央集权的和议会制的。更一般地说，宪法可分为两种，即“自由的”和“独裁的”。第二，宪法是一组关于政治体制框架的文件。它规定在一国中权力位于何处，政府机构是什么样子，它们如何建立以及它们应如何运转。为了做到这一点，宪法给出了可以被称为在特定国家中政治家们要遵守的一整套规划：他们的职责何在？他们如何才能上台？在台上他们可以做或不能做什么？法律如何制定？如何监督执行法律？如何解决公民和国家之间的纠纷？不过宪法并未向我们提供一个完整的、精确的画面以表明在现实中它是如何运作的。[12]

由于下面要讨论的是美国宪法的创立过程，故有必要事先澄清宪法的定义。虽然说上面给出的宪法定义可能有这样或那样的毛病，但我想我们不妨暂且接受它，以便将其用作进一步分析的前提。

5.2.2 美国宪法创立的思想及社会背景和过程：简述

谈论美国宪法创立的思想背景，不涉及那些导致前英属北美殖民地最终走上独立之路的思想脉络及其大角度的转弯是不可思议的。支撑着众多殖民地人民拿起武器反抗英国殖民者的精神或价值取向，从某种意义上讲，被相当充分地反映在1776年7月4日由北美十三个殖民地的大陆会议所通过的《独立宣言》之中：人人生而平等，造物主赋予他们若干不可让与的权利，其中包括生存权、自由权和追求幸福的权利。为了保障这些权利，人们才在他们中间建立政府，而政府的正当权利，则是经被统治者同意授予的。任何形式的政府一旦对这些目标的实现起破坏作用时，人民便有权予以更换或废除，以建立一个新的政府。[13]

通过进一步分析我们便不难发现，体现在《独立宣言》中的基本思想由两部分构成，其一是“天赋权利说”，其二是作为一切合法政府之必要基础的“契约说”。前者宣称人世间存在着一些先于政府、强于政府的天赋权利。正是这种权利成了政治权力的真正基础。这暗示着即使政府的行为（如当时英国的所作所为）绝对合法，也会违反这些人的固有权利。后者则鼓吹，政府是由统治者和人民之间的契约产生的。而订立这种契约，乃是为了保障人的天赋权利。换言之，一切正当的立法必须以代表权或赞同为基础。这又常被称为“人民主权论”。很容易想到，在当时的英属北美殖民地，这种学说对那些与其宗主国有着尖锐利害冲突的人们——其中既有商人地主，又有一般百姓——而言，不啻是一种巨大的精神鼓舞。[14]意识形态在伴有冲突时所释放出来的巨大的社会革命能量，由此可见一斑。

众所周知，北美十三个殖民地所发动的独立战争最终以其独立而告终（1883 年）。在天赋权利论和契约说的推动下，为自由和独立而战的革命运动这台列车，在成功地驶达目的地之后却开始滑向了另一个极端：无政府主义。结果，独立后的美国又面临着一些新的问题或新的挑战。这种挑战的主要表现之一，就是在使各殖民地团结为一个整体的外部危机消除之时，分裂和倾轧便开始在这块新大陆上发挥致命的破坏作用。在《独立宣言》公布之后进行的 7 年战争期间，美国通过了一个《邦联条例》（1777 年 11 月）。从某种意义上讲，《邦联条例》及其后果是我们最后打开理解美国宪法确立之门的一把钥匙。根据《邦联条例》，当时美国的宪法层次上的制度可被概述如下：十三州之间仅有一种松散的联系，中央政府（即国会）仅有一个一院制的立法机关（其中，各州拥有平等的表决权），并且没有执行机关和最高的司法机关。中央政府无权节制商务或直接征税，也无能力筹措款项以清偿证券持有人的本息。在这种制度下，州议会实际上不受任何限制，包括不受司法的控制。私人财产权不断地遭受到种种法律和方便债务人的种种安排的打击和破坏。用温斯顿·丘吉尔的话说，《邦联条例》所建立的是一个虚弱的中央政府，它既没有力量也没有机会在革命和战争的废墟上建立起有秩序的社会。[15]

在这种背景下，美国社会开始分裂了。如果说美国在 1776 年团结一致的程度不如1765年，甚至不如1774年，那么1787年的情况则更糟。美国著名的历史学家比尔德按照阶级分析方法，以利益集团的形式对1787年的美国社会进行了较为详尽的考察。在他看来，美国社会当时有三个大阶级集团，即被剥夺了公民权的人们、不动产持有者集团和动产利益集团。第一集团包括奴隶、契约仆役、根据各州宪法和法律规定的财产标准而无投票权的多数男子以及被剥夺了公民权而遭受法律歧视的妇女。显然，这些人的经济状况明确地表现在了他们的法律地位上。在起草宪法的会议上，也就自然没有他们代表的声音了。

第二集团（比尔德称之为第一大利益集团，因为上述第一集团在当时无足轻重）是所谓的“不动产集团”。它又可细分为三个小利益集团：小农、大地主和南方蓄奴的种植园主。从某种意义上讲，小农是一个独立的单纯性阶级。他们开发土地，但在这一过程中却受到了土地投机商的中间盘剥，因为当时大部分西部土地都落到了后者手中，移民、小职工和较穷的白人必须向大地主借用或购买土地，有些人竟成为租户。同时，小农又不得不依赖都市以供应大部分生产资料，借以开发其土地资源。恰是由于这两方面的原因，小农这一集团成为了债务者阶级。这一阶级还将那些陷于同样境地的都市居民包括进来。最后，这种阶级地位促使小农形成了一种利益一致的债务人意识。由于他们人数众多，并且构成了独立战争的主要兵源，特别是在当时革命的思想或理论潮流的推动和支撑下，小农的态度左右或影响了州议会的立法，从而诸如废止监禁、发行纸币、创制延缓交债的法律、要求债务者按仲裁委员会估定的价格购入土地等种种救济债务者的方案被出台通过了。小农力谋自身利益获得法律保障的做法注定使他们反对那种以保护私人财产不受法律侵害为己任的宪法。至于大地主，作为一个特殊的贵族集团，关心的是如何阻止一个相对强有力的中央政府的税收政策把赋税负担移嫁到土地上面。而南方的种植园——奴隶主的利益，似乎同前两个不动产集团的考虑有所不同。这主要是由于南部各州出售的是原料，故需要商业上的竞争。这就是他们希望有一个强有力的中央政府借商业条例以维持一个广大且有利可图的市场的原因。

第三集团（比尔德称之为第二大利益集团）主要由各动产利益集团组成。动产在此指的是贷出的货币、州和大陆公债、商品、制造厂、士兵债券和航运业。在《邦联条例》之下，货币资本遭遇了两种困难：(1) 由于制造业缺乏保护、在西部投资不安全以及外国对美国航运业的歧视，货币资本很难找到有利可图的出路。(2) 各种诸如货币贬值（据丘吉尔说，大陆会议滥发纸币造成了严重的通货膨胀，到 1780 年，1 美元金币已相当于 40 美元纸币了）或债务延期等有利于债务者的政策，严重地打击了货币资本。货币资本持有者在地方议会上的失败迫使他们对建立一个强有力的中央政府抱有厚望。他们希冀通过确立新的规则并赋予规则的维护执行者以权力，来制止破坏契约义务和滥发纸币等有利于债务者的立法。

除了货币资本外，公债持有人构成了恐怕是最活跃的动产利益集团。由于在《邦联条例》下的政府无力靠税收来支付公债的利息，故一方面公债价格不断下跌（直至票面价值六分之一至二十分之一），另一方面，公债也日益集中到少数人手中。按照比尔德的估计，借助于宪法的通过与稳固的金融制度的确立，公债持有人最少可赚得 4 亿美元。这等于 1787 年美国可征税土地总值的十分之一（尽管土地总值 4 亿美元这一数字可能被大大高估了）。想想看，如此巨大的一笔潜在的、得自制度确立的收益——我们姑且称之为制度收益或制度红利，能不使那些拥有大量公债并意识到一个强有力的政府可以按照其票面值清偿的人动心吗？推翻《邦联条例》！这便自然成了这批人的一致呼声。

制造业和航运业的动产在当时已不再是无足轻重的。正是这批工商业主组织起来并大声疾呼：由于缺乏保护，美国的工商业正趋于衰灭。因而这一利益集团希望通过宪法，借以保证实施对抗外国竞争的保护，其中包括立即实行差别关税法以及建立强大的海军来保护美国的航运畅通无阻。总之，各动产利益集团都是支持宪法的。原因也很简单，它们均能从宪法的通过中有所受益。[16]

尽管那个时代的美国著名政治家和科学家富兰克林否认《邦联条例》对社会组织构成了严重的威胁，犹如主张改革的人所叫嚣的那样；尽管后来的历史学家在分析研究了1783—1787年的那段历史后得出的结论是，当时的“混乱”纯粹是有些人凭空捏造的，但由于利益集团间的力量对比，特别是再加上所谓“谢斯叛乱”——由前陆军上尉丹尼尔·谢斯于1786年领导的一批绝望的债务人试图阻止法院对债务进行审理的暴动——所掀起的对一部新宪法的激情，《联邦宪法》的最终通过已经是不可逆转的了。[17]

利益对立集团的出现必然要反映到理论思想的争论之中。那些支持建立强有力政府的人自称为“联邦党人”，借以区别反对推翻《邦联条例》的人。他们的思想及政策主张，最集中地体现在了由汉密尔顿、麦迪逊和杰伊三人执笔的、对后世政治学有深远影响的《联邦党人文集》之中。在阅读它时，人们马上会发现，不受约束的民主热情的革命语调开始让位于政治家理智地敲响的警钟：过去十年的经验教导人们，即使在承认一切人生来平等，具有某种不可剥夺的权利的地方，在实际执行过程中也会遇到极为错综复杂的困难。下面的陈述可以说是该文集的基本倾向或价值取向：

> 美国公民有很强的辨别力，不会赞成无政府状态；……经验已使公众头脑里形成一种深刻而严肃的信念：政府的巨大能力对社会的幸福和繁荣是必不可少的。单纯实行法制而不施加任何高压力量固然不错，但是这种制度除了存在于那些自命聪明、不屑汲取经验教训的政治学者的幻想中外，是根本不存在的。[18]

显然这批联邦党人全盘继承了美国革命时期的各项基础原则，如天赋权利、社会契约及政府是在所难免的祸害，但他们同时又强调了事情的另一些方面。比如说，他们承认人民的意志应高于一切，但不是立刻，而是最终。因为尽管人民普遍关注公共福利，但他们对获得那种福利的手段所摆出的道理却并不总是正确无误的。联邦党人极其深刻地阐述了联邦国家的性质及形式，重述了三权分立说，断言共和政体可以拓展到比小国寡民更大的领域之内，并发展和应用了立宪政体说。也许正是在这些意义上，才会有后人评论说："此书完全可以称作支持宪法而使它获得通过的一个或几个阶级的人民的代表作。"[19]

一旦我们了解了美国独立战争前后这段期间内所发生的、由《邦联条例》所触发的一系列利益集团的分化，我们便不难理解美国人的思想在短短十几年中的大转变了。如果再考虑到美国革命的杰出领袖多半都是绅士，我们便不难想象他们绝不会把其整个阶级都带入使整个社会稳定受到威胁的革命中来。许多保守分子在认识到只有打开冲向民主的闸门才能获得自由时，便惶恐不安地退缩回去了。甚至有个别坚定的爱国党人也曾有过思想动摇的时刻。[20]其观念的转变不是很自然吗？由乱到治，美国看来也逃不脱这个命运。美国宪法的最终确立为这一幕利益集团纷争的历史剧画上了句号。

5.2.3 作为经济文献的美国宪法

如果试用几句话来说明联邦党人打算创立的制度的基本意向，那么比尔德的概括则言简意赅。他说，汉密尔顿等人想要一个政府，它拥有若干主动的权力，但其结构却应分散多数人的统治势力，从而防止对少数人的财产权的侵犯；同时，他们要限制摧残资本的各州议会的权力。[21]联邦党人的明确原则是，一切政府的首要任务就是经济任务。这一点我们可以从美国宪法所授予联邦政府的四项重大权力中发现。这四项权力分别是：租税、战争、商业管理与处理西部土地。通过行使这些权力，公债可以获得充分的清偿，国内的和平得以维持，同国外的往来能够获益，工业得到了保护，领土得以全力开拓。注意，宪法赋予国会的权力没有一项可以允许直接侵犯财产权。同时，联邦政府也未被授予任何限制财产的权力。税可以征收，但间接税率是一成不变的并最终要落到消费者身上。直接税虽可征收，但又必须是在非常时期，并按人口分摊。这样，直接税的负担就无法被转嫁到积累起来的财富上。另外，宪法对州议会的限制同样带有（也许是更强烈的）经济味道，这表现在下述两项条款之上：禁止发行纸币和禁止各州破坏契约关系或义务。前一项规定同时要求合众国的金币和银币成为法币，意即恢复硬币制，这使得纸币党徒从前借贬值手段侵害动产的活动被永远压服下去了。而契约受到了保障，使从事金融活动的人都知道州议会不能在举手之间破坏双方同意的协定（在比尔德眼中，这两个条款或规定所表达的原则具有重大的经济意义，并且扼要地说明了从革命到立宪之间各州的经济史）。由此可见，联邦党人为政府设定的首位目标——保护起因于人类能力差异的财产权——在宪法中得到了充分的体现。而仅凭这一点就足以将宪法看成一部经济文献。而其他内容，如三权分立、保护少数等制衡原则，从相当意义上讲，只不过是实现此目标的手段而已。

在结束本小节之前，我想引用一段最能代表比尔德思想的话：

> 仅仅读过法律家的评论、对《联邦宪法》只有肤浅研究的学者，很难把宪法看成是一种经济文献。宪法对于选举人或官员没有规定财产限制；宪法没有明文承认社会上的任何经济集团；宪法没有提到将特权授予任何阶级。……不过以上的叙述已足以证明，把宪法视为一种抽象的法律，没有反映派别的利益，没有承认经济矛盾，则是一种完全错误的观念。它是一群财产利益直接遭受威胁的人们以十分高明的手段写下的经济文献，而且直接地、正确地诉诸全国的一般利益与共的集团。[22]

5.2.4 从政治经济学角度对宪法进程的归纳

对美国宪法本身及其立宪过程进行全面深入的讨论既不是本书的追求，亦非本书可能做到的。借助于上面所简单叙述或描绘的美国立宪过程及内容，从中得到某些有益的启发，并将这些启迪经过归纳而融入我所关注的制度起源与演进的理论之中，才是写作本节的意图所在。就启迪而言，我想大概有下面几点。

第一，利益集团的活动在制度起源或变迁过程中起着核心作用。这是我在粗略地考察了美国立宪过程后留下的最难忘的记忆。利益集团的基础，首先在于每个人都在执着地寻求自身经济利益的最大化，并且在他们之间，存在明显的也是巨大的一致利益。也许更重要的是，这种共同利益只靠一两个人的努力是无济于事的，必须结成集体行动，同时还必须拥有一位或几位领袖。这少数几位领袖之所以成为领袖，至少是他们的选择（或说得高雅一点，其献身精神）将带来的预期收益相对于其他本利益集团成员的预期收益可能更大些，尽管各人的预期收益的内容可能有所不同。汉密尔顿的经历便可作为一例。[23]

第二，各利益集团之间争斗的结果，即宪法的确立，实际上既确保了胜利一方的利益，又照顾到了失败者的某些要求，因而将其称为一个在各方讨价还价后妥协的产物并不过分。从确保动产集团利益的角度看，美国宪法是带有显著的偏袒性质的，至少从表面上看，不动产集团的利益似乎受到了损害。但从另一个角度看，宪法却没有将所有负担转嫁到与动产集团对立的不动产集团头上去。真正的受损者是广大的所谓“被剥夺了公民权的人们”。在此，一种制度安排的不平等结果便无遗地显露出来了。

第三，利益集团间的冲突及结局，似乎与其说是直接取决于各集团的人数，不如说是取决于各集团的组织性，特别是对自身利益和集体行动的必要性的意识。至少直观地看，人数少、居住集中、有经济实力来支付组织宣传费用（交易成本的一种）的集团，在制度创立过程中往往占有优势。相对于不动产集团而言人数较少的动产集团的胜利所证明的恰是这一陈述。

第四，财产权保障是美国宪法的精髓。这种要求的提出也只能出自有产者之口。保证契约的严肃性或可信赖性，虽然直接地满足了当时动产阶级的要求，但也恰好和经济学的效率原则相吻合了。美国宪法的彻底性恐怕还是在于，它较为严密地堵塞了凭借立法权和行政权来对私人财产权进行干涉、限制的通道。

第五，意识形态及历史上的某些带有必然性的突发事件对制度的起源与演进常施加重大的影响。潘恩等人的著作和《联邦党人文集》以及“谢斯叛乱”所说明的正是这一点。毋庸讳言，意识形态和诸如“谢斯叛乱”等突发事件均有其经济基础。

第六，宪法作为最高层次的规范人类行为的一般规则，用布坎南的话讲是关于“对约束的选择”[24]，常给人以一种神秘或高深莫测之感。借助分析，我们进一步得到了或从另一部分学者那里再次印证了它的经济学基础，这本身就很令人兴奋！

在结束本节的讨论之前，似乎还有必要补充几句。对美国立宪过程的案例剖析，我在此所做的实际上也只是很初步的工作。之所以称之为剖析，更多的恐怕还是相对于本章前述的具体事例而言的。然而，尽管它只能说是一幅速描，但却毕竟为我们提供了分析制度变迁的动因、过程的线索。其意义将在下一章讨论制度的起源与演进模型时更突出地显露出来。

§5.3　同制度的起源与演进相关的因素：简短小结

我在本章选用上述事例是有所考虑的。就最高目标来说，我希望通过对它们的陈述与议论，来引申出与制度的起源相关的各种因素，并将其精练成概念，从而为下一章的制度的起源与演进的模型分析提供必要的构件。现在，将这些因素归纳一下并开列出来是有益的，因为这样做既可以凸显我借用上述几个事例的良苦用心，更能彰显这些概念的意义，加深读者对它们的印象和理解。从本章的议论可引出的、同制度的起源与演进相关的因素如下：无害性，降低不确定性，简单性，潜在好处或潜在利益，奖惩功能，排他性，减弱外部性，比较利益，规模效益，合作、交易成本，观念或意识形态，制度设计，财产权及其明确性，制度创新，市场规模，技术进步，积累效应，制度惯性，对初始条件的敏感依赖，事与愿违的制度选择，制度非中性，集体行动，利益集团，共同利益，领袖，博弈各方的人数，讨价还价，组织性，自身利益的意识，突发事件，制度层次，等等。它们中的绝大部分，将成为制度理论这张网的基本扣结，尽管它们不是全部。

毋庸讳言，只凭几个历史事例是无法编织起制度变迁及其功能理论之网的。这也正是我将在下一章力求从理论模型的角度对制度的起源与演进展开讨论的原因。不过在此我仍打算补充两句：用常识性故事来说明深奥的理论，乃是我的一种追求。另外，通过恰当地挑选历史事例来为本书增添可读性，亦在我的考虑范围之内。

[注　释]

①康罗·洛伦兹是著名的动物学和现代行为科学的创始人之一，并于 1953 年荣获诺贝尔生理学或医学奖。我在文中所引的故事载于他的《攻击与人性》一书的第 5 章“习性、仪式和固定化”（北京：作家出版社，1987）。洛伦兹对这个世界中的因果联系的执着追求给我留下了深刻的印象。

②斯密的有关论述载于《国民财富的性质和原因的研究》（上卷）第 16～20 页。将“分工受市场范围的限制”冠以“斯密定理”是后人的所作所为，并多少表示了继承者对先人贡献的赞誉。

③悬赏天文钟的故事，是我从道格拉斯·诺思和罗伯特·托马斯的著作中看到的，参见其《西方世界的兴起》第 3 页。也许有人对将此例视为专利制度持有异议，我想这是可以理解的。但我要说的是，悬赏的性质和功能实际上与专利制度无异——用收入的排他性获取来鼓励发明创造。美国前总统亚伯拉罕·林肯年轻时曾获得过一项“浅滩浮标装置”的专利。据说他事后讲，“专利制度是在天才的创造火焰中添加了利益这种燃料”。我举专利制度为例，是因为它是一个具有使个人和国家普遍获得潜在利益的制度。一位于 1900 年前后到华盛顿考察美国制度的日本官员曾讲过这样的话：“我们四下环顾，找寻最伟大的国家以便效仿它们。我们问，‘是什么使美国成为如此伟大的国家?’我们经过调查后发现是专利制度，因此我们也将建立专利制度。”吉姆·默克尔．专利制度与经济繁荣．交流，1989 (2)。

④参见亚当·斯密《国民财富的性质和原因的研究》第 6～7 页。

⑤引自巫宝三主编《中国经济思想史资料选辑》（先秦部分）下册第 28 页。

⑥比如说胡寄窗先生就指出了孟子井田思想的许多矛盾。他认为“慢其经界”本身就否定了井田制存在的现实性，而且认为“请野九一而助，国中什一使自赋”不合情理，因为在远离城邦的野地上实行井田制，使监督的成本过高，这亦使井田制成为空想。胡寄窗．中国经济思想史（上）．上海：上海人民出版社，1978：251－253。

⑦重甲步兵在形成希腊民主过程中的起决定性作用的事例一般史书并未记载，如韦

尔斯的《世界史纲》(H. G. WELLS. The Outline of History，1971)。但一些科学家则特别重视这个历史学家有时忽略的因果关系史实。在《进化：广义综合理论》(北京：社会科学文献出版社，1988) 一书中，拉兹洛就专门以此为例来说明技术革命对社会变革的意义。当然，这并非是社会进化的全部。在他看来，社会进化取决于“社会分叉”，而分叉又有三种，即“T—分叉”(技术革新造成社会失稳)、“C—分叉”(冲突带来的不稳定)、“E—分叉”(经济危机引发的社会制度内部崩溃)。不知为什么，他的话总让我联想到汤因比。三种分叉难道不是三种挑战吗？当然，这三种分叉理论也是有一般性的(ERVIN LASZLO. Evolution：The Grand Synthesis，1986)。补充一句，所谓“陶片流放制”是指，当发生冲突或危机时，在陶片上写下一个人的姓名以决定某些公民应否被流放十年。

⑧卡尔·魏特夫．东方专制主义——对于集权力量的比较研究．北京：中国社会科学出版社，1989 (K. WITTFOGEL. Oriental Despotism，1957)。从治水的需要的角度来探讨专制国家的起源，魏特夫的这部著作是一个突出代表。在此我想指明的是，类似的观点常成为人们攻击的靶子，例如有人说许多东方专制王朝出现之时或出现以前并没有实施大规模灌溉系统的作为，至少人们尚未找到这方面的证据。指出反面意见旨在保持我们的批判与怀疑精神，而并不是要彻底阻塞我们扬长避短的努力渠道。

⑨参见康罗·洛伦兹《攻击与人性》第 83 页。类似洛伦兹所讲故事的实例俯拾皆是，如喝酒时的碰杯(以防对方酒中下毒)、见面时的握手(看看对方带没带武器)、走路时靠右边(避免右手持刀的军人误伤迎面而来的行人)等习惯，都能在某种程度上或从某一方面对制度起源进行解释。

⑩奥利弗·威廉姆逊．交易成本经济学讲座(专辑)．经济工作者学习资料，1987 (50)：17－18。交易费用概念虽然受到了不少经济学家的批判，称它不可测定，含混不清，但我认为它在分析和解释许多经济现象时是行之有效的。交易成本经济学代表了一种新的分析方法或新的分析角度。

⑪在此，读者可以发现我与胡寄窗先生(见注释⑥)的区别。很有趣，我们使用的都是交易成本工具，但得出的结论却大相径庭。胡先生特别强调了公田在收割时的监督问题。我想这些问题在采取什一税时也是存在的，因为人们可能用隐瞒产量的办法逃税。故不能以监督成本高来否定井田制。如果说井田制有什么问题，那么我想它们主要体现在外部性或搭便车上。公田周围的 800 亩私田交由几家去耕种，为搭别人便车而引发的偷懒行为似乎是不可避免的。

⑫J. DENIS DERBYSHIRE，LAN DERBYSHIRE. Political Systems of the World，1989：11－12。关于宪法的前一种定义，该书作者曾风趣诙谐地评论说，当我们用“自由”和“专制”来评判甲国比乙国更自由或更专制时，就好像是在谈论法国的天气比英国的天气好一样。在此重要的似乎是“哪一地区”和“在一年中的什么季节”。由此似乎可以推出，他们具有具体问题具体分析的倾向。这大概也是他们又给出了第二种更为具体些的宪法定义的原因吧。

⑬《独立宣言》是北美十三个殖民地宣告独立并宣明此举正当性的文告。它阐述了殖民地人民争取独立的理论根据。

⑭有必要指出一点，在此我用最精练的语言所谈的美国革命时期的政治学说，主要是美国革命政治家及启蒙思想家所鼓吹的。他们当中有詹姆斯·奥蒂斯（1725—1783）、约翰·亚当斯（1735—1826）、托马斯·潘恩（1737—1809）、塞缪尔·亚当斯（1722—1803）、托马斯·杰斐逊（1743—1826）。从方法论角度讲，这套学说是个人主义的。从直接的思想渊源上说，它则是英国洛克的《政府论》的翻版。关于这方面的论述，我主要参考了美国学者梅里亚姆的《美国政治学说史》第 2 章（CHARLES EDWARD MERRIAM. A History of American Political Theories. Macmillan Company，1921）。

⑮温斯顿·丘吉尔．英语国家史略（下册）．北京：新华出版社，1985：204（WINSTON S. CHURCHILL. A History of the English-speaking Peoples）。顺便说一句，丘吉尔似乎持有这样的观点，即美国终于脱离英国而独立是由于英国当时所采取的方法缺乏效力，也不够谨慎。其中主要包括 1765 年英国国会通过的在北美殖民地征收印花税的《印花税法案》和提高进口殖民地商品关税的《汤森法案》，以及为挽救濒临破产困境的东印度公司而让其垄断茶叶市场并免税进入美国的政策（参见该书第 139～149 页）。从他的言谈中，我们似乎可以体味出丘吉尔的惋惜之情。

⑯比尔德．美国宪法的经济观．北京：商务印书馆，1989：24－44（CHARLES A. BEARD. An Economic Interpretation of the Constitution of the United States，1913）。他把对历史的经济学解释置于这样的观念之上：

“一般说来，社会的进化是社会内部利益集团互相竞争——一方面拥护变革，另一方面则反对变革——的结果。”为此，“首先必须探讨在宪法实施以前美国究竟存在哪些阶级和社会集团；哪些阶级基于它们的财产性质希望推翻旧的制度，从而可以获致直接的利益；哪些阶级希望维持既存法律秩序，从而可以获致更大的利益。”（见该书第 24 页。）

比尔德的这种分析方法很容易让人联想起马克思、列宁和毛泽东的阶级分析方法，尽管他本人一再否认这一点。也许他以经济利益冲突为线索对制度变迁进行集体行动式的分析要更准确一些，因为他没有简单地按有产和无产来划分阶级，而是兼顾了处于同一财产水平上的阶级内部的集团对抗。

⑰关于“谢斯叛乱”对当时的舆论影响巨大这一点，可以从乔治·华盛顿的哀叹中看到：

请看在上帝的面子上告诉我，所有这些骚乱的原因究竟何在？使我感到不可名状的沮丧的是，我们已被公认独立之时，竟用自己的行为来证实大西洋彼岸我们敌人的预言，并使自己在全欧洲眼里变得可笑而可鄙。

此事件所掀起的巨大激情，在《美利坚共和国的成长》一书的作者们看来是宪法通过所必不可少的。他们写道：“在美国没有这种激情是办不成任何大事的。”当时居住在美国驻巴黎大使馆的杰斐逊对“谢斯叛乱”的议论亦给我留下了深刻印象：“自由之树是必须常常用爱国者和暴君的鲜血来浇灌的。”上面的引述均源于 S. E. 莫里森、H. S. 康马杰，W. E. 洛伊布滕堡．美利坚共和国的成长．天津：天津人民出版社，1975：481 - 482（SAMUEL E. MORRISON，HENRY STEELE COMMAGER，WILLIAM E. LEUCHLENBURG. The Growth of the American Republic，Vol. 1，Oxford University Press，1969）。

⑱参见《联邦党人文集》第 26、28 篇，转引自梅里亚姆《美国政治学说史》中文版第 54 页。这里有必要补充的一点是，按照梅里亚姆的说法，《联邦党人文集》并不是该时期具有保守倾向者的唯一表现。在这方面，启发性更大的是联邦党伟大的领袖约翰·亚当斯（美国第二位总统）。他的《为美利坚合众国政体辩护》（1787）及《达维达论》（1790）两部著作，表明了他思想认识上的深刻转变。在前一阶段，他是革命的英勇斗士，在后一阶段，他也同样无畏地主张强有力的政府和贵族政治原则。他不仅反对一切人生来平等的口号，而且认为专制君主是以人民为基础的；国王总与人民真正结盟以反对贵族。他的这一见解，真有令人耳目一新之感。

⑲参见梅里亚姆《美国政治学说史》第 64 页。

⑳有这么一件轶事很能说明这一点。1776 年的某一天，约翰·亚当斯在开完大陆会议骑马回家的路上遇到了一个马贩子。那人对他讲：“我们对你们总是感激不尽，这个领地上现在没有法庭了。我希望永远不会再有法庭。”亚当斯听后扪心自问：“难道这就

是我一直在争取实现的目标吗？如果国家权力落入这类人手中——确有发生这种事的危险，那么我们牺牲了自己的时间、健康和其他一切，究竟为的是什么呢?”参见《美利坚共和国的成长》第 1 卷第 1 分册第 355～356 页。

㉑参见比尔德《美国宪法的经济观》中文版第 108 页。本小节的标题亦来自比尔德此书第 6 章的题目。本小节的论述主要参考了此章。

㉒参见比尔德《美国宪法的经济观》第 107、130 页。比尔德的理论——宪法的经济决定论——赢得的不仅仅是喝彩声。《美利坚共和国的成长》一书的作者们就曾对此颇多微词，因为在他们看来，把参加立宪会议代表的观点说成仅仅着眼于财产是不公正的。这些人是要补救《邦联条例》的缺陷，并意识到要决定共和制政体的命运。参见《美利坚共和国的成长》第 1 卷第 1 分册第 489 页。

㉓在《美国宪法的经济观》一书中，比尔德专辟一章（第 5 章）逐个考察了每一位参加制宪会议的代表的财产状况：动产与不动产构成及总量。关于极力鼓吹通过宪法的汉密尔顿，他说，其 1787 年所拥有的公债额数量很小，所拥有的西部土地也不多，且死时并无遗资。汉密尔顿成为新制度的巨灵的原因，不在于其私人经济利益，而在于他的其他偏好。比尔德在后一点上说得很含混。他很想澄清加在汉密尔顿身上的公债投机家的污名，但这无形中又违背了他的“经济决定论”。丘吉尔无疑要高明得多。他一语道破了汉密尔顿的内心追求：这位西印度群岛商人的私生子，靠在战时华盛顿参谋部里的地位和其风流潇洒、才能不凡而进入纽约上流社会，并娶了一位名门闺秀。他认为通过自己的能力所进入的统治阶级应该继续统治下去。参见丘吉尔《英语国家史略》下册第 205 页。

㉔参见 J. 布坎南 . 宪法经济学 . 新帕尔格雷夫・看不见的手（英文版），1989：80 (JAMES M. BUCHANAN. Constitutional Economics. in The New Palgrave：The Invisible Hand. edited by J. Eatwell，M. Milgate，P. Newman. Macmillan Press Limited，1989)。在此，我沿着布坎南的思路对宪法经济学多说几句。他认为，宪法经济学或宪法政治经济学不是什么新东西，我们甚至可以从斯密的著作中发现它，尽管其最直接的先驱是威克塞尔。宪法经济学的目的在于通过对“对约束的选择”的研究，来为那些制定和贯彻宪法的人提供某种潜在的规范性建议。它的方法论基础是个人主义的。

第6章 制度的起源与演进：借助理论模型所作的说明

如果说上一章所述事例虽然满足了我们寻求某种历史画面的完整性要求，但在理论上或形式上却给人以欠缺之感，那么进一步的说明无疑是必要的。对制度起源与创新模型的讨论所显示出来的，也恰是弥补这一欠缺的努力。从对一种理论的要求来看，一般性的或带有普遍性的推理也是最起码的。仍然像以前一样，我的见解是建立在对前人理论的批判性借鉴基础之上的。在本章，我打算借用理论模型说明的问题是：为什么逐利而行的经济人会在市场环境中"自发地"进行合作，即众多个人愿意依据某种规则行事？用什么样的逻辑因果链可以将与制度的起源与演进相关的因素连接起来并纳入一个模型？得出我心目中的一个因果链并辅之以必要的说明，可以说是本章的基本目标。

§6.1 "囚徒困境"模型

让我们假想有两个嫌疑犯被警察抓获并被分别

关押。他们面临的选择或是认罪，或是保持沉默。同时他们也完全了解每种选择的可能后果：如果嫌疑犯甲认罪并揭发了同伙乙，而乙拒不交代，或是相反，则交代者被释放，拒不交代者被判 20 个月的监禁；如果两人都不交代，则各判 1 个月；如都交代，则各判 5 个月。这时甲乙两人面对的选择后果损益数字可用一个简单的矩阵加以表述，见表 6-1。①

表 6-1　　　　囚徒困境模型

甲的选择 \ 乙的选择	a（合作）	$-a$（不合作）
a（合作）	（1 个月，1 个月）	（20 个月，0 个月）
$-a$（不合作）	（0 个月，20 个月）	（5 个月，5 个月）

表 6-1 中的合作指的是两人订立攻守同盟，均拒不交代。由于此时法官证据不足，故只能轻判。而不合作则意味着坦白揭发。0 个月是指被释放。括号中的两个损益数字中的第一个为甲的选择结果，第二个为乙的选择结果。显然，两人合作时各自的“收益”一定大于不合作时的平均“收益”。对罪犯来讲，其“收益”自然是刑期越短越好。此时，所谓“囚徒困境”指的是，如果两人间不能通信（即没有订立攻守同盟的机会），并且博弈仅是一次性的，那么两人选择的自发均衡点便是（$-a$，$-a$），其损益为（5 个月，5 个月）。对他们来说，此结局无疑是非最优的均衡点，即在（a，a）这一点上，其损益为（1 个月，1 个月）。可以想见，他们都是在犹豫思索之后才采取不合作态度的。他们这样做是有道理的：某人的预期最大收益（被释放）激励他去揭发认罪；另外，他所面对的巨大风险（被判 20 个月）也迫使他这样做。他们的“最优选择”在此同最好结局脱节，这大概就是使嫌疑犯备感困惑的原因吧！

尽管在上述条件下，合作难以产生，但在此博弈中还是蕴含有合作行为出现的可能，因为合作毕竟能够带来较大的潜在好处。

如果我们放松一个条件，即假定存在通信渠道，那么两人则可能会以市场上的讨价还价方式订立攻守同盟。我之所以说“可能”，原因在于利益一致仅是促成合作或集体行动的必要条件而非充分条件。在这里，虽说存在通信机会，但只要两人的未来见面概率为 0，意即从根本上排除了遇到对方报复或奖励（或因揭发，或因合作）的可能性，他们选择的即使可能是 (a，a)，这个解也无法被证明是一个稳定的一般性解。其中的道理实际上也十分简单：如果两人将来各奔东西，老死不相往来，他们之中的某一位会甘心让别人成为自己“合作行为”的搭便车者吗？答案显然是否定的。由此我们得到了一个十分有益的推论：合作产生的一个充分条件是博弈者之间的相互影响或依存不是一次性的，而是多次性的。

假如两人的博弈不是一次性的而是多次性的，那么该模型的性质就会发生变化。多次往复博弈在此意味着两人将来会再见面。而再见面无非是说在一个无限重复的囚徒困境博弈中，某人今天的选择不仅决定了今天的结果，而且还要影响到未来的结果。换言之，未来给今天的选择投下了阴影，进而对眼下的决策施加了影响。这里不妨引入一个关于人的行为的假定：人都是投桃报李，以牙还牙的（tit for tat）。虽然说未来的重要性要低于眼前的重要性——或因为总存在着将来相互碰不见的可能性，或因为人们总是倾向于低估未来的价值，但只要将来这两人可能见面，今天的决策便会受制于下一次的交往。[②]结果，从长期来看，在一个多次往复的囚徒困境博弈中，当事人会发现，不合作的机会成本可能会远远高于不合作可能获得的预期收益。这里谈的机会成本，既有来自反映在表 6－1 中的损益之差，又有第一次吃亏者可能的报复。进而，机智的并且永远是在进行计算的经济人（包括嫌疑犯）总有一天会学会以合作的方式活动，并接受规则“a”以实现其最大化收益。此时，囚徒困境的特征亦随之消失了。

囚徒困境模型从表面上看，讨论的是一个两个人的世界。但实际上，在它的背后，至少还要有两个人：法官和受损害者。在我看来，将两个嫌疑犯置于一个更为广阔的社会之中更为现实些。这等于是说，嫌疑犯甲（或乙）不仅是在和对方博弈，而且还要面对由其他许多他出狱后要与之打交道的人组成的社会。在前文中，我曾提到过斯密在《道德情操论》中谈及的对个人行为的社会肯定或否定。获得社会肯定的动机和自我利益动机一起，构成了人的基本动机。如果用个人在市场交易中的行为来替代嫌疑犯在法官面前的行为（这显然并未破坏模型的实质），那么尽管任何人都可能在一次交易中通过欺骗而获利，但其行为在今后很可能受到惩罚。直接受害者找他算账仅是制裁他的一种途径。更重要的惩罚则可能来自社会，即社会否定。其含义是他或是被排除在随后的正常交易之外，或是被人以同样的方式加以对待。最后，这位市场行骗者的利益会大幅度受损。我想，聪明的人是不会出此下策的，而是会去遵守商业规则，或称之为商业道德，抵御住违背规则可能带来的一次性收益的诱惑。考虑到社会的肯定或否定，原有的囚徒困境模型便可得到某种更为接近现实的修正。结合表 6－1 看，这种修正表现为不合作的收益降低，而合作的损失也随之降低。由此我们便可得到另一个模型，见表 6－2。（乌尔弗雷姆·艾尔斯纳将这份功劳归于斯密，看来是有道理的。[③]）

表 6－2　　　　经过修正的多次往复的囚徒困境模型

甲的选择 \ 乙的选择	a（合作）	$-a$（不合作）
a（合作）	（0 个月，0 个月）	（10 个月，4 个月）
$-a$（不合作）	（4 个月，10 个月）	（5 个月，5 个月）

这里需要补充说明的是，双方合作的收益由原来的各被判刑 1 个月变为 0 个月，这并不是因为法律规则的变动，而是因为考虑到了双方在刑满释放后可能增加的收益，如避免了遭到对方报复或社会否定的可能性。结果，法律虽然没变（仍是 1 个月），但两个嫌疑犯对合作的预期收益却“抵消”了那 1 个月的刑期。同理，我们便可知晓原损益表（表 6－1）中另外两组损益的变化缘由了，即由（0，20）或（20，0）变成（4，10）或（10，4）。我们不妨设身处地地盘算一下，当面对此种成本—收益格局时，拒绝合作难道不是不明智的举动吗？

由于潜在的行骗者总是不会绝迹的，因此交易中的不确定性增加了，进而交易成本上升。这无疑与每个人的利益相悖。此刻，如果上面提到的两种自发赏罚途径行之有效，那么某种习惯，准确地说是某种商业或职业道德，便可能出现；人们如果一方面都认识到按规矩办事会受益（即他与其他人的交往是互惠的或非零和的），另一方面又都惧怕习惯不足以威慑不法分子或给予那些不安分守己者以应有的惩罚，那么法律便会粉墨登场了。

或许有人认为用简单的囚徒困境模型来说明制度的起源不具有一般性，因为人们在经济乃至社会生活中并不都是总处在“嫌疑犯”的窘境中。对此，我认为，戈登·图洛克的倾向是值得注意的。他说，囚徒困境的状况并非像通常所说的那样是一个特例或不现实的案例；相反，它适用于许多基本的社会经济交换过程。在他看来，几乎所有人类之间的相互作用都能够在囚徒困境博弈中找到自己的影子，因为对每个人来说，通过欺骗而获得一次性收益永远是可能的。④我们之中又有谁能否认这一点呢？

至此，我们可以将多次往复的囚徒困境模型中所蕴含的制度起源思想概括如下：由于外在的社会性压力——社会肯定或否定以及人们多次交往的可能，个人的自利行为不得不受到某种修正。结果，当个人在经过周密计算后发现遵从某种合作规则要比通过欺诈自作聪明地获取少数几次不义之财或比无谓的争执有利得多的时候，制度便会自发地产生。就制度内容来说，这里所指主要是市场交换中的合作规则及习惯。实际上从囚徒困境模型中我们还可以窥视到以经济体制三要素所表现的制度起源过程。人们将来必须为骗取他人财产而付出代价就可算作一例，个人作为决策者在追求自身利益最大化时所促成的市场交易规则又是一例。

§6.2　制度创新模型：戴维斯和诺思的贡献

如果说从囚徒困境模型中我们看到的是一幅制度自发起源的逻辑画面，那么制度创新模型则力求描绘出人在既定条件下创立新制度的逻辑过程。⑤

对制度创新概念的完整、明白的表述，是由兰斯·戴维斯和道格拉斯·诺思在 1971 年的一本题为《制度变革和美国经济增长》的书中给出的。它指的是能够使制度创新者获得追加或额外利益的对现存制度的变革。这里有必要声明一点，他们所说的制度是指那些具体的政治经济制度，如金融组织、公司制度、工会制度、税收制度、教育制度等，而不包括作为背景的社会政治环境，或假定它们是已知的。乍一看，这好像同本书所谈的制度范畴有所不同。然而当深究下去时，我们便不难发现，它们之间的区别主要是一般与具体的区别。虽说戴维斯和诺思对具体的政治经济制度倾注了极大的热情，但这些制度仍不外乎是由习惯和（更多的是）规则组成。从这个意义上讲，他们给出的制度创新模型应该说还是具有一定一般性的。

制度创新模型的构造者们提出，促成制度创新的因素有三，即市场规模的变动、生产技术的发展以及因前两个因素引起的一定社会集团或个人对自己收入的预期的变化。具体来讲，市场规模的变动和生产技术的发展常常会改变特定制度的收益与成本。比如说，市场的拓宽和交易量的扩大，会使得经营管理方面的成本增长呈递减趋势；技术发展一方面提供了一系列新的创新机会，另一方面又使得比较复杂的和逻辑上更为合理的制度变得有利可图。这一切均使某些人或集团对现存制度的成本和收益之比进行重新判断，进而产生对制度创新的需求，以获得潜在利益。⑥

同我在第 3 章中所说的制度的“滞后性”类似，戴维斯和诺思亦讨论了制度创新的“时延”问题，即通过制度创新获取潜在利益的机会的出现，与获取该利益的制度创新的实现，在时间上有一段间隔。造成“时延”的原因有三：一是现有的法律（我们在此可将其理解为一般的规则）限定了人的某些活动范围；二是制度方面的新安排替代旧安排本身需要时间；三是制度上的“新发明”并非轻而易举，常常需要等待。

制度的创新过程包括下述五个步骤。第一步，形成所谓第一行动集团，即预见到潜在利益，并认识到只要进行制度创新便可获得这一潜在利益的决策者。在他们当中，至少有一个人是熊彼特所定义的那种企业家。第二步，第一行动集团提出创新方案。当时如果还没有一个可行的现成方案，那就需等待制度的新发现。第三步，在有了若干可供选择的制度创新方案之后，第一行动集团便以最大化利益原则理性地选择他们认为最能实现自身利益的制度并加以实施。第四步，形成第二行动集团，即在制度创新过程中助第一行动集团一臂之力的人或机构（如立法机构）。第五步，第一和第二行动集团一起努力，促成制度创新。在制度创新实现后，两集团可能会就所获得的、曾经潜在的利益进行再分配。

至于两集团的关系，我们可以借助于前一章第 5.1 节的事例加以说明。单独从事扣针生产的个人在发现了在分工基础上进行合作的潜在利益后，便获得了制度创新（即建立企业）的动力，并极可能成为第一行动集团。但由于人的自利和机会主义倾向，合作者之间可能出现破坏新规则（如他们之间签订的契约）的现象。因而他们便会求助于当地政府或法院——在此可以被理解为第二行动集团——来维护规则的严肃性。于是乎，合作性扣针生产企业便应运而生。同时，由于劳动生产率因制度创新而大幅度提高，政府的岁入亦会有所增加。结果是皆大欢喜。

当无论怎样改变现存制度都不会为改革者带来附加利益时，进行制度创新的可能性便不复存在了。换言之，当所有的制度创新（机会）都被实现（利用）后，制度均衡便出现了。显然，这种均衡是暂时的，因为促进制度创新的因素总是在活动着。如果下述三种外在情况之一发生变化，制度均衡就会被打破。这三种情况是：（1）新的条件出现，可能是技术上的，也可能是风险方面的；（2）制度方面的创新或发明；（3）法律和政治情况的变化。因此可以说，制度由均衡到不均衡的不断过渡，便是制度发展的路径或轨迹。制度创新在其中扮演着重要的承前启后的角色。

说到制度创新的直接承担者，一般不外乎三种：个人、个人之间自愿组成的合作团体和政府机构。用戴维斯和诺思的话说，则是制度创新可以在上述三级水平上进行。在下述四种情况下，由政府来组织制度创新被认为是最适宜的：（1）政府机构发展得比较完善，但私人市场则处于低水平（回想一下中国 20 世纪 70 年代以来相当成功的自上而下的制度创新）；（2）当潜在利益的获得受到私人财产权的阻碍时（如环境保护制度对大家或社会有好处，但它必然会因涉及私人财产权而遭到反对），个人和其间的自愿合作团体的制度创新可能无济于事；（3）当实行制度创新后的收益具有外部性或搭便车效应时，个人是不愿承担这笔费用的；（4）当制度创新不能兼顾所有人的利益或损害某些人的利益时，创新就只有靠政府了。显而易见，比较理想的制度创新是利天下而不损一人的，用他们两人的话说就是，应力求使总收入增加而又不使任何人的收入减少。

戴维斯和诺思的制度创新模型可以用一幅图清楚地表述出来，见图6－1。⑦

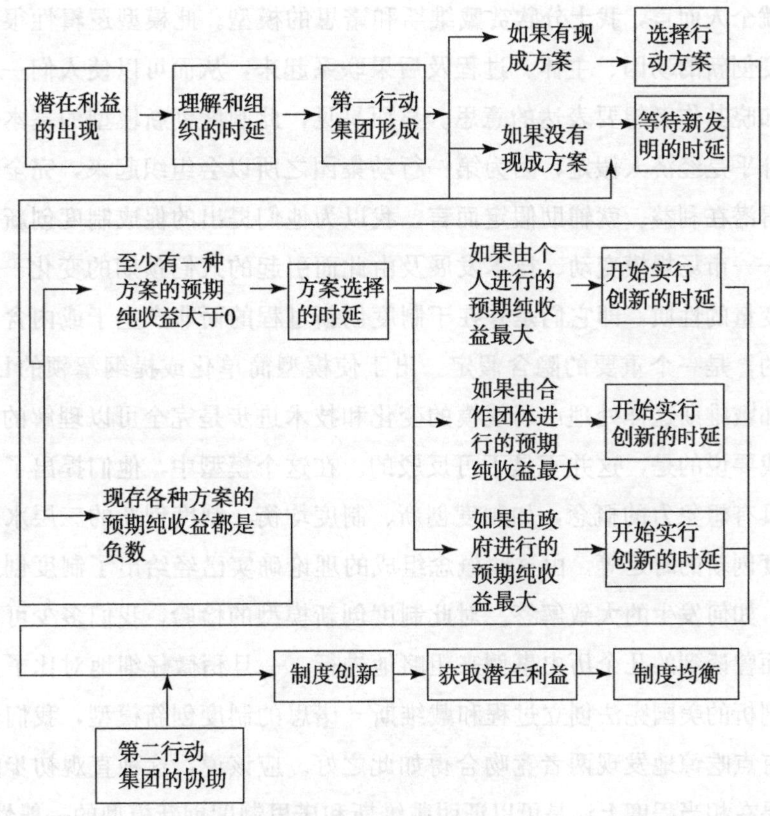

图 6－1　制度创新模型

上面所谈到的主要是一个我认为比较全面、清晰的制度创新模型。可能会有人提出异议，说创新和起源是两个概念。坦率地讲，两者的区别是存在的，但又远非想象中那么大。起源，似乎更多地强调源头或滥觞；而创新则更多地意味着在原有或既定制度下的新发展。历史地或按时间过程考察人类活动中产生的制度——最初很可能是习惯或传统，随后才是市场和企业[8]，这超出了本书的范围，尽管我认为这的确十分重要。不过我们不应忘记这一点，即许多制度恰恰起源于近代，如股份公司，并且会在未来出现。从这个意义上讲，制度起源同制度创新便几乎毫无二致了。这也正是我借用制度创新模型来阐述制度起源问题的原因。

就个人而言，我十分欣赏戴维斯和诺思的模型。此模型逻辑性很强地将制度创新的动因、主体、过程及后果联系起来，从而可以使人们一目了然地知晓其作者想要表达的意思。显而易见，此制度创新模型的基本假定仍不外乎是经济人假定，因为第一行动集团之所以会组织起来，完全是为了获得潜在利益。就辅助假定而言，我以为他们提出的促成制度创新的三要素——市场规模变动、技术发展及由此而引起的人们预期的变化——的外生变量的性质，即它们是外在于制度创新过程的而非产生于或内含于该过程的，是一个重要的隐含假定。出于使模型简单化或提纲挈领的目的，诺思和戴维斯这样处理市场规模的变化和技术进步是完全可以理解的。但在此我要说的是，这并不是不可反驳的。在这个模型中，他们提出了几个相当具有想象力的概念，如制度创新、制度均衡、制度创新的三层水平以及制度创新的时延等。由这些概念组成的理论确实已经给出了制度创新是为何、如何发生的大致解答。对此制度创新模型的检验，我们多少可以借助前面曾谈到的几个历史事例来粗略地进行。一旦稍微仔细地对比了上一章所剖析的美国宪法创立过程和戴维斯—诺思的制度创新模型，我们便会多少有点吃惊地发现两者竟吻合得如此之好。应该说，这种直观初步的检验结果在相当程度上还是可以证明戴维斯和诺思制度创新模型的一般性的。这也恰好是我十分推崇它的基本理由之一。另外，也许更有意义的是，此模型还为我们这些后来人提供了一个共同的批判基础。它引发我们的思考、想象。就一个模型而言，能做到这两点已属相当不易。

§6.3　制度的起源与演进：综合分析框图

在上一章中，我从所给出的六个历史事例及所剖析的一个制度创立过程中曾归纳性地得出了一些制度起源与演进的条件。在本章的前两节中，我又通过对两个制度起源（或创新）模型的考察及其背后的或明面上的假定来从演绎的角度给出了分析制度起源的逻辑程序。现在，我打算综合前文所讨论的内容，提出我对制度的起源与演进的见解。自然，这些见解是建立在对多种模型和历史事例的批判性考察之上的。

6.3.1　对两个模型的批判性考察

毋庸讳言，仅就囚徒困境模型来讲，其问题也是不少的。首先，囚徒之所以成为囚徒，原因就在于他们违犯了某种“规则”；而他们所面对的各种以监禁时间单位表现的惩罚，不过是为当事人提供某种信息的规则而已。从逻辑上讲，用现有规则下的博弈来解释制度的一般起源问题似有不妥。它犯了循环论证的“错误”。我对此问题的回答是：我承认其中纯粹意义上的逻辑毛病，但我更关心在既定条件（主要是制度）下的制度起源；而重要的还在于，当把简单的两个人的世界的囚徒困境纳入多人社会后，正如我在前文论述的，由于获得社会肯定动机和再次见面的报复可能性，我们还是可以窥视到制度起源的一般逻辑的。其次，从技术角度来讲，囚徒困境模型也受到了各方面的诘问，如两人的损益不一定是可比的，并很可能是不对称的；从社会角度看，两个嫌疑犯达到最优并非好事，因为这会使真正的罪犯逃脱应受到的制裁；等等。[⑨]虽说这些批评有其道理，但是在我看来，上述问题似乎是每一个试图用抽象模型来演绎地推导出各种具体结论的人不时要遇到的。在简单性和丰富性之间似乎有一种替代关系：此消彼长。我借用囚徒困境模型，只是出于它能满足我的论述需要而已。实际上，只有了解工具的弱点，才能充分利用其强项。

虽然就个人来说，我很欣赏戴维斯和诺思的模型，但同时我又发现了其中的某些不尽善尽美的地方。他们明确指出促成制度创新的基本原因包括市场规模的扩大和技术进步。在此他们无疑是正确的。但我们却又很容易就可以说明，市场规模的扩大和技术进步本身又是制度的函数。换言之，制度安排在一定或相当程度上可能决定了市场规模的扩大和技术进步。尽管在其他文献中，诺思及其合作者都热衷于阐明财产权制度对经济增长的重要的、决定性的意义，并认为今天妨碍发展中国家发展的关键因素，在于缺少某种能够降低过高的交易成本的财产权制度[10]，但令人遗憾的是这种思想没有被融入一个制度创新模型之中。在此，我的倾向是，既定制度和市场规模的扩大、技术进步之间即使不是决定关系，至少也是一种互动或互相影响的关系。换言之，它们是内生变量而不是外生变量。否则，我们便会遇到新的麻烦：是什么决定了市场规模的扩大和技术进步呢？

关于他们俩提出的制度概念问题，我也有点异议（尽管定义从原则上讲是定义者的领地，他人是难以批判的，但我在此给出我的见解是为了后面的进一步讨论）。正像我在第 4 章中所述，制度一般来讲是习惯和规则。它既可指公司制度、金融组织等具体的制度，又包括法律及政策等规则。戴维斯和诺思将后一类制度归入法律和政治环境可能有他们的考虑，但两个同质概念的这种外延上的差距，使我在借用其模型时必须做出调整。至少我不能按照他们的思路、用我的制度定义来说明制度的创新。因为一旦如此，便可能得出制度创新起因于制度变化这类近乎荒唐的一般性结论。当然，具体地说，处于不同层次上的制度之间相互影响并引发制度创新还是屡见不鲜的。宪法的变革必然会导致其他次级规则的调整可被视为一例。

在一个过程模型中引入制度创新的“时延”问题，显然是考虑周全的表示。就造成“时延”的原因看，现存制度的影响似乎只是消极的。不过在我眼中，这种看法恐怕不尽然（下面我将讨论它）。我还认为，造成“时延”的更为深刻的原因，除了既定制度和“等待”机会外，乃是某些反其道而行之的“逆向的行动集团”在作祟，因为他们的利益与现存制度有着千丝万缕的联系。这些人制造的阻力可能相当大，以至制度创新在一定时期内可能成为泡影，使整个国家一再错过成功地迎接挑战的各种（潜在）机会。逆向的行动集团的存在是以制度非中性为前提的，同时也是造成“制度稀缺”的基本原因之一。之所以这样说，是因为维护制度亦会耗费成本或资源，而稀缺的资源往往被用于那些最直接地服务于既得利益的制度上。

不言而喻，制度作为人工产品，其被“制造”出来是少不了人的创造性劳动的。以个人、自愿组成的集团和政府三种方式从事制度创新，对此我们没有什么可说的。不过三层创新之间的关系似乎在前述的制度创新模型中没有得到应有的彰明。政府无疑可以作为第一行动集团或第二行动集团参与创新。但应该看到，政府的身份是多重的。首先，政府的行为要受制于既定制度，具体说就是宪法规范了政府的选择范围及可能性。其次，政府正如戴维斯和诺思所说，亦可亲自组织创新或担当起制度创新的重任，其中包括制定政策（确立或改变规则）甚至修改宪法。最后，政府还是制度的推行维护者。对违反制度或破坏规则者实施惩罚，往往构成了政府日常工作的主要内容。正因为政府的三重角色，它与个人和集团的关系既十分密切，亦清晰可见。虽说表面上政府、集团、个人在制度创新问题上处于同等地位，但实际上政府的行为对个人及集团的影响颇大，因为前者是后者选择的重要参数或条件。反过来看，个人的制度创新行为——旨在通过让别人按照一种新规则办事而获益并最终形成集体行动，又恰恰是在既定的制度下，面对他们眼前的挑战而实现的。这种微观层次的制度创新，又成为了改进技术、提高劳动生产率的直接原因。其结果便是市场范围扩大、专业化分工更细，从而为制度的进一步创新奠定了基础。由此可见，三层创新，或其简化形式二层创新[11]——如果把个人自愿合作集团看作个人制度创新的一个自然结果——是相互影响、相互作用的。它们的关系在促成制度创新方面发挥着重要的作用。

将政府领导的制度创新严格地限定在前述四种场合之内，是戴维斯和诺思的诸项功绩之一。不过在论述过程中，他们似乎有一种将政府视为人格化了的个人的倾向。不言而喻，政府是一个由个人，确切地说是以自我利益最大化为目标的个人组成的。这一点至少告诉我们，即使政府是一个团结一致的组织，它也未必就一定是一个有着纯洁高尚的目标的组织机构。在这里，我们不妨回忆一下美国宪法创立过程中争斗背后的经济原因。也正是考虑到了这一点，我们借分析个人的动机、行为来窥视政府的选择也就有了基础。这实际上恰是方法论个人主义的具体功用。

从潜在利益的出现到第一行动集团的形成，可以说是戴维斯一诺思制度创新模型中的关键环节之一。尽管他们明确地流露出这种过渡是一个过程的意思，并且给出了这一过程的时间坐标——理解和组织的时延，但我以为他们对理解和组织的说明还不够详尽。不难看出，潜在利益的出现是第一行动集团得以组成的必要条件。这同上一章中所归纳出的结论一样，但要清楚的是，只有潜在利益或共同利益是不足以促成集体行动的。究其原因，就在于在个人之间进行合作的过程中，总会有外部性问题。而之所以会出现这种情况，是由于合作的好处不可避免地要遇到分配问题。换言之，这些好处常以公共产品或俱乐部产品的形式出现。这就为每个总在寻求搭便车的经济人提供了某种潜在的不劳而获或少劳多获的机会。另外，合作或集体行动又不是免费午餐，而是要有所花费的。结果，其潜在好处的分配及其公共产品的性质，便一次又一次地在暗中瓦解着每一个可能的合作。最后，表面上看来对每一个潜在合作者都有益的集体行动却很可能流于失败。奥尔森的这一真知灼见[12]，在我看来无疑是对上述两位经济学家的制度创新模型的恰当补充。也正是由于奥尔森的这一集体行动逻辑，才使得戴维斯一诺思模型中的理解和组织的时延这一过程要素具有了实在的内容：通过说服、谈判、沟通等手段达到利益共识，并辅之以带有强制性（特别是惩罚条件）的、一致同意的契约来解决收入分配和成本公平分摊的外部性问题。

制度均衡概念在其发明者眼中的含义为，靠改变制度或创新制度对创新者而言已不可能带来任何附加利益了。换言之，制度作为一种资源，此时其配置似乎已经达到了帕累托最优境界，意即在不损害任何人利益的前提下已不存在增进至少一个人的福利的可能性。对此，我想人们或许会产生这样的疑虑，即制度均衡及与之对应的“制度帕累托最优”同资源（指狭义的资源，包括劳动、资本和土地）配置的帕累托最优，恐怕是两个不同的概念。制度均衡反映的是一种利益集团之间建立在实力原则基础上的冲突与妥协的结果。它的确满足了“制度帕累托最优”的条件，但其结果，也就是说制度创新及其确立，却并不一定会满足效率原则（简单地讲便是人尽其才，物尽其用）。这样说的理由之一在于制度的创新本身最初可能就不是以增进普遍或社会福利而是以集团利益为目标的。此外，制度与效率结果之间并非一一对应的关系，而是必须经过人的活动或选择。这就更使人们对均衡制度将一定导致经济人的行为与效率相吻合这一点表示怀疑了。制度均衡并非必然地导致稀缺资源的有效配置，是我要从制度均衡概念中引申出来的一个重要性质。这同时也暗示了借改进制度来增进整个社会福利或配置效率的潜力。戴维斯和诺思虽然强调了理想的制度创新应是利天下而不损一人的，但这并不等于是说制度均衡一定会如此。

6.3.2　进一步的理论思考

在第 5 章中我讨论了与制度起源有密切关系的几个历史事例（包括美国宪法的创立过程）。我的目的一方面在于用事实例举法来归纳或引出制度起源的性质；另一方面又力求从每个事例中推导出制度起源缘由的不同侧面。囚徒困境模型所表明的，就本质而言，无非是惩罚或制裁机制——它是一种自发现象——对制度起源所做出的基本的、不可替代的作用。我提出戴维斯和诺思的制度创新模型，一方面要突出他们的贡献，另一方面则试图通过批判该模型而引出我自己对制度起源的看法。

对制度起源的讨论，在我看来，有三种思路。其一是借助逻辑的力量来想象地构造出制度起源的历史过程。其二是让历史事实来说话，换言之，是从历史的原始起点入手，也就是说在既定的人口和自然环境下来解释某些制度是如何被创造出来的。就前两种思路而言，虽然存在区别，但也有相似的地方，比如说，它们似乎都力求回答“面对初始挑战的人对制度的选择过程是如何的”这一历史问题；当人们认识到了历史事实只有在人的指使下才会“张嘴说话”，并且承认历史本身就是一张残缺破碎的网、因而需要历史学家用逻辑和想象去织补的时候，前两种方法的区别也就相当模糊了。[13]从这个意义上讲，将两者合二为一恐怕不失为明智之举。至于第三种思路，则别具特色，因为它指的是用给定的制度间接地解释新制度的起源。换言之，如果说前两种思路都是力求从无到有地探讨制度的历史及逻辑的起源，那么第三种思路便是试图用制度来解释制度的起源与演进，特别是制度的创新。戴维斯和诺思的分析大体上属于此类。这样一来，我们实际上便有了两种可以被简述为如下的分析制度起源的思路或模式：

思路一：自然及人口的初始条件→人面临的挑战→选择制度以迎接挑战

思路二：既定制度→人的行为→技术与市场规模变化→挑战→迎战

这里，我将思路一称为“自然先于人—人先于制度”模式，而将思路二冠名为“制度先于人（的行为）—人作用于自然”模式。[14]我在此准备双管齐下。不过需事先讲明的是，模式二是我关心的焦点。因为对当代社会中的每个成员来说，制度都是给定的。此外，模式二的内容涉及了制度功能。由于对它的纯粹讨论是第 7 章要处理的问题，故本章只是提纲挈领地论及与制度起源有关的制度功能的诸方面。

制度，无论是习惯还是规则，其最原始的表现形式均是人们之间的合作。让·雅克·卢梭在三个多世纪以前设想过人类曾经达到过这样一种境地，当时自然状态中不利于人类生存的种种障碍，在阻力上已超过了每个个人为自身生存所能运用的力量。于是那种原始状态除了人们改变生存方式外就难以为继。然而那时的人除了自己的力量外没有其他力量（如更好的工具）可利用。结果便是他们集合起来形成一种力量来克服这种阻力或挑战。共同协作随之产生。由于合作涉及多人，每个人既想从中获益，又不愿自己被妨害，因此，社会契约的建立就成为关键问题了。[15]卢梭的上述文字虽是借助逻辑力量进行的想象，但却至少给我们描述了一幅制度起源"前"历史的画面。他由合作引出社会契约的确立问题同制度起源可以说毫无区别。我在此引用卢梭所述的基本用意在于，一方面，他的这种思路正是我在前面所说的"自然先于人—人先于制度"模式的"逻辑历史"的对应物；另一方面，这类分析又是使制度起源理论得以完整表述的唯一途径。所谓"逻辑历史"，无非是指那种没有任何史料证据去加以实证说明的，人们不得不转而借助逻辑与想象而加以讨论的历史。舍此之外，我们还有什么别的更好途径去填补类似的历史空白呢？[16]同样，沿着这一思路我们还可以设想出另一种原始的自然状态：人生来就具有合作的本能，它体现在那时的人对与生俱来的合作规则的不自觉的或无意识的遵守。由此得出的猜测性推论是，制度的起源要受制于既定的"原始制度"或"本能制度"。[17]

当我们进一步分析制度的起源或创新过程时便不难发现，所有的制度创新大体上可分解为两类：一是中性制度创新，即对社会的每一个人而言有益或至少不受损的制度创新；二是非中性制度创新，即给社会的部分成员带来好处并以另一部分人受损失为代价的制度创新。如货币——在每个货币上都毫无例外地凝结着一个规则集——的起源、专利、度量衡的统一以及交通规则的确立等，均可以被算作以公共产品的形式被创造出来并存续下去的增进全社会福利的制度创新。而另一些制度，如井田制、王莽的币制改革，特别是那貌似不偏不倚的、视私人财产神圣不可侵犯的美国宪法（虽说谁也不愿成为巧取豪夺的受害者，但家徒四壁者和腰缠万贯者在该制度下的受益程度大相径庭，却是一个不容辩驳的事实）等，则都可归入非中性一类。用更为标准的经济学语言来说，中性制度创新或设立，类似帕累托增进式制度创新，意即在创新过程中没有什么人的利益受损，而却至少使一人获益，从而使整个社会福利水平提高。相应地，非中性制度创新或设立，则与非帕累托增进式制度创新相仿，即有人受损，有人获利。[18]作为一种自然的延伸，我们可轻易地得到“制度收益”或“制度净收益”这个概念。当然，制度收益作为制度创新的结果，也是有中性和非中性之分的。在此应着重声明的一点是，非中性制度创新带来的“制度净收益”，可表现为效率的提高，可能远远大于中性制度创新的收益。就道理而言，这和制度均衡不一定会导致效率结果是一样的。

由于个人的偏好不同，故人们对潜在利益所带来的预期收益的判断也就有所偏差。那些极可能从制度创新中得到最大好处的人，自然是第一行动集团的中坚力量。[19]这里，第一行动集团的人数是一个常为人所忽略但又十分重要的问题。制度创新者的先锋队人数相对很少。究其原因，恐怕人数不多至少有下述好处或优势：（1）交易成本一般相对要低一些，其中包括寻找志同道合者的费用。（2）和前一点有关，由于人数少，其间的沟通就容易些，交往次数和时间也就可能更长些。（3）结果，由于多次博弈所具有的性质——对不合作的惩罚，合作过程中的不确定性下降了。（4）人数少时相对来说也比较容易剔除外部性的消极影响，正如在一个庞大的乐队中较之在一个由几个人组成的小乐队中更难发现滥竽充数者一样。美国宪法的创立过程中的利益集团间冲突的结果，可以被看作人数相对少而具有优势的一个例证。一般首先创立各种制度的地点常常是城市，所印证的亦是这四点。[20]

实际上，仅仅产生第一行动集团（由少数人组成）常常还不足以触发制度创新。制度创新的充分条件在我看来至少有以下几点。首先，第一行动集团的创新方案或它试图供给的制度能够同时为社会中的相当一部分人带来大于零的预期收益，从而将这一部分人吸引到进行制度创新的队伍中来。当然，通过允诺新制度的香甜果实来诱导潜在的追随者，并最终完成制度创新，也是常有的事。其次，如果制度创新或演进带有强烈的非中性色彩，那么逆向行动集团的态度或选择便举足轻重了。当制度创新的始作俑者人数不多且其预期收益在假定为零和的博弈中是来自众多人利益的轻微受损时，制度创新得以成功的条件只能是这样的：对个别的制度创新的潜在受损者而言，他单枪匹马地捍卫自身微小的利益是得不偿失的，同时他也不愿为他人做嫁衣（让别人搭自己的便车）。在这种情况下，逆向行动集团要么组织不起来，要么是很松散的。否则，逆向行动集团便可能使潜在的制度创新陷于失败。在此有必要补充一句，逆向行动集团是相对创新行动集团而言的，由于制度创新不一定有利于整个社会，故逆向行动集团也不一定是反动的。从人数上讲，组成它的人也可能是少数分子。

不错，利益一致是合作产生的根本性的必要条件。但如果我们狭隘地将利益一致视为人们之间和谐关系的原因，则多少有点片面。至于缘由，恐怕还在于人们之间的利益可能，并且它们常常是相互冲突的。虽然说冲突很可能会瓦解双方或多方的合作愿望及努力，但是如果认为冲突只会破坏合作，那么只要我们回忆一下印第安人的“和平之烟”的产生，大概便会改变成见。在现实生活中，许多合作或共谋，恰恰都是以利益冲突为前提的。多次博弈的囚徒困境模型所揭示的内容之一便是这一点。更有甚者，还有人将合作看成是冲突的一项主要社会功能的直接后果。[21]在这里，合作的意义集中地体现在这一点上，即避免因冲突而来的潜在损失。一般而言，和平地或通过合作方式而实现的“化干戈为玉帛”，是一致同意的结果，并且它的维持有赖于各方一致同意的约定或规则。也正是在这一意义上，不可避免的冲突是指那些达成协议并维系协议的成本过高的冲突，其中利益集团的影响经常起关键作用。总之，在制度起源的最初动因中，避免冲突的损害可算作一个，尽管它同原始的利益动因是相吻合的。

前文曾谈到，分析制度的起源与演进问题有两种基本思路：一是“自然先于人—人先于制度”；二是“制度先于人（的行为）—人作用于自然”。如果从方法论的角度看，第一种思路带有浓厚的方法论个人主义味道，而第二种思路则染有浓重的方法论集体主义色彩。作为对第一种思路的补充性说明，我给出了卢梭的“自然状态”的逻辑描绘。显而易见，那是一幅由个人选择而形成集体合作的历史画卷。不仅在绘画之初伫立于我们眼前的是个人，甚至在订立契约的整个过程中，每个人仍清晰可见。美国宪法的创立过程可以说是方法论个人主义在分析制度起源问题时具体被运用的真实写照，尽管它不是最“原始”的或最初的制度起源过程。第二种思路实际上点明的是制度所具有的功能。虽然它严格来讲是下一章要着重讨论的问题，但它至少向我们提示了这样一点：制度之所以具有满足个人需要的功能或能够带来制度收益，原因多汇聚于制度作为集体行动而能够对个人选择进行控制或影响。也恰是通过对美国宪法的功能的分析，我们才更为深刻地理解了立宪过程中的个人行为。方法论的集体主义和个人主义在制度的起源与演进问题上的互补，既是我所追求的，又恰好与上述两种思路吻合得很好。

对制度进行经济分析主要包含两层意思。其一为所研究的对象是制度，其中重要的一部分内容是制度的起源与演进[22]；其二为所使用的是经济分析工具。正如我在本书前言中所说的，在经济分析这一工具箱中主要有三件工具：成本—收益分析、替代分析和边际分析。具体到制度起源问题，我要运用的工具仍不外乎这三件，即人们对制度的选择是基于他们对每一制度的成本—收益的分析结果（这并不意味着每个人的计算结果一定相等），他们比较不同制度的长短优劣而择优取之，他们对制度选择的“规模”或“度”，得自其边际分析的结果。在这里，对制度选择的“规模”或“度”的把握，同人们在计划规则与市场规则之间确立恰当的比例十分类似。

6.3.3　一个框图模型

从第 5 章各历史事例中引申出来的各个概念，本章前述所讨论的各项内容，再加上第 3 章给出的各种假说，这一切准备或铺垫性工作为我在此提出一个制度的起源与演进的模型创造了条件。它由图 6－2 具体展示。

不言而喻，仅凭一个框图就想把制度的起源与演进的所有内容或因素都包容进去不过是异想天开。但尽管如此，给出它还是必要的、有益的，因为它毕竟简洁地、粗线条地摹绘出了制度的起源与演进的基本路径，并起到了“举纲张目”的作用。我在此所说的“目”，无非是指前一章和本章所讨论或涉及的、同制度的起源与演进唇齿相关的诸项因素或概念。当然，在“举纲”的同时，“张目”也是很有必要的。我想这至少可以弥补因追求形式化而不得不割舍的丰富性上的损失。同时，这样做亦可为前述未在框图中被提到的各概念在更一般的结构中找到恰当的逻辑位置。为此，我特做如下简要的对号入座式的说明。

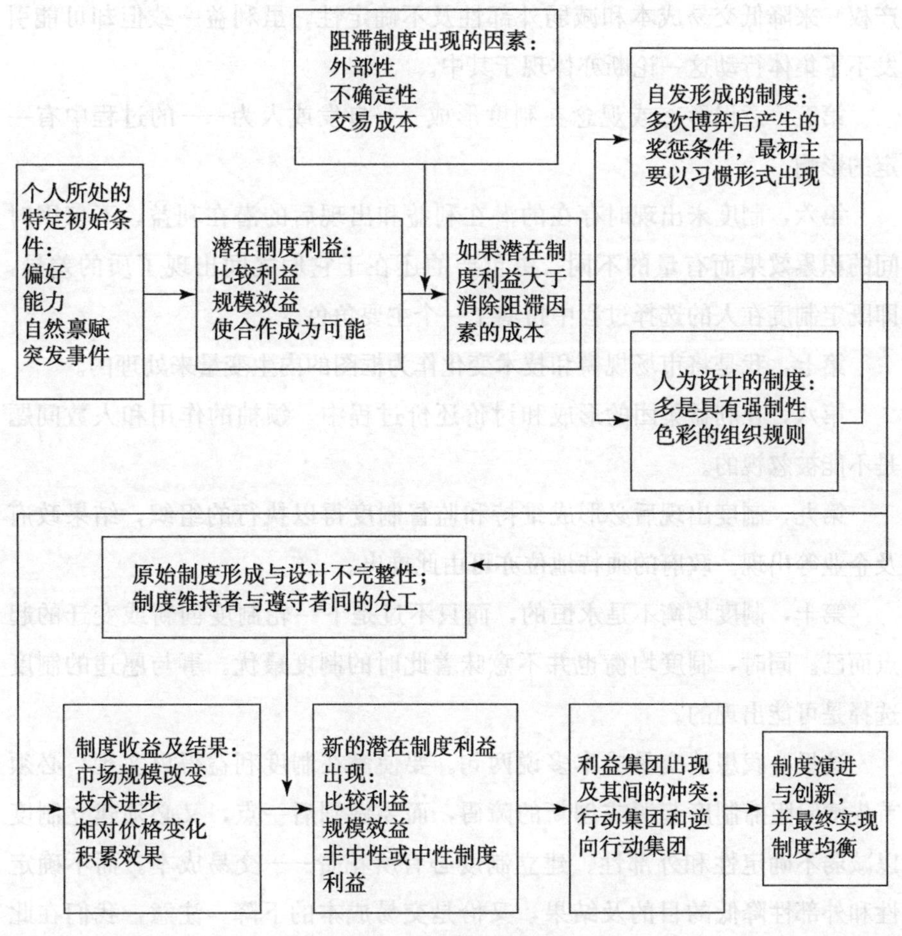

图 6-2　制度的起源与演进模型

第一，经济学的基本分析方法实际上贯穿于整个框图之中，意即人们总是在计算着成本和收益，视优而择之，并在边际上把握自己选择的“度”。

第二，制度起源的第一动力或原动力肇始于人的利益。这同前面谈的“经济人”假定同质。制度作为人类的选择对象，必须“有用”。

第三，关于选择什么样的东西作为制度的象征则是无关紧要的。但被选择物必须至少是无害的；同时，对它的识别和理解应当是简单的。

第四，阻滞制度起源的因素被克服，靠的是用制度（主要有保障私人产权）来降低交易成本和减弱外部性及不确定性。虽利益一致但却可能引发不了集体行动这一论断亦体现于其中。

第五，意识形态或观念在制度形成——自发或人为——的过程中有一定的影响。

第六，制度未出现时存在的潜在利益和出现后的潜在利益，不仅因时间的积累效果而有量的不同，更重要的还在于它们之间出现了质的差异，即既定制度在人的选择过程中扮演了一个主要角色。

第七，我是将市场规模和技术变化作为框图的内生变量来处理的。

第八，在利益集团的形成和讨价还价过程中，领袖的作用和人数问题是不能被忽视的。

第九，制度出现后必形成维持和监督制度得以执行的组织，结果政府及企业等出现。政府的独特地位亦可由此推出。

第十，制度均衡不是永恒的，而只不过是下一轮制度创新或变迁的起点而已。同时，制度均衡也并不意味着此时的制度最优。事与愿违的制度选择是可能出现的。

这里，我想就交易成本多说两句。要使潜在制度利益得以实现，必须首先清除阻滞制度起源或创新的障碍，而要做到后一点，又必须建立制度以减弱不确定性和外部性。建立制度必有所花费——交易成本。而不确定性和外部性降低的目的及结果，又恰是交易成本的下降。注意，我们在此似乎步入了一个怪圈。要降低交易成本，就必须建立有效的制度；而要建立制度，又必须付出交易成本。总之，制度缺乏或不完善同高交易成本在此是杂乱地纠缠在一起的。不过仔细想一下，走出这个怪圈并不难。原则上讲，当每个原处于分散状态的个人意识到了为消弭或减弱不确定性和外部性所支付的交易成本小于其预期收益时，交易成本的藩篱便不成其为障碍了。有效制度一旦建立并得到很好的维护，交易成本便会急剧下降，正如企业的建立使得讨价还价、寻找交易伙伴及信息等成本大幅度下降一样[㉓]；也正如制度因使人们在同陌生人进行交易时感到放心而大大地降低了交易成本一样。

§6.4　人择制度与制度先于行为“悖论”及本章结语

制度毫无疑问是人选择的或人不得不接受的。就这一陈述的前半句话来说，它至少暗含了人的选择先于制度的意思。这同制度的起源与演进框图所说的亦无甚区别。可是我在本书的开篇就强调了制度决定论或制度先于行为。从表面上看，上述两种观点是相“悖”的，因而对这一“悖论”的解释自然也就不可避免了。第一，如果我们从方法论的角度看，这个“悖论”的存在基础便要打些折扣了。方法论的个人主义同人择制度相吻合，而方法论的集体主义则与制度先于行为很合拍。一旦我们承认两种方法论是互补的，我想人们在此问题上的疑团就会减少些。第二，关于那遥远的过去，我们知之甚少，而所知的又都是在既定制度下的人类行为。从这个意义上讲，即使承认制度最初是人类选择的结果，我想这也并不妨碍我们接受制度先于行为这一有坚实经验基础的结论。第三，我虽承认从逻辑上看人择制度是站得住脚的，但一旦考虑到个人的生命限度在历史长河中的短暂，我们便不难发现，曾生活于、正生活于以及将生活于这个小小星球上的绝大多数人，一生下来就面临着各种既定制度的左右或束缚。这一点至少表明在揭示人择制度的同时，强调制度先于行为是十分有意义的。第四，众多制度的起源或制度创新，都是在既定制度下由受约束或激励的个人或组织来完成的。这种“制度→行为→新制度”的逻辑，虽没有回答制度的原始起源问题，但却毕竟因大量新制度起源于初始制度这一事实而多少证明了制度先于行为的重要性。第五，但绝非无足轻重，我更关心的是今天而非昨天。我猜想每个人都是如此。我点明最初是人择制度这一点，只是为了在逻辑上说明制度的原始起源。一言以蔽之，正是上述几点理由促使我得出或接受了人择制度与制度先于行为这个貌似“蛋生鸡—鸡生蛋”的“悖论”。在此基础上，前述两种分析制度起源与演进的思路的结合，也就是有机的了。

如果说前一章是经验归纳地描述出制度的起源与演进的过程，那么本章则力求逻辑演绎地说明同一问题。我用了两章的篇幅来从不同角度探讨制度的起源与演进，表明了它在我心目中的制度理论中的重要地位：它至少可以为人们提供一种思考此类问题的途径，同时还为深入地分析制度所具有的功能铺平了道路。后者构成了下一章的核心内容。显而易见，其方法论基础将是集体主义的。

在结束本章前有必要补充说明一点，即制度的起源与演进只是在追究制度的原始起源时两者的区别才有实质意义，而在其他情况下，两者拥有的是同一个逻辑。

[注　释]

①此模型及损益数值取自莫顿·D. 戴维斯《博弈论：非技术性概述》英文版第 94 页（MORTON D. DAVIS. Game Theory：A Nontechnical Introduction. Basic Books Inc.，1973）。考虑到两个嫌疑犯将来的见面问题（如果判刑时间过长，他们未来邂逅的概率也就会大大降低），我将原模型中的数值单位由“年”改为“月”。

②罗伯特·阿克塞尔罗德在其受到一致好评的《合作的进化》（1984）一书中详细地讨论了这个问题。他特别强调未来见面的机会以及“投桃报李、以牙还牙”和“自己活也让别人活”战略在解释合作自发起源过程中的决定作用。他以第一次世界大战的两军对垒的战壕中双方士兵的互不伤害合作为例，说明了这些因素在合作起源中的地位。他拒绝承认“友谊”是合作起源的必要条件，而是偏爱建立在互惠基础上和“自己活也

让别人活”的战略。特别有趣的是，通过计算机竞赛（参加者均为博弈论专家），阿克塞尔罗德得出了四项行之有效的决策规则：尽量避免不必要的冲突，如果别人也采取这样的态度；当别人无缘无故背叛你时，要以牙还牙；在对挑衅行为做出相同反应之后，要有宽容精神；使你的行为方式为人了解，以使别人适应你的活动方式。最后补充一句，此书被《哥德尔、埃舍尔、巴赫——一条永恒的金带》的作者道格拉斯·R. 霍夫斯塔特誉为“一本令人着迷的、引发思考的和重要的著作”（ROBERT AXELROD. The Evolution of Cooperation. Basic Books Inc.，1984）。

③在讨论囚徒困境与制度的起源问题时，我特别参考了乌尔弗雷姆·艾尔斯纳的那篇题为《亚当·斯密的制度起源模型》的文献。艾尔斯纳在斯密理论的启发下，准确地说是用现代数学工具将斯密的思想重新加以表述后，建立了一种修正了的囚徒困境模型。参见《经济问题杂志》1989 年 3 月号第 206 页。其核心思想是将社会肯定或否定变量引入个人的损益数值中。由于它改变了损益本身，从而影响了两人的行为——按规则合作。表 6－2 所展示的恰是这一思想。当然，从法律规则的制定来看，为了社会正义得到伸张，使嫌疑犯总是面临困境还是理所应当的。不过本书使用囚徒困境模型尚有更为一般的目的。

④戈登·图洛克．亚当·斯密和囚徒困境．经济学季刊，1985（100）（GORDON TULLOCK. Adam Smith and the Prisoners' Dilemma. Quarterly Journal of Economics, 100 supplement，1985：1073－81）。坦率地讲，对图洛克的见解还是可以深入讨论的。实际上，对一个人来说，他一生中总有那么一次博弈或选择是最后一次。此时他所面临的便是一次性囚徒困境了，即他可以不去遵守规则。但他此时靠欺骗所得的收益又有什么用呢？假定有用（如留给子女），他又如何知道哪一次是其最后的一次博弈呢？看来生命或未来的不确定性还是有一定意义的，否则就不会有今天以秩序或制度表现的文明了。

⑤制度创新，如果只是发生在个人或企业层次上，便同我在第 1 章中提到的熊彼特的五种创新中的最后一种——实行新的生产组织形式——无异。对制度创新倾注巨大热情的经济学家道格拉斯·诺思、兰斯·戴维斯、罗伯特·托马斯以及被誉为现代熊彼特的曼瑟·奥尔森等，从熊彼特手中接过了“创新”概念，运用它于制度分析中，硕果累累，很是值得我们挖掘、创新。

⑥参见兰斯·戴维斯、道格拉斯·诺思所著《制度变革和美国经济增长》英文版第 41～42页（LANCE DAVIS，DOUGLASS C. NORTH. Institutional Change and American

Economic Growth. Cambridge University Press，1971）。中文参见外国经济学说研究会．熊彼特以后创新理论的发展．国外经济学讲座（第3册）．北京：中国社会科学出版社，1981：29－30。本小节所讨论的制度创新模型主要取自这些文献。

⑦图6－1引自《国外经济学讲座》第3册第33页。

⑧关于历史地考察制度的起源，特别是其变迁的著作，除了本书常提到的诺思、汤因比等人的著作外，英国经济学家约翰·希克斯的《经济史理论》亦是一部重要的著作。他的分析从习俗入手，按时间顺序讨论了市场的兴起、城邦和殖民地、农业的商业化及工业革命等问题。他认为在市场兴起之前，存在的乃是一种“最早的非市场组织”。他要解答的是：一个非市场生产体制必然是什么？是习俗经济及指令经济，这便是答案。希克斯在描述经济史时所使用的理论工具，虽名称不同，但均与交易成本、财产权、成本收益等有关。比如说他把法律制度的出现解释为调解争端以使合同可靠的途径。约翰·希克斯．经济史理论．北京：商务印书馆，1987。关于市场的起源问题，龙建民先生所著《市场起源论》一书（昆明：云南人民出版社，1988）提供了大量的第一手资料，并较为真实地再现了“偶然的物物交换中的一个买主和一个卖主两人的聚会交换如何发展为无数买主与卖主的共同聚会交换即集市”（见该书第10页）的历史过程。

⑨参见罗伯特·阿克塞尔罗德所著《合作的进化》第17～18页。他认为囚徒困境的现实性在下述六个方面受到挑战：两人的损益可能不可比；它们也可能不对称；可能无法用一个纯粹尺度加以衡量；他们之间的合作对其他人而言可能并不理想；两人不一定是理性的；其行动可能不是自觉的。然而有趣的是，他还是应用了，至少是参考了囚徒困境模型。

⑩道格拉斯·诺思．制度、交易成本和经济增长．经济探索，1987（7）（DOUGLASS C. NORTH. Institutions，Transaction Costs and Economic Growth. Economic Inquiry，July 1987）。

⑪林毅夫就把制度变迁区分为两种：一是“诱发性制度变迁”；二是“强制性制度变迁”。前者是指由个人在自愿基础上组成的群体进行的制度变革以抓住潜在利益机会，后者是指政府法令引入的制度变迁。林毅夫．制度变迁理论：诱发性和强制性变迁．加图杂志，1989（JUSTIN YIFU LIN. An Economic Theory of Institutional Change. Cato Journal，1989）。

⑫在《集体行动的逻辑》一书中，曼瑟·奥尔森特别强调这一点（MANCUR OLSON. The Logic of Collective Action，Harvard University Press，1965）。他的这一思想

十分简练地反映在其《集体行动》一文中。此文是他为《新帕尔格雷夫·经济学词典》所撰写的条文，载约翰·伊特维尔尔等编《新帕尔格雷夫：看不见的手》英文版第61～69页（MANCUR OLSON. Collective Action. The New Palgrave: The Invisible Hand. Macmillan，1989）。人数少，同时带有某种奖惩性措施，被奥尔森认为是形成集体行动的两个重要条件。

⑬英国历史学家科林伍德便强烈地持有这种观点。他认为，一切历史都是思想史。历史就是一个对某种思想的历史进行研究的历史学家，在自己脑子中把这种思想重新加以组织的过程。其中富于想象力的理解是必不可少的。此观点是科林伍德所著《历史的观念》（北京：商务印书馆，1985）一书的核心思想之一。对此，亦可参见爱德华·霍莱特·卡尔．历史是什么．北京：商务印书馆，1981：18-21。

⑭在建立思路一时，卡尔·施安克的论述给了我很大启发。他的制度出现的简化模式为：初始条件→制度选择机会→挑选过程→制度选择的结果……除此之外，他把制度分为宏观和微观选择也颇有见地：产业层次和企业层次。参见卡尔·施安克所著《经济学的新制度分析》英文版第 26 页（KARL E. SCHENK. New Institutional Dimensions of Economics: Comparative Elaboration and Application. Springer-Verlag Berlin Heidelberg，1988）。

⑮卢梭．社会契约论．北京：商务印书馆，1982：22-23。在设想这种自然状态——这很类似于美国革命的理论家所想象的那种自然状态——时，我曾比较过好几种描述，其中包括笛福在《鲁滨逊漂流记》里所记述的背景。不过我最后还是选定了卢梭的设想，原因很简单，他的描述在不失生动性的同时又具有很强的思辨性，或许再加上他的名气。

⑯在此我们实际上便拥有了两种历史，一是所谓的真实客观的历史，二是逻辑想象的历史。从表面上看，两者间有天壤之别，但实际上，它们似乎又区别不大。这样说是因为历史史料是由人来记录的，故其中必定会掺入记录者的好恶，同时还因为人类活动太繁杂，故那些即使是客观的史实也是不完全的。也正是在这一意义上，卡尔·波普说历史没有意义。尽管如此，我以为区分两者还是有益的，至少它可澄清分析者的思考方式。此外，这也恰是我没有将卢梭的这类天才的逻辑想象与前一章中的几个历史事例并列的主要理由。波普的有关理论得自其《开放社会及其敌人》一书第二十五章“历史有意义吗?”（K. R. POPPER. Open Society and Its Enemies，1945）。中译文载于洪谦的《西方现代资产阶级哲学论著选辑》（北京：商务印书馆，1982）。

⑰“人生来是自由的，但无不在枷锁之中。”这句话所表明的正是人总在既定的制度下生活的意思。虽然从长期来看，制度总是在变化着，而且制度是人选择的，但对个人来讲，从其一出生开始，他就面对着种种制度的束缚。他对制度作进一步选择的可能性，业已由其所处于其中的既定制度在相当程度上决定了。

⑱在经济学中，“中性”的基本含义是指某种变化对个人或个量来讲是无甚影响的，而仅作用于总量或整体水平。比如，当人们说货币中性时，指的是货币量的大小仅影响整个价格水平而与个别产品价格无关。另外，有一点我并未将其考虑进去，即人们可能不愿看到他人的受益多于自己所得的好处。研究此种情况或现象的是所谓相对福利经济学。在第 8 章我将更为详尽地讨论此问题。在此，我想先承认帕累托增进式制度创新能为大众接受或是得到一致赞同，可能有助于目前的分析，尽管对其抱有怀疑态度是可贵的。再者，严格来讲还可能存在对全社会有害的“中性”制度创新，尽管它出现的概率很小。我不考虑它的原因亦在于此。

⑲在此我想特别说明的一点是，第一行动集团的成员的偏好，除了获得规模效益（在制度变革的运动中，个人的努力只有融入较大规模的集体行动中才是有效的）和比较利益之外，还有许多其他的形式，如对某种理想、信念或信仰等的追求亦会进入其效用函数。

⑳与商品经济发展合拍的各种制度，如商法、汇票、保险、商业道德（可被视为新出现的习惯或惯例）等，最初都起源于城市。与此有关的文献可参阅罗森堡及小伯泽尔所著《西方致富之路》（北京：三联书店，1989；N. ROSENBERG & L. E. BIRDZELL . How the West Grew Rich. Basic Books，1987）。

㉑这一点我们甚至从刘易斯·科塞的《社会冲突的功能》（LEWIS A. COSER. The Functions of Social Conflict，1964）一书的书名中便可得到证明。科塞引用了大量的强调冲突的论述，如“人们越是深入探讨，就会越清楚地看到冲突与合作是不可分割的……在形式上，社会进程是由在某种程度上与他人利益相冲突，同时在某种程度上与他人利益相一致的个人利益所驱动的连续过程。”刘易斯·科塞．社会冲突的功能．北京：华夏出版社，1989：4。更重要的是，作者还给出了关于冲突的社会功能的十六个命题，其中我感兴趣的有“与外部群体的冲突会增强内部的团聚力”（第 5 章）、“冲突使对抗者结合”（第 7 章）和“冲突创造了联合和联盟”（第 8 章）。从国家起源的理论中我们亦可发现冲突论的影子。

㉒后制度经济学家们都很看重制度的演进特征，但他们大多数却认为引起制度变迁的基本原因在于技术的变化或“技术的能动性”。尼尔就曾举例说，美国的求婚方式随

着汽车的普及而改变，并以此说明制度变化是对新技术的反应（参见瓦尔特·C. 尼尔的《制度》）。保罗·D. 布什对技术创新及技术进步所具有的累积效应和指数增长性质的分析都是正确的，但他的行文中似乎流露出技术变化过程具有强烈的自发性或能动性的意思。参见保罗·D. 布什的《制度变迁理论》。显然，仅把技术作为能动的外在变量加以处理并将制度当作人们为适应技术等外在条件变化而被动采取的措施是不够的。因为若果真如此，我们便无法解释为什么不同民族国家的技术发展水平参差不齐。在这一点上，我与后制度主义者的见解是有差异的，尽管我从他们的论述中获益匪浅。

㉓我一直想把企业理论纳入正规的制度分析之中。罗纳德·科斯是这样提出问题的："在一个有专业分工的交换经济中为什么会出现企业？"他的答案也很简单："建立企业之所以有利的最主要原因是：运用价格机制需要费用。"这里，企业是作为一种可以节约"市场成本"的价格机制替代物出现的。它的实质是将原来的市场关系内化于并制度化于企业，以减少交易成本。至于企业的规模则取决于企业内部的组织费用的追加同公开市场上交易成本的相等。在这一点上，企业再扩大就不如去进行市场交易了（参见科斯《企业的性质》一文）。如果将企业看作典型的制度的集合，那么从企业的起源与演进中便很自然地可以了解制度本身的起源与发展了，路易斯·普特曼曾将科斯的论述视为现代企业理论最早的、影响也最大的经典论文之一，这一评价可能恰如其分，但从时间上看，科斯在 1937 年关心的问题，凡勃伦早在 33 年前就已经注意到了。在《企业论》（北京：商务印书馆，1959）一书中，后者特别谈到了企业合并问题，并提出合并所节约的，在多数情况下是企业管理方面、竞争方面以及产品和劳务的销售方面的成本，而不是生产的主要成本。通过合并，可以去掉那些不必要的交易，那些独立商号无益于工业的规划设计。合并计划的发起人最显著的机会就在这里。由于企业的原则是财产的原则和金钱的原则，因此可以想象合并的规模依金钱的计算而定（THORSTEIN VEBLEN. The Theory of Business Enterprise，1904）。我提到凡勃伦，一方面是想从制度经济学的大师那里找到一些制度创新的论述，另一方面也打算借此机会恢复他在企业理论中应有的地位。路易斯·普特曼的观点，参见路易斯·普特曼的《企业的经济性质：概述》一文，载于他本人主编的《企业的经济性质》一书英文版第 1 页（LOUIS PUTTERMAN. The Economic Nature of the Firm. Combridge University Press，1986）。科斯的《企业的性质》一文亦收录其中。

第7章
制度的功能——比较研究

关于制度的功能，实际上我在前几章的讨论中已有相当多的涉及。制度之所以被人为地选择或创造出来，恰恰是由于它（们）具有满足人们——既可能是个人又可能是集团——的需要的功能。如果说前文更多地是考察人们对制度的选择的动因及过程，那么本章则力求去分析制度如何发挥作用，特别是不同的制度是如何发挥不同作用的逻辑过程。不言而喻，制度是人工制品，可它一旦被创立，便似乎具有某种不以（至少一部分）人的意志为转移的特点；换言之，制度好像会独立地对社会中的至少某一部分人施加影响；或依据“正”激励，或诉诸“负”惩罚。人是在既定制度下行为的。他的偏好及与此有关的目标、实现目标的手段均受到制度的左右。而效率水平亦由此而被决定。上述这一切，构成了本章的基本内容。不同制度安排导致各异的经济结果，顺理成章地在逻辑上要求使用比较分析方法。

§7.1 制度与经济结果：一个模型

在比较经济学文献中，有一个被广为引用的表述经济体制和经济结果之间关系的数学函数式。它最初是由佳林·库普曼和约翰·迈克尔·蒙泰斯于 1971 年给出的，并被其表述如下[①]：

$$O=J(E,S,P_S) \quad (1)$$

式中，O 表示结果；E 表示环境；S 和 P_S 分别指体制和政策。

该式用文字说就是，结果决定于环境、体制和政策，是三者的函数。具体说，结果可以由经济增长、效率、收入分配、稳定及发展目标等指标表示；它们既可是宏观的——对一国或总量而言，又可是微观的——对一个集团、个人或个量而言。环境主要是指自然资源、资本存量和技术、初始偏好、随机事件及人口数量与质量等内容。体制虽表述不同，但同本书所理解的制度相去不远。[②]至于政策，我看可以归入制度之内，因为它不过是由政府制定并实施的规则罢了。

由于此时我仅想突出地说明制度的作用，因此，假定环境不变——尽管它不可能不变并且常常和制度相互作用——有助于我要达到的目标，同时，这在逻辑上也是讲得通的。当式（1）中的体制由制度替代、政策被归入制度之内以后，我们便可以得到一个新的函数式（2），其中 *Inst.* 表示制度：

$$O=f(Inst.) \quad (2)$$

式（2）清晰地表达了我在第 1 章提出的那个假说：制度决定论，或者说制度是最终决定经济结果的因素。制度所具有的功能尽在式（2）中。

当然，制度本身，如果不经过它对生活于其中的人类行为的作用，是无法实现各种经济目标的。这里，经济结果与经济目标的区别仅在于，前者是已经实现了的东西，而后者更像是一种计划或愿望。从这个意义上讲，式（2）虽然明确地表达了制度与结果的对立关系——这是它的长处，但它却过于简单了，以至省略了两者之间的作用过程，掩盖了其间对应关系的间接性，即只有通过对人的目标和行为的影响，制度才能施展它的功能。由此看来，对式（2）的补充性说明就在情理之中了。其结果便是式（3）的产生：

$$O=f(B),\ B=f(inst.) \tag{3}$$

式中，B 表示人的行为，包括目标或偏好的形成，获取的必要信息，决策及实现决策的一系列行动。式（3）要表达的意思亦可以用图 7－1 表示。[③]

这里，需要对图 7－1 做些补充说明。“特定制度状态”是指制度在某一时点上的稳定形式。政府被单独列出来是出于下述考虑：一方面，由个人组成的政府的地位或作用是由既定制度所规定的，正如政府的政策（政府行为的体现）受宪法约束一样；另一方面，政府本身又是部分制度的制定者和监督维护者。在此，政府的双重身份暴露无遗了（关于这一点，我们不妨回忆一下前两章的有关论述）。此外，箭头所指方向表示影响或作用方向；虚线则指我在此不打算着重加以讨论的并在前一章已被分析过的关系。

总之，式（3）或图 7－1 言简意赅地勾勒出了制度的功能以及它发挥功能的行为媒介。政府所具有的独特身份在其中亦得到了体现。

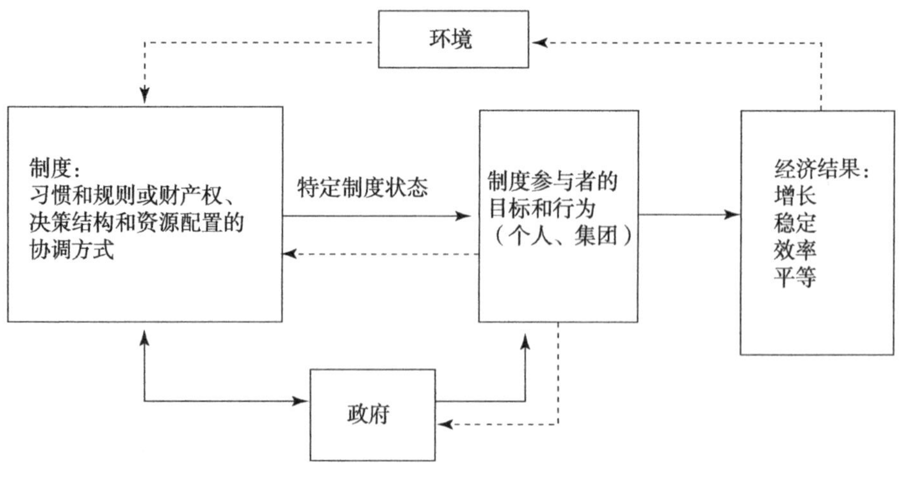

图 7－1　制度—行为—结果

§7.2　制度对人类选择及其结果的影响

由于制度本身不能创造任何经济结果而必须借助于对人的行为的作用，因此，对制度与人类行为关系的分析便成了打开制度功能与结果之间关系这个“黑箱”的钥匙。这里，我打算先用一些事例来说明制度对人类行为的影响。尽管习惯很重要，但出于叙述和讨论的方便，出于其重要性的不同，我在此更多地以规则为主要分析对象。

7.2.1　科斯定理

在一篇题为《社会成本问题》的长文中，罗纳德·科斯关注的是“那些对他人具有有害影响的厂商活动”。[④]一般认为，如果甲对乙造成了损害，那么就应该考虑如何约束或惩罚甲。但科斯却认为这种思路是错误的，因为为避免乙受损害而采取的措施或制定的规则可能会对甲造成更大的损害。此时，重要的问题就变成：我们根据什么原则允许甲对乙造成损害或允许乙对甲造成损害呢？科斯解决此问题的途径是考虑如何避免更严重的损害，或者说究竟哪种避免损害的方法更好。为了阐述观点，科斯举了一个牛群毁坏邻近地区农作物的例子。它说的是一位农夫和一位养牛人在相邻的两块土地上经营，并且假定两块土地之间没有藩篱。随着牛群的扩大，当它们吃掉或践踏了邻居的部分农作物时，我们该如何处理由此带来的争端呢？科斯由此展开的分析虽十分精彩，但却略显复杂。为方便起见，我在此使用米切尔·波林斯基更为简单明了的叙述。[⑤]我相信这将丝毫不会伤害其实质。

假设某工厂附近的 5 户居民因该工厂所排放的烟尘而使晾晒的衣服受到了损坏。在没有任何补偿措施的情况下，每户损失 75 美元，5 户共损失 375 美元。现在人们有两种途径消除烟尘；其一是花 150 美元为工厂的烟囱安装一个防烟尘罩；其二是每户花 50 美元各买一台电动烘干机，共 250 美元。

科斯在此提出的问题是：在居民享有空气清洁权或工厂享有污染权时，为了避免衣物的损失，法律判决的效益结果如何？居民享有空气清洁权意味着法律必须向着有利于居民的方向制定，而由工厂来解决污染源问题；工厂享有污染权则意味着法律规定污染造成的衣物损害应由居民们自己想办法解决。除了前面提到的两种消除衣物损失的途径（买烘干机和安装防烟尘罩）之外，为了平息受损者的抱怨，这里还有一个更为直截了当的办法，即由工厂直接补偿每户衣物的全部损失。

现在，我们先来看看居民享有空气清洁权时的情况，即由厂方负责解决污染问题。鉴于前面提到的三种解决方法——买防烟尘罩、买5台电动烘干机或为其造成的损害直接加以补偿——所耗费用不同，分别为150美元、250美元和375美元，作为经济人的厂商必定选择前者。如果工厂享有污染权，那么当5户居民作为经济人要自己负担降低损失的费用时，他们必然在三种方案面前——买防烟尘罩或各买一台电动烘干机或继续遭受损失——选择前者。总之，在交易成本为零的情况下，无论权利如何规定，厂方或是居民方都会选择最经济的办法：买防烟尘罩。结果，资源得到了最有效的配置。

然而，在实际经济生活中，上面叙述中所避开的交易成本却是普遍存在的。毋庸讳言，居民和工厂之间以及居民之间无论达成何种协议，都是要付出代价的。显而易见的交易成本为交通费和时间（可归入信息和讨价还价费用之中）。这其中还应包括时间的机会成本（因做此事而放弃获取其他收入所遭受的损失）在内。现在，假定每户居民为达成协议以消弭冲突所需的交易成本为60美元，5户共300美元。由于引入了交易成本，问题就变得微妙起来。如果居民在法律上享有空气清洁权，工厂所面临的选择仍是三种，故它还会去购买费用最低的防烟尘罩。此时资源配置还是最理想的。可是，一旦工厂拥有污染权，资源配置便达不到最优了，因为5户居民之间取得一致意见的交易成本要高于他们各自买一台电动烘干机的费用（前者为300美元，后者为250美元）。作为精于计算的经济人，他们选择后者，而不去为工厂购买并安装防烟尘罩便是顺理成章、天经地义的。然而从社会角度看，他们此时的选择则造成了浪费，或者说存在着潜在的制度利益。

在交易成本不为零并且相当大时出现的这种微妙的结局——权利的法律规定不同竟导致了资源配置的后果各异——恰好是我最为关注的。在整个过程中，谁都没有犯什么错误，都在以经济人的身份行事，他们也确实都实现了自身利益最大化的目标。个人收益与社会收益之差的出现，在此仅仅源于法律规定的不同。规则通过人的理性选择而对结果产生了决定性影响，由此可略见一斑。由此而激发起的想法是，制度的设立可能是一把双刃剑。它既可以减弱或消除外部性，也可以创造出新的外部性。

在了解了上面的铺垫性说明之后，表述科斯定理就容易多了。在交易成本为零或相当小的情况下，不管选择何种规则，只要财产权是明确界定的，都会出现有效配置资源的结果。这一陈述又被称作科斯第一定理。在存在着相当大的交易成本时，有效益的资源配置结果就不可能在每种规则中出现。而合理的规则是使交易成本影响最小化的规则。这又被称为科斯第二定理。显然后一定理更具有现实性。

虽然科斯定理像几乎所有的理论一样，也受到了某些批评，如交易成本确定的困难和达成协议过程中的搭便车问题[6]，但瑕不掩瑜。它用简洁的语言告诉了我们这样的事实：制度安排各异，人的行为或选择便不同，其结果也会随之相异。制度发挥功能的逻辑在科斯定理中显露无遗；也许更意味深长的是，从中我们体会到了对制度进行择优的价值。比较研究亦因此而具有目的性。这一切正是我在此阐释科斯定理的基本理由。

7.2.2　个人选择与制度安排

如果说科斯定理有什么不足，那就是它似乎突出了制度是通过经济人的决策或行为而与经济结果发生关系，而未给制度对处于不同制度环境中的个人选择施加什么样的影响予以理性计算。

我们知道，制度起源的基本缘由之一在于它在不同程度上削弱了外部性。我之所以要强调“在不同程度上”，是因为借此可以将个人置于外部性强弱不同的三种假想场合中，从而对个人选择进行考察。考虑到外部性的强弱取决于制度本身的性质或状态，故这种考察等价于对制度与个人的行为关系的分析。我在此要说明的三种场合为：一是外部性根本不存在，意即一切选择所引起的成本与收益均是针对个人选择而言的，而从不旁及他人；二是外部性存在但却有限，或者说个人选择与他所期望的以成本—收益表示的结果之间有着或密切或松散但却不对应的关系；三是外部性不仅存在，而且相当大，以至个人的选择行为除了在极为罕见的特殊情况下之外，与他所渴求得到的结局无关。换言之，个人的选择行动与他付出的成本或得到的收益完全不对称。

对上述三种场合的表述可能有点令人费解。为了扫清它们可能具有的模糊性，现在让我们将个人置于下述三种情况（制度状态）之中，并让个人在其中分别扮演三种不同的角色：类似于流落在某一荒岛上的鲁滨逊·克鲁索的个人；同处于公司之中的受雇经理或职员相差无几的个人；与在政治市场上进行投票的选民“同病相怜”的个人。[7]

众所周知，在“星期五”出现以前荒岛上的鲁滨逊式的个人是不需要也不可能创造出制度来的（因为制度的一个首要性质在于它是集体行动的结果）。我在此用鲁滨逊为例，旨在说明个人处在一种完全自主的、能够并且总是完全对自己的行动负责的境界，而并不认为鲁滨逊式的经历具有普遍性，也并不是要否认个人之间的交往。之所以会出现能够对自己选择的行动及结果负完全责任的状况，原因在于既定的制度安排完善且有效，特别是具有很强的消除外部性功能的排他性，财产权规则明确且被严格遵守。此时，个人的选择行为完全取决于他自己的偏好、对成本和收益的计算；其行为的结局又十足地是他自己选择的预期结果的对应物。在这个意义上，制度既可以说是为个人提供了一种强有力的激励——使个人充分享有自己努力的果实，又可以说遏制了某些人的“野心”——因为没有潜在的“超额”利益（超过自身所付代价的预期收益）。个人的选择和行动与结果之间的直接对应关系，尽管其中可能由于不确定性的存在而不完全相等，便是制度在假想场合一中所具有并发挥的功能。

在场合二中的个人选择行为可以用委托—代理理论来说明。其中，代理人作为其委托人的代理者进行选择。他们对选择负有完全的责任，但却用不着全部承担直接的选择后果。比如说有一个其资产是以股票构成的公司，它的经理只拥有该公司10%的股票，另外90%由不参与经营的股东持有。当公司亏损1元钱时，经理只是损失0.1元；当盈余1元钱时，经理也只能分享其中的0.1元。这里，股息平均分配、风险共同承担的规则恐怕会打击经理的积极性：他为什么要如此卖力地去为别人做嫁衣呢？[8]在一个存在外部性的世界中，这似乎是每一个总在寻找搭便车机会的人都会认真思考的问题，除非他的偏好在这一点上与众不同，即他以创造条件让别人搭便车为荣并因此感到满足。对那些不拥有股票的雇员而言，情况可能更是这样，尽管他们的利益在相当程度上与企业的命运不无关系。[9]

下面让我们看看在集体投票决定时每个投票者的行为。假设对要被表决的议案或人物（它们均可被理解为规则或规则的化身）的取舍由简单的绝对多数原则来确定，并且参加投票的人相当多。此时，一个显而易见的事实是，每个人都会清楚地意识到他的那一票是无足轻重的，除非小概率事件发生，意即对两种（或两种以上）选择对象的投票十分接近以至一票定乾坤。在这种情况即场合三下，个人的选择与结果之间几乎可以说没有什么联系。如果把货币看作消费者对商品进行选择时所投的票，即所谓“货币选票”，那么，政治市场和经济中的商品市场便貌离神合了。个人投票与选举结果无关，十分类似于个别消费者的购买行为不会影响某种商品的市场价格的情况。两者的区别仅在于，政治表决一般一人一票，而经济“表决”则不一定如此，贫富不均便是不言自明的一个原因[10]；另外，人们可以拒绝投票，但不能停止消费。想想看，当你无论尽多大努力都无力影响结果时（典型的个人成本不等于社会成本），你又会怎样去行动呢？有些人可能仍然执着追求，而另一些人则很可能采取一种不负责任的、非深思熟虑的态度行动。如果说在场合二中个人的动力还依外部性的强弱而不等，那么在场合三中，由于缺乏偏好表达与结果选择之间的直接联系，任何想了解关于不同选择方案的性质的动力和激励都会化为乌有，因而投票者会倾向于采取轻浮安排的举动。[11]其结果自然是不难想象了。这种选择结果与偏好的脱节，恰是我在第 3 章提到的“酸葡萄现象”的翻版。

在上述诸场合中，尽管个人都不失为一般意义上的经济人，但其偏好、计算及决定却明显地因规则，准确地说是因规则将人所置于的位置或赋予人的身份的不同而有所区别，并且最终会“殃及池鱼”。制度所具有的、并通过它所提供的激励来影响人类的选择行为的功能再一次显露出来。更有意义的是，个人常常是身兼“三职”或扮演三种角色的。而从效率标准来看，其各自的结果往往相差很大。

7.2.3　公费医疗与道德风险：一个事例

20 世纪 90 年代初，我曾亲眼目睹某些人为了得到几个瓶子盛油或做番茄酱用，而专门到医院开出多瓶葡萄糖药液并随即倒掉的事例。从道义上讲，我们无疑要对这些人的此类行为进行谴责。但同时更应该看到，在这件事情的背后，恐怕还隐藏着更为深刻的制度原因。在此，稍微剖析一下当时的公费医疗制度我想是很有意义的。

当时的公费医疗大概至少包括下述几条主要的制度规定：第一，在国营企业和国家机关等事业单位中的工人和职员，其医疗费用均由所在单位承担；第二，各医院的医疗和医药收入的相当部分直接来自各国营企事业单位；第三，医院的权益与药价的高低呈某种正比关系，而且医生的额外收益与医院的收益正相关。在这种背景下，“病人”的某些行为就变得容易理解了。当付出的努力（在此仅表现为去看医生，并且当时间价值很低的时候，其机会损失甚至可以忽略不计）很小但收益相对较大的时候，个别“病人”何乐而不为呢！从医生的角度看，多开出些药对他来说付出的附加成本几乎等于零，而可能得到的收益却相对很大（因为其奖金和医院的总收益挂钩）。如果仅从经济人的立场看，医生不受限制地或不计成本地为“病人”开药，似乎亦在情理之中。一旦我们把公费医疗看作一种由国家或国营企事业单位为个人提供的医疗保险，并且个人“投保”后就可不受限制地要求得到尽可能多的医疗保健服务，那么少数“病人”的浪费行为就是一种典型的“道德风险”（moral hazard）。这里，所谓“道德风险”指的是一个人在参加了保险之后产生了麻痹或依赖（占便宜）的心理。结果，保险反而降低了他防止风险的努力程度。[12]

我在此打算突出强调的一个见解是：部分人的道德风险行为固然可恨可耻，并且通过意识形态等说服性工作可能使类似的行为减少，但我们应把注意力更多地集中在制度本身和它对人的激励或约束上。换言之，我们自然应该抨击并谴责出现于医疗领域内的道德风险行为，但更应看到这些现象很可能是现行医疗制度的必然结果之一。制度安排的不合理将个人的理性行为引入“歧途”。而制度变革的意义也正是由此而得到彰明：社会性潜在制度利益的存在表现为制度的供给不足使制度创新成为可能以至必然。

我在此列举的仅是众多例子中的一个。其他的在双轨价格制度下的寻租行为，在既定低价政策下“屡教不改”的浪费粮食现象等，不一而足。[13]它们说明的一个共同的问题是，规则不合理会导致经济人理性地从事“不合理行为”。这句话反过来讲也是一样的，即规则的合理安排设置则会促成人们的合理行为，或者说，相对合理的制度引导人们更加合理地行动。新中国在 20 世纪 50 年代前半期和 70 年代末至 90 年代初的经济体制改革的巨大成就（至少其大部分），证明的恰恰是这一结论。这里所说的“合理”，不仅是相对于经济人的选择而言的，而且是相对于社会资源配置效率结果而言的。

§7.3 从两个经济体制模型看制度的功能

第 7.2 节我旨在从一般意义上或内涵的意义上说明制度对人类行为施加

影响的过程及方式。现在我则打算从制度的外延方面，即经济体制的角度来考察，准确地说是论证制度的功能。本杰明·沃德的“伊利里亚”模型和所谓“棘轮”模型将构成本节的核心内容。需要先说明的一点是，我对沃德模型的描述是按在第2章中提到的“七要素法”进行的。考虑到我关心的重点在于制度的功能，故对此模型的检验将由本章的附录给出。

7.3.1 沃德的伊利里亚模型

自从南斯拉夫在20世纪50年代初与苏联型经济分道扬镳后，出于种种原因，它自己摸索出了一条使国民经济得以运转的新途径，即所谓工人自治式的经济。由于该经济在组织经济活动上颇具特色——既迥异于传统的苏联型经济，又有别于西方国家中的自由企业经济，因而它引起了人们的普遍关注，并促使和吸引了一小批经济学家把注意力转到了对南斯拉夫所创新的新模式上来，并用新古典的方法对该模式加以描述、分析和比较。这一历史时代现象的精神产物，便是美国经济学家本杰明·沃德教授的研究。他提出了在比较经济体制领域内著名的、影响深远的所谓“伊利里亚”模型（以下简称沃德模型或伊模型）。它所描述的企业被称为“伊企业”。[14]

沃德同绝大多数经济学家一样，将人看成是理性的经济人并以此作为推理基础。除此之外，沃德在描述其模型时不仅给出了一些工作假说，如他将其模型置于完全竞争的环境中，即个别企业的生产经营活动不影响价格，信息是充分的，企业能够自由进出等，而且他还将其模型严格地构筑于短期分析的基础之上。也就是说，在短期内，企业只有唯一一种可变的投入要素（劳动）和一种产出。产出的变化只能通过雇用人数的增减而出现。同时劳动时间的多寡由国家统一规定，劳动力之间无差别，亦即劳动力是同质的。

伊模型的概念支柱有三个，即“工人经理”“分享收入”和“国家租金”。下面让我们分别展开讨论。

工人经理

其核心思想在于，企业的一切生产经营活动或决策取决于在该企业工作的每一位工人。用雅·范尼克的话来说，就是“全体工人都参加管理，而且是以平等为基础的，就是说以一人一票为原则”[15]。由于每个工人都是经济人，都受到使其自身物质利益达到最大化的激励，再考虑到其在企业中的平等的一人一票的地位，那么使人均收入最大化的假定在此也就找到了其合理的现实基础了。另外，这种管理还以最有效的方式运行，即由工人普选的方式从自己的成员中选出一个工人委员会，其作用类似公司董事会。然后再由它去任命经理。工人委员会的任务主要有两项：保证使工人们所选经理的任意行动的损害最小以及在市场上明智地采取行动以保障工人收入最大。由于经理本身就是工人中的一分子，同时还受到工人委员会的监督，再加上每位工人都是潜在的经理，都参加管理，因此，工人在沃德模型中就是经理。经理是会努力工作以使人均收入达到最大化的，因为他自己又是工人。应该说，“工人经理”这一概念最为集中地体现出了该模型的特征：它表明了决策权集中于企业层次，并暗示了财产权的公有性质（至少是集体所有）及企业之间通过市场而形成的关系。

分享收入

应该说在前面的论述中我们实际上已涉及此概念，但由于它在沃德模型中的地位如此重要，以至我们极有必要对其加以单独讨论。可以这样说，分享收入概念是由“工人经理”概念引申而来的。工人经理在偿付或扣除了经营中必须支出的成本后，便开始分享企业的收入。原则上讲，这种收入平均分享的数额大小取决于企业的利润，并通过民主程序决定多少用于支付给工人，多少用于积累。在这里，工人的收入由两部分组成：合同工资和企业利润。在账面上，合同工资由国家统一规定。由于沃德假定劳动力同质，故每位工人的工资相等。[16]至于企业利润，则按一人一票原则在工人间均分。考虑到在实际中没有必要去区分合同工资和企业利润，因此，企业工人分得的对象便是总收入中扣除了物质消耗和税收之后的余额。分享收入概念在此有着特定的意义，即企业中每位工人得到平均或相等的一份收入。为了使企业职工的收入最大化，企业所追求的目标，在此就由企业利润最大化或是其收入取决于上缴利润多寡的奖金最大化，转变为人均收入最大化了。从某种程度来看，分享收入概念既体现出了伊利里亚模型的特征，同时它本身又是其人均收入最大化假定的更进一步的诠释。人均收入最大化至此便成了伊企业所奉若神明的核心规则。

国家租金

沃德在其1958年的开拓性论文中，把国家看成是伊企业财产（生产资料）的真正所有者。但国家并不直接管理企业，而是将生产资料以类似租赁的方式交给工人们使用，并以资本利息或国家租金的形式收取一定百分比的企业收入。沃德假定这是伊企业缴纳的唯一税赋。我们把国家租金概念单列出来的目的，在于它在相当意义上暗示出了两件我们特别关心的事情：其一，它原则上为国家在经济中的位置做出了规定，或限定了国家对经济进行干预的范围[17]；其二，它暗示了沃德模型中的所有制结构。

对于沃德模型所揭示的企业行为的讨论，我打算双管齐下，也就是说，既按沃德的方式进行讨论，同时又从经济体制理论——所有制、决策结构和资源配置的协调方式——的角度加以分析。

按照标准的西方新古典均衡分析方法，沃德使用数学语言构筑起了其十分简单化的伊利里亚微观经济学数学模型：

$$Y=f(X) \tag{4}$$

$$U=PY/X \tag{5}$$

$$K=W+R/X \tag{6}$$

式中，Y 为产出量；X 为投入的劳动力，即人数；U 为工人的平均收益；P 为价格；K 为人均成本；W 和 R 分别表示合同工资率和国家租金率。[18]式(4)表明产出仅取决于劳动力投入的多寡。换言之，沃德进行的是短期分析。

伊企业的目标是要分享收入并使之最大化。换言之，它意味着使人均收益与人均成本之差达到最大，也就是使式（5）与式（6）之差最大，即：

$$\mathrm{Max}(U-K)=\mathrm{Max}[PY/X-(W+R/X)] \quad (7)$$

为了使人均收入最大，伊企业受到两方面的诱惑或吸引。其一是尽可能少地雇用工人，从而使参与分享收入的基数减少以利于提高每个人的可得份额；其二是扩大就业人数以期使人均负担成本（工资加国家租金，即 $W+R/X$）最低。但是我们必须看到，伊企业所受到的这两类激励是相互对立的。一味追加工人，虽然使人均负担成本大大降低，但参与分享收入的人却同时增加，这样，人均收入反而可能会下降，其结果显然不符合伊企业的人均收入最大化的目标。另外，虽然人均毛利润（即 PY/X）的多寡从形式上看随着雇用人数 X 的减少而上升，但产出量 Y 本身同时又是投入的劳动力 X 的函数（价格 P 的决定独立于企业决策）。削减工人超过了一定的界线，不仅会影响产出量，而且会因人均负担的成本增长而使人均收入最大化目标受到损害。因此，伊企业必须在寻求恰当的“度”上下功夫，以期在这一点上使得人均收入最大化。这一点用文字可以表述如下：使人均边际成本等于人均边际收益。换言之，伊企业雇用多少人的决策，取决于它所追加雇用的或开除的最后一位工人所创造的产值（他所创造的产出量乘以价格）和他所负担的成本。如果其边际收益大于其边际成本，那么多雇用这位工人对伊企业的目标是合算的，因为他的加入会提高全企业的人均收入，反之就不合算，即应该开除他。到底该雇用多少工人的这个“度”，则决定于最后雇用的这位工人所创造的产值正好等于其所负担的成本。此时，少雇用一人或多雇用一人均会损害人均收入最大化的目标。把握住这个“度”，均衡也就随之实现了。就业人数由此便确定下来。这一点在数学上很容易被证明。[19]

影响人均收入最大化均衡并独立于伊企业的变量一般有两个，即价格波动和国家租金的变化。对此，沃德是分别加以讨论的。假定国家出于某种目的（如要影响资源配置），提高了某企业或行业的租金率，这样，已经在原有条件下实现均衡的伊企业，就不得不在新的条件下通过变动工人人数以寻求新的均衡。

租金率 R 的提高意味着人均负担成本的上升，即 R/X 的提高。相对于原有的均衡就业量（人均边际收益等于人均边际成本）而言，此时削减工人虽然会在一定程度上增加人均收益，但这种增加远不足以抵消人均成本上升的幅度。出现这种情况是因为已经上涨了的人均成本会由于减少工人而更加迅猛地和剧烈地上升。[20]因此，在这一新的条件下，伊企业增雇工人以分担上升的成本，准确地说是在新的条件下多雇用工人直到其边际收益等于边际成本，对实现人均收入最大化目标来说是最优选择。

当市场上出现了对某伊企业产品需求的增加而导致该产品的价格上升时，原有的均衡同样被打破了。相对于原有的均衡就业量而言，此时增加产出必然要多雇用工人，但这却意味着有一部分新工人要参与分享收入；如果减产，即裁减工人，虽然会使人均分摊的成本（$W+R/X$）增大，但其增加幅度却会小于在价格上涨时因减少工人而带来的人均毛收入的增加幅度。之所以会如此，是由于价格的上涨已使得人均毛收入增加，这种增加会随着参与分享的工人减少而进一步提高。[21]故对伊企业来说，在价格上升时少雇用工人符合其使人均收入最大化的目标。当然，此时削减工人的数量是有限度的，也就是说它必须满足人均收入最大化的条件：工人人均边际收益等于边际成本。

由此，沃德推导出了伊企业的最奇特、最有趣，同时也是其模式最发人深省的两个定理：竞争性的伊企业的固定成本的变化，将导致产量按同一方向发生变化；而价格的变化将导致产量按相反的方向发生变化。概言之，伊企业具有一条负斜率的供给曲线。显而易见，伊企业的目标，特别是其行为，同资本主义企业的目标和行为（利润最大化和正斜率的供给曲线）可以说是背道而驰的。这一结论，也是我最为关心的，因为它同资源配置效率唇齿相关。当考虑到此类企业可能同别种模式下的企业并存于同一经济中时，它尤显重要。

对伊企业的行为模式，我们还可以从另外一个角度加以描述，即从经济体制的角度描绘。就所有制结构来看，沃德模型所蕴含的和南斯拉夫 20 世纪 50—70 年代推行的工人自治企业较为接近：生产资料归整个社会所有（社会所有制），但同时又由在特定企业内工作的工人独立使用。由于工人对生产资料拥有相当广泛的使用权，故从所有制结构来看它又与我们通常理解的集体所有制或合作社（如果真是一人一票）类似。这一点又特别通过工人对使用生产资料所获收入的支配权体现出来。[22]从决策结构来看，决策权高度分散于各伊企业手中，这一点可由"工人经理"得到最形象的说明。沃德的完全竞争的工作假说所要求和表白的，也还是这一点。显而易见，伊企业经理的决策权源于该企业工人的授予或任命。当然，在这一过程中完全可能存在激烈的竞争。每位工人所拥有的任命经理权或被任命权，则来源于社会所有制以及他自身的"资本"或"财产"，如技能、知识、组织能力等。与上述两点相对应，沃德模型不可能是通过中央计划来配置稀缺资源的，而只能通过市场。应当承认，该模型所导致的企业的奇特行为将会对此条件下的市场配置效率产生某种不利影响。

沃德模型要达到的目标之一，在其建立者看来是对南斯拉夫的经济体制进行形式化的概括描述。从表面来看，他确实做到了这一点。原则上讲，实证经济学奉行"述而不作"的准则，即只说是什么而不加评论和判断。但是我们还应看到，沃德在行文中始终拿伊企业同资本主义企业进行比较，并将前者作为证明后者更为合理的一个参照物。因此我们从中或许还是能品尝出一些他的"述而不作"中的价值味道。

一旦我们把目光停留在南斯拉夫为什么要采用（类似）由沃德模型所概述的体制时，我们便真正开始触及"问题"和"价值观念"。南斯拉夫的改革脱胎于苏联型经济。除了政治上的原因之外，仅从经济上讲这是由于南斯拉夫的统治组织及广大参与者认识到了苏联型经济的低效率以及普遍存在的所谓异化等。他们解决这些问题的手段，就是走被称为工人自治的道路，让工人普遍地参加管理。他们认为这必将极大地调动工人们的积极性和创造精神。[23]其结果不仅会大大提高效率，而且有助于彻底消除残存的异化现象，即人在某种程度上成了自己创造物的奴隶。在资本主义社会中，劳动者创造的财富（如机器设备）反过来又成了被资本家借以剥削或束缚工人的手段。这种异化现象对人的发展被认为是不可取的，是一种灾难。范尼克对此写道，决策的民主化消除了劳资双方的对立，结果“罢工和其他各种公开的经济战对社会和各个企业造成的耗费消失了；敌意、愤怒和仇恨等道德上和精神上的负担也减轻了”[24]。这样看来，沃德模型所描述的经济体制的创建，既是一种迎接挑战的手段，同时又满足了创建者的价值要求。

7.3.2 棘轮模型

同几乎普遍得到认可的经济人假定相吻合，经济学家们认为在所谓传统苏联型经济中，企业经理们把报酬——被假定为其经济利益的唯一体现——看作动力的源泉，并不自觉地将报酬的最大化视为最根本的目标。考虑到苏联型经济的诸特点，尤其是中央计划当局事无巨细的“关怀”和带有强制色彩的指令计划，假定经理的报酬中基本工资是一个常数且唯一的可变量奖金是合理的。在此意义上，报酬最大化的目标就可以由奖金最大化来替代了。

当然，仅仅注意到上述的最大化假定是不够的。在讨论苏联型经济时另一些补充性说明亦必不可少。我们知道，传统苏联经济的集中决策和依靠计划来配置资源，再加上其生产资料所有权的性质，构成了该体制的基本背景特征。中央控制经济生活的基本途径为指令性计划指标。作为计划的执行者（即经理），其奖金多少则完全取决于指标的完成情况。经理在此是承上启下的人物，意即他一方面从主管当局接受指令计划，另一方面又能够完全依靠自己的决策承担起生产责任。工人们的行为在这里可以不必考虑，或干脆说工人们的行为绝对地依经理的态度而定。毋庸置疑，上述这些是奖金最大化模型中隐含的或工具性的假定。

或许是由于中央计划当局掌握的信息不够充分，或许是由于中央计划当局企望尽早实现某项数量指标，这些人总会想到借调整规则来达到目的。其具体做法不外乎调整计划指标以及其他常数。他们这样做的理由有以下几点：其一，借调整以修订原来不科学的指令性计划指标；其二，指望激发起经理们更进一步的努力或挖掘其潜力；其三，可能出于收入均等化的目标而去削平个别经理的高额奖金；等等。为了分析的方便，让我们仅考虑一下两时期的模型[25]：

$R_t = W$　如果 $q_t < Q_t$　(8)

$R_t = W + B + K_t \ (q_t - Q_t)$　如果 $q_t \geqslant Q_t$　(9)

$t = 0, 1$　(10)

式中，R_t为经理在时间 t 期内获得的报酬总和；W 为固定工资；B 为因完成计划指标 Q_t 而一次性给付的奖金；K_t为经理在 t 期内所得的超额完成指标的份额；q_t为经理在时期 t 内的实际产出量。显而易见，经理完不成计划指标则得不到任何奖金。

出于前面提到的种种理由，我们可以推断出中央计划当局在 0 期（即基期）过后调整的只是计划指标（这同时意味着 K_t变为常数 K）。这种调整可用公式表示为：

$Q_1 = q_0 \ (1 + d)$，$0 < d < 1$　(11)

其中 d 被假定为计划者给定的常数。式（11）的含义是，1 期的计划指标取决于经理们在 0 期的努力程度，即 q_0的大小。考虑到经理的奖金同其计划完成情况密不可分，故 d 在此扮演了一个经理努力程度调节者的角色，即经理使奖金最大化的行为受到 d 的掣肘。这就是我们常听到的所谓传统苏联型经济中的棘轮原理（ratchet principle）。它同式（8）～（10）所展示的"米考伯原则"——如果完不成计划指标（即当 $q_t < Q_t$ 时）则除工资外一无所得——一起，共同构成了传统苏联型经济的两个基本规则。[26]为了使报酬达到最大化，经理在动态环境中不得不同时考虑在每一时期的努力水平或程度，以使两期的报酬之和达到最大。在此，我们分析的是中央计划指标

在两期内均落在经理的生产可能范围之内的情况，即只要经理努力，任务就会被完成。

当经理竭尽全力工作时，其最大产出可能为$\overline{q}_t$。我们用 $q_t/\overline{q}_t$ 表示经理工作的效率水平，并以 E_t表示。显然 $0\leqslant E_t\leqslant 1$，且效率越高或经理越是努力工作，$E_t$越是接近 1。这样，摆在经理面前的抉择便是将以何种效率水平或努力程度（E_t）去工作才能使其两期内的报酬最大化。显而易见，此问题还可以进一步简单化，即仅考虑在 0 期的工作效率水平，因为在 1 期为了使报酬最大，经理只有唯一的选择：最努力地工作，即使 $E_t=1$。

不难发现，在由式（8）～（11）表示的激励模型内，经理只有四种选择方案，它们分别为：

甲方案，在 0 期无所作为，即 $q_0=0$，$E_0=0$。这种选择的结果将使 1 期的计划指标达到最低的水平，此时 $Q_1=q_0(1+d)=0$。随后，经理通过在 1 期最有效地工作（$E_1=1$），以使得 1 期的收入可轻而易举地实现最大化。在 0 期，无所事事的经理得到的仅是基本工资 W。

乙方案，在 0 期恰好完成计划指标（$Q_0=q_0$），此时经理得到的报酬为 $W+B$，其效率水平或努力程度 E_0大于 0 并小于 1（因为 $q_0<\overline{q}_0$）。

丙方案，在 0 期经理努力工作，从而使产出略高于计划指标但又并非是最有效地工作，即让 $Q_0<q_0<\overline{q}_0$，同时 $0<E_0<1$［注意，丙方案的 E_0要大于乙方案的 E_0］。此时经理的收入为 $R_0=W+B+K(q_0-Q_0)$。

丁方案，在 0 期最有效、最努力地工作，即经理让 $q_0=\overline{q}_0$，$E_0=1$。此时经理的报酬为 $R_0=W+B+K(\overline{q}_0-Q_0)$。

经理在面对上述四种方案时究竟会选择哪一种呢？从中央计划当局的角度以及从一般的效率原则出发，则丁方案最为理想。因为经理在 0 期和 1 期均竭尽全力地工作了，从而使得一切潜在的资源得到了有效配置。然而，多少有点不幸的是，我们的这位经理总是更关心自己的利益。他要在既定的指标规则下使其奖金总和达到最大。在此棘轮模型中，经理为做到这一点总是非常令人遗憾地不选择丁方案。出现这种情况的直观理由在于，虽然经理在 0 期最有效地工作并能使其 0 期的报酬达到最大，但这同时也意味着在 1 期他将面临更高的计划指标，而下期的高计划指标又直接对其奖金施加不利的影响。“棘轮”的功效在这里就得到了充分的显现。

为了更精确地阐明这一点，让我们在此进行一下简单的数学推导。我想，它将会让人们更加心悦诚服地接受这一推论：经理会理性地从事有损效率原则的活动。

从式（8）～（11）中我们可以知道，丁方案使经理得到的两期总报酬为：

$$
\begin{aligned}
(\text{丁})R_{0,1} &= R_0 + R_1 \qquad (12)\\
&= W + B + K(\bar{q}_0 - Q_0) + W + B + K(\bar{q}_1 - Q_1)\\
&= 2W + 2B + K(\bar{q}_0 - Q_0) + K[\bar{q}_1 - \bar{q}_0(1+d)]\\
&= 2W + 2B + K\bar{q}_1 - KQ_0 - Kd\bar{q}_0
\end{aligned}
$$

而丙方案则使经理在两期内所得总报酬为：

$$
\begin{aligned}
(\text{丙})R_{0,1} &= R_0 + R_1 \qquad (13)\\
&= W + B + K(q_0 - Q_0) + W + B + K(\bar{q}_1 - Q_1)\\
&= 2W + 2B + K(q_0 - Q_0) + K[\bar{q}_1 - q_0(1+d)]\\
&= 2W + 2B + K\bar{q}_1 - KQ_0 - Kdq_0
\end{aligned}
$$

现在比较一下丁方案和丙方案所带来的总报酬的大小：

$$(\text{丁})R_{0,1} - (\text{丙})R_{0,1} = Kq_0d - K\bar{q}_0d \qquad (14)$$

由于 $\bar{q}_0 > q_0$，故

$$(\text{丙})R_{0,1} > (\text{丁})R_{0,1} \qquad (15)$$

上面简单的数学推导所证明的是，对经理来说，他更愿意采用丙方案而非丁方案。[27]对其更为形象的说法是，转动着的经济效率之车轮，受到了使之得以转动的机械构造的阻滞。

分析至此，我们就能够得出结论说，由棘轮原则以及米考伯原则组成

的传统苏联型经济的动态（两期）激励模型，是无法引导经理们以最有效的方式去创造财富的，特别是在确定的条件下，即 d 和 K_t 为常数。不过在这里人们很可能会追问，如果 d 和 K_t 不确定或者有弹性，情况又将怎样呢？原则上讲，此时上述结论仍然适用。当 $K_1 \neq K_0$ 或 K_t 不是常数时，只要 K_t 不够小（接近于 0），棘轮仍会发挥作用。而只有当 K_1 相对于 K_0 足够小时（接近于 0），经理们才会在 0 期最有效地工作（反之亦然）。但此时经理们也就很可能在 1 期得过且过了。

至于三期时的情况，则要复杂得多。虽然这时经理的可能选择要多达二十多种，但是模型本身却依然基本保持原样。所不同的仅是由原来的 $t=0$，1变为现在的 $t=0$，1，2 罢了。

每一个模型的出现或明或暗地均针对某些特定的经济问题。从此模型所蕴含的两项最根本的原则——米考伯原则和棘轮原则——来看，它要解决的核心问题无疑是力求使整个国民经济稳定、合乎比例地发展。企图通过奖金来约束和激励企业经理以使实际生产与计划指令的偏离幅度尽可能地小，从而实现令计划者心满意足的发展和增长，可以说构成了该模型的基本目标。另外，尽管棘轮原则没有能够诱导经理最有效地努力工作，但仅就模型本身而言，它还是可以以这样的棘轮效率损失为代价来实现其基本目标的。比如说，中央计划者是可以借助对 d、B 和 Q_t 的大小的确定而将效率损失限制在一定范围之内的。当然，这是有条件的，即奖金 B 相对于系数 K 而言相当大，从而使经理不去选择最“糟糕”的甲方案。[28]

7.3.3　一些补充说明及小结

坦率地讲，新古典理论中的完全竞争厂商模型问题不少，例如其过于苛刻的假定，高度简化的因果关系，等等。这只是它所受到的攻击的一部分。对它更为猛烈的批评是，新古典厂商理论关心的只是处于单一制度安排背景下的企业活动；或者说，它考察的仅为资本主义企业，而对其他企业一概不闻不问。沃德的工作的意义也恰恰在于，他用新古典方法讨论了另一种制度安排中的企业行为，并对两者各自引起的资源配置效果进行了比较，从而填补了新古典微观理论的一个空白，至少是丰富了正统经济理论本身。不同的制度安排，或者说某种奇特的制度安排，会引发独特的行为及结果，在我看来，这也最能反映出制度所具有的功能。这便是我关注伊企业的基本理由，尽管此模型本身所使用的分析工具不是尽善尽美。

无论在什么样的制度安排背景下，人总是理性的经济人。而且就个人来讲，他们总在特定约束条件下力求使自身的利益最大化。当约束条件所提供的激励是使企业决策者尽全力去寻求企业的人均收益最大时，那些共同的该企业的“主人们”便会因实现了这一目标而个个心满意足。然而从社会角度看，资源配置的结果却不那么理想，这至少表现在伊企业没有依价格所反映出的稀缺或过剩信号来调整产量以更好地满足消费需求。相反，自由市场体制下的企业则会（仅就数学模型而言）有效地做到这一点。尽管“量”的大小难以准确估算出，但至少在“性质”上我们不难发现这两种制度安排孰优孰劣。在此，我们还没有考虑在一个财产权界定不清或平均分配的企业中极可能会出现的“搭便车”现象（这十分类似我们已司空见惯的所谓“大锅饭”弊端），除非伊企业还有进一步的规则或习惯足以成功地消除外部性，如成功地运用意识形态及劝说以形成某种大家心领神会的积极劳动的习惯，或借助企业内的“社会肯定”或“社会否定”来鼓励人们努力工作，或约束个人的偷懒行为。一言以蔽之，伊企业的最大化行为与社会的资源有效配置就模型本身来讲，是相脱节的。换句话说，伊企业中的个人最大福利与社会的整体福利不相吻合；沃德模型所描绘的企业制度的设计者们在试图充分利用制度的功能的同时，又事与愿违地促成了新的外部性。原因其实十分简单：伊企业所处的经济体制促成了人们追求人均收入最大化的行为。这种特殊的制度安排恰是导致奇特的、有时又是令人费解的企业行为的“元凶”。

棘轮模型的结论无非是说，当规则规定下一期的产出指标要依这一期的实际产出而定并且企业经理的收入取决于两期的计划完成情况时，企业经理绝对不会竭尽全力地去工作以使资源得到最有效的配置或利用，尽管做到这一点是完全可能的。这里，我实际上运用的还是比较方法，只不过被加以比较的是同一模型中的四种可能选择方案的结果罢了。实际的或最可能的均衡点恰好不是最佳的均衡解（丁方案）。

同理，我们亦不能去责怪经理的“错误”或“失职”，或“玩忽职守”，因为他在既定的规则下使自身的利益达到最大本无可厚非。导致其貌似不合理行为的罪魁祸首，恐怕还是规则本身。当然，规则的制定者通过调整各个参数还是能够使经理的“错误”局限于某一可接受的范围内。不过仅就棘轮模型而言，彻底消除“错误”则纯属幻想。由于经理本身是由中央计划当局任命的——这意味着不存在企业家市场，经理面对的压力或激励就大大地简化了：有限地完成计划以使收入最大。如果升迁被引入其目标函数并且升迁取决于他完成计划的实绩，那么经理便受到了另一种强激励：尽可能压低计划指标以便轻松地完成。结果，经理与中央计划当局之间就计划指标高低的讨价还价现象，企业千方百计地隐瞒生产能力等不良行为，便俯拾皆是了。[29]

这里需补充几点。首先，通过理论分析与比较来说明某种制度安排的不良后果，仅仅是以效率指标表示的。在现实中，人们在考虑制度安排时，往往还会考虑诸如公平等问题。从这个意义上讲，“好的”制度安排表现为它能够通过作用于人的行为来实现一组目标。其次，完美无缺的制度安排可能并不存在，即使“存在”，正如寻找最尖的针来缝衣服虽最省力但成本相当高一样，其创建及维持成本可能无穷大。因此，通过对制度的比较分析，我们只要能找到具有相对优势的制度就可以了。最后，我想特别强调一下，本章所使用的两个数学模型都不是无懈可击的。不过其与生俱来的不足之处并不妨碍我们在承认其前提的情况下使之为我们所用：从模型的一般意义上讲，至少我们可以定量和定性地推导出或论证不同的制度安排通过对人的影响而引出不同结果这一结论。

制度决定论或决定于制度安排的经济增长及经济发展的理论基石，正是制度所具有的功能。

§7.4　制度对个人行为施加影响的过程：一个图示阐述

我在第 5 章和第 6 章中实际上已经涉及了制度的几乎全部功能，因为如果不说明制度的功能，就无法解释制度的起源。本章虽旨在在纯粹意义上讨论制度的功能，但又不可能脱离前两章所议论过的内容。因此，对制度功能的分析和概括，可以说又是对本书已有论述的总结。为了使之明朗清晰，我特将它们用图示加以说明，见图 7－2。

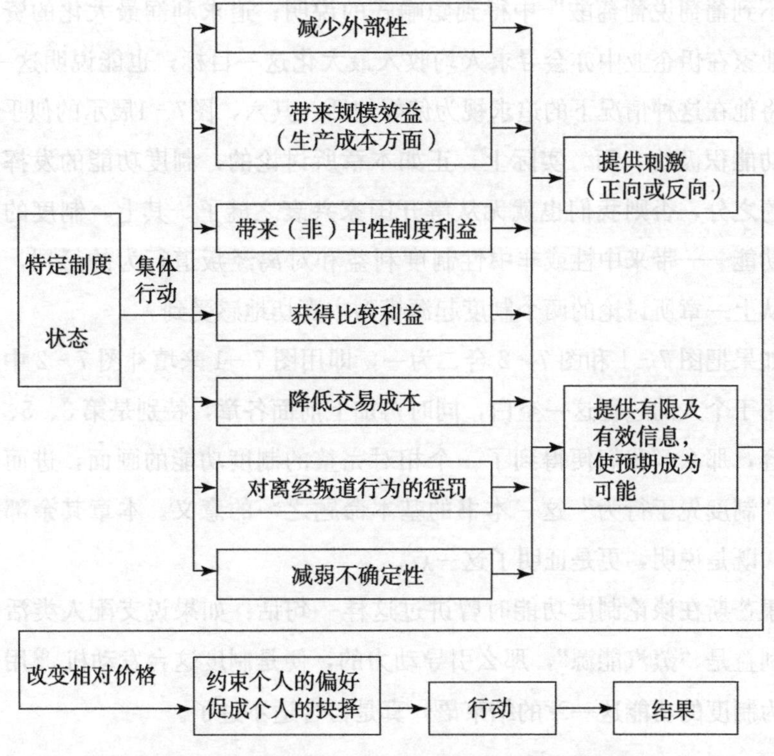

图 7－2　制度对个人行为的影响——制度的功能

这里，我打算就图 7－2 补充说明几点。其一，“集体行动”这一制度特征在说明制度的功能时，是值得突出强调一下的，因为考察制度的功能多少带有点方法论集体主义的色彩。其二，特定制度状态所具有的各种获取潜在利益的途径之间是相互作用和影响的。比较利益和规模效益的获得本身就和不确定性和外部性的减少唇齿相关；交易成本的降低往往伴随着比较利益并且是不确定性降低的一个结果，或是其动因。其三，制度只能减弱不确定性而不可能彻底消除不确定性，故它只能提供有限信息；没有不确定性也就没有经济学意义上的选择的必要了，有的只是工程学意义上的选择（在这种情况下经济学家是多余的，只要有工程师就够了）。其四，制度的功能无异于其工具性或有用性。其五，制度影响个人的偏好可从“狐狸吃不到葡萄说葡萄酸”中得到隐喻式的说明；追求利润最大化的资本主义企业家在伊企业中亦会寻求人均收入最大化这一目标，也能说明这一点，如果将他在这种情况下的追求视为偏好的话。其六，图7－1展示的似乎仅是制度功能积极的一面。实际上，正如本章所讨论的，制度功能的发挥有优劣良莠之分，否则我们也就无从解开国家兴衰之谜了。其七，制度的下述两项功能——带来中性或非中性制度利益和对离经叛道行为的惩罚，我们可以从上一章所讨论的两个制度起源模型中真切地感受到。

如果把图7－1和图7－2合二为一，即用图7－1来填补图7－2中的制度作用于个人的过程这一空白，同时再加上前面各章，特别是第3、5、6章的内容，那么，我们便得到了一个相对完整的制度功能的画面，进而领略到了“制度先于行为”这一本书的基本命题之一的意义。本章其余部分的讨论，既是说明，更是证明了这一点。

康芒斯在谈论制度功能时曾讲过这样一句话：如果说支配人类活动的自我利益是“蒸汽能源”，那么引导动力的，便是制度这台发动机。[30]用这句话作为制度的功能这一章的结束语，真是再合适不过了。

［注　释］

①参见佳林·库普曼和约翰·迈克尔·蒙泰斯《经济体制的描述和比较》，载亚历

山大·埃克斯坦主编的《经济体制的比较：理论和方法的探讨》1971 年英文版第 35 页（TJALLING C. KOOPMANS，JOHN MICHAEL MONTIAS. On the Description and Comparison of Economic Systems. in Comparison of Economic Systems：Theoretical and Methodological Approaches，edited by Alexander Eckstein. University of California Press，1971）。作为被广为引用的一个例子，此函数式曾经出现于被许多美国大学作为教材的、由保罗·格雷戈里和罗伯特·斯图亚特所著的《比较经济体制》一书英文版第 23 页（PAUL R. GREGORY，ROBERT C. STUART. Comparative Economic Systems. Houghton Mifflin Company，1981）。

②对环境的讨论参见亚历山大·埃克斯坦主编的《经济体制的比较》第 29～31 页。在库普曼和蒙泰斯看来，体制包括各种组织结构、法律和规则、所有的传统以及系统决定的或随机变化的行为方式（参见《经济体制的比较》第 31～32 页）。因此，在这里将体制大致地等同于制度，我想是言之有理的。对结果的具体表述，我将他们的指标做了些简化工作。他们两人一共给出了多达 13 个指标（参见《经济体制的比较》第 42～48 页）。我想我在此只给出一些经济指标来表示结果，是可以被理解的。

③此框图的基本思路及表述方法最初展示于我于 1986 年完成的题为《论经济体制的择优》的硕士学位论文之中。张宇燕．论经济体制的择优．管理世界，1991（1）。

④罗纳德·科斯．社会成本问题．法律与经济学杂志，1960（10）：502（RONALD H. COASE. The Problem of Social Cost. Journal of Law and Economics，October 1960）。科斯的这篇文章被张五常（Steven N. S. Cheung）誉为石破天惊之作，是“历来被学者引用次数最多的经典之作”（张五常．卖桔者言．成都：四川人民出版社，1988：122）。这足见它的影响力。此文融产权、法律、交易成本、社会成本与私人成本、总量与边际分析于一炉。

⑤参见米切尔·波林斯基《法律与经济学引论》英文版第 11～14 页（A. MITCHELL POLINSKY. An Introduction to Law and Economics，1983）。在此书中，波林斯基就已经明确地把科斯所述概括为所谓的科斯定理。有关论述亦可参见张宇燕《科斯定理·产权·经济制度》（《读书》，1989（3））。

⑥詹姆斯·布坎南对科斯定理的批评集中于这一点上，即科斯无论是运用数字例子，还是引进交易成本的条件，实际上，他都是把结果准则应用于分析交易过程的效果，而不是把注意力仅限于交易过程本身。事实上在人数很少的交易环境中，交易的各方会出于战略原因而掩饰自己的偏好，而在人数众多的环境下，所有的交易参加者可能

都具有搭便车的动机。在后面的两种场合，自愿交易看来并不会保证达到帕累托有效边界。詹姆斯·布坎南．自由、市场与国家——80 年代的政治经济学．上海：上海三联书店，1987：135（JAMES M. BUCHANAN. Liberty，Market and State，1986）。应该说布坎南的批判是一针见血的，因为仅就科斯定理来看，对交易过程的分析几乎是一片空白。这也提醒并敦促我在后面的论述中将注意力置于交易过程的分析之上。不过科斯定理所揭示的制度与结果之间的明朗关系本身，无疑是对经济学的一大贡献。

⑦在此用于说明的个人所可能具有的三种身份的例子，引自詹姆斯·布坎南《自由、市场与国家》中的《个人在私人决策、代理决策和集体决策过程中的选择》一文。本小节的主要思路亦深受布坎南此文的启发。不过我的意图主要在于通过考察制度由于其“完善”程度或作用形式及领域不同而对人施加的不同影响，来透视制度所具有的功能，并引申出制度安排的实质及意义。

⑧这里涉及一个关于企业资本结构的问题，其中包括资本结构不同对代理人的激励也可能各异的问题。有些人认为，此时应让经理个人持有 100%的股票，而其他资金则以债券方式筹集。用制度安排来激励经理积极性的理论很多，如精心设计经理的报酬构成以使其努力与收入挂钩；或力求建立一个完善的企业家市场以对经理施加必要的压力，使那些把企业搞得一塌糊涂的经理的资本价值大幅度贬值；等等。有关讨论可参见钱颖一．企业理论．汤敏、茅于轼．现代经济学前沿专题（第 1 集）．北京：商务印书馆，1989。

⑨雇员为老板工作不尽心卖力显然和外部性有关。剥削的负效应——工人由于为他人卖命而在努力程度上有所保留——亦体现于此。从这个角度看，铲除人剥削人的不合理现象似乎同消除外部性以提高积极性有关。但有一点要特别注意，即这样做可能会有副作用。在沃德模型中就可看到这种副作用。

⑩经济“表决”票数的分配不均是一种普遍存在的现象。如果抛开导致收入分配不均的原因不谈，这种现象便会很自然地成为某些人的批判武器。他们攻击的靶子是：市场供求反映出的并不是广大消费者的偏好或真正需要；相反，反映的是少数高收入者的偏好。据说，这对资源的有效配置不利。

⑪参见詹姆斯·布坎南：《自由、市场与国家》第 341 页。布坎南称这种情况为一种“合乎理性的无知”（rational ignorance）。在此我想补充一点，即如果从个人行为与他人行为的相互关系来看，似乎在场合三中根本不存在什么外部性问题，因为个别人的选择影响不了结果。同时也影响不了别人或不受别人的影响。但我以为外部性是存在

的，而且很强。这取决于我们是从最初规则提供的激励来看，还是从最终的结果来看。个人付出很多但无法得到他所希望的结果，这表明的难道不是一种个人收益与社会收益之差的事实吗？

⑫道德风险，一般是指一种无形的人为损害或危险。关于这个问题的讨论，可参见《保险、风险和资源配置》及《败德行为经济学：进一步评论》，载肯尼思·阿罗《信息经济学》（北京：北京经济学院出版社，1989）。阿罗指出，风险是普遍存在的，当个人难以承担超过自身能力的风险并且这种风险又确实可能带来潜在的巨大收益时，建立使风险分散化的制度就显得必要了。保险的实质就在于风险转移。它通过市场来完成，并应该是带有一定限制的，以约束个人的"道德风险"，否则从社会角度看，资源便无法达到合理配置。阿罗的下述见解是发人深省的："一个成功的经济体制的特征之一，就是委托人和代理人之间的相互信任和信赖关系足以强烈到这样的地步，以至即使行骗是理性的行为，代理人也不会施行欺诈。……缺乏这种信任是经济落后的原因之一。"（第 118 页）阿罗强调说，道德原则或强制性非市场控制，在某种程度上对效率来讲是必要的。这意味深长。我想其中至少有一点似乎是明显的：无论是非市场控制还是道德原则，不外乎是规则或习惯。

⑬类似的事例汗牛充栋，不胜枚举。在此我想补充说明的是，围绕寻租行为（rent-seeking activities）而发展起来一套所谓的"寻租和 DUP"理论，其中 DUP 是指"直接的非生产性利润"。寻租这个概念最先是由安妮·克鲁格（Anne Krueger）于 1974 年提出的。她当时关心的是解释发展中国家发展速度为什么缓慢的问题。她通过研究这些国家的对外贸易发现，当对外贸易受到类似配额指标这类规则限制时，人们便千方百计地去争取这些配额和出口补贴，并借助它们来获取某种垄断利润。就手段而言，主要有游说和行贿等。其结果造成了资源的浪费。她的这一观点同图洛克在 1967 年讨论的问题十分相似，只是后者没有使用"寻租"这个词罢了。这个出现于国际贸易中的寻租现象很快就被 J. 巴格沃蒂（Jagdish Bhagwati）拓展到了更广泛的领域，或者说它具有一般性。只要有限制并且供给暂时无法增加，便会形成某种非生产性的潜在利润或收益。正是在此意义上，寻租行为被更为一般的 DUP 行为取代了。在此的有关说明，参见戴维·柯兰德尔为《新古典政治经济学：对寻租和 DUP 行为的分析》一书所写的综述（DAVID C. COLANDER. Introduction，in Neoclassical Political Economy：The Analysis of Rent-Seeking and DUP Activities，edited by D. C. Colander，Ballinger Publishing Company，1984）。安妮·克鲁格的《寻租社会的政治经济学》一文的中译文，载《经济

社会体制比较》1988年第5期。

显而易见，价格双轨制同DUP有关，因为两种价格之间的差形成了潜在的租金。它可以说是不可避免地引诱着个人去获取。按照图洛克的解决办法——限制政府这个创造租金之源——去做似乎也不可能，因为从逻辑上讲，限制本身又会创造出新的租金。因此好一点的提法或许是努力找到一种办法，使寻租的边际损失等于限制的边际收益。实际上，寻租或DUP分析就是对制度的分析，只不过它更强调利益集团的集体行动和把帕累托最优解作为评价标准而已。这也难怪道格拉斯·诺思把寻租或DUP分析看成是制度研究的三种方法之一了。参见其《制度研究的三种方法》，载戴维·柯兰德尔主编的《新古典政治经济学：对寻租和DUP行为的分析》第17～32页。其他两种方法为奥尔森共谋分析和他自己的交易成本分析法。

⑭本杰明·沃德（Benjamin Ward）系美国加州大学伯克利分校经济系教授。他的开拓性论文《伊利里亚的企业：市场工团主义》于1958年发表在《美国经济评论》第48期。中译文载荣敬本、赵人伟和吴敬琏《社会主义经济模式问题论著选辑》（北京：人民出版社，1983：306－355）。除了“伊利里亚”模型或“伊企业”这两个名称以外，沿着沃德所开拓的道路前进的后继者们又相继为该模式起了不少别名，如“参与经济”“工人管理的经济”或“工人管理的企业”（LMFs）及“合作企业”等。虽然说沃德是此类研究的先驱者，但沿袭此路线辛勤耕耘并贡献最大者，则要数美国的另一位经济学家雅·范尼克。他所在的美国康奈尔大学已成为研究“参与经济”（他为南斯拉夫模式所起的名字）的基地之一。

⑮雅·范尼克．工人参加管理的经济．现代国外经济学论文选（第9辑）．北京：商务印书馆，1986：79。

⑯就这一点来看，雅·范尼克与沃德有所区别。前者认为劳动质量有区别，工资应取决于劳动质量。

⑰在以后的著作中，沃德还专门建立了伊利里亚的宏观模型。不过在我看来，沃德的短期微观分析更能体现出该模型的独特性，且宏观模型的基础也是微观分析，因此，本章只是集中讨论沃德的微观模型。

⑱参见《社会主义经济模式问题论著选辑》第309～310页。租金在此可以简单地被定义为生产资料价值的一定百分比。

⑲上述描述可以用数学简单地加以说明。要使 $(U-K)=PY/X-(W+R/X)$ 最大，则应使其一阶导数为0。要做到这一点的条件是使 $PY'=(PY-R)/X$，其中，Y'为每位

工人的边际产品，PY' 为其边际收益（产值）。$(PY-R)/X$ 则为人均收入，即每位工人的平均或边际成本。此时每人的边际收益与边际成本相等。

⑳这一点可由数学证明。$K=W+R/X$，$dK/dX=-R/X^2$，故 $R_2>R_1$（R_2 代表租金提高后的情况）。当 $X=a$ 时，$|dK_2/dX|>|dK_1/dX|$，这表明，相对于由原来的均衡点决定的就业人数 a 而言，在租金上升的条件下，每一个工人的平均成本下降率大于每一个工人平均收入的下降率。如果 $R_2<R_1$，则结果正好相反。参见《社会主义经济模式问题论著选辑》第 302 页。

㉑这一点亦可用数学加以阐明。$U=PY/X$，$dU/dX=(XPY'-PY)/X^2=(P/X)[Y'-(Y/X)]$。故如果 $P_2>P_1$（其中 P_2 为上涨后的价格），则在 $X=a$ 时（原来的均衡就业量）$|dU_2/dX|>|dU_1/dX|$。这意味着在价格上涨时，相对于原有均衡就业量 a 而言，人均收入的下降率大于人均成本的下降率。换句话说，此时因减员而带来的人均成本的上升小于人均收入的提高。反之亦然。参见《社会主义经济模式问题论著选辑》第 313 页。

㉒按弗里德曼的说法，南斯拉夫的企业可支配其利润的 34%，美国为 48%，两者之差仅为 14 个百分点。他指出这一点的目的，在于说明南斯拉夫的企业及其管理方式与美国相差不大。对此我不敢苟同。我借用此数字旨在说明与伊企业类似的南斯拉夫企业在这方面所享有的决策权。参见弗里德曼《市场机制和中央经济计划》1981 年英文版（MILTON FRIEDMAN. Market Mechanisms and Central Economic Planning. The American Enterprise Institute，1981）。

㉓雅・范尼克对该模式的引入所激发的效率上的变化做出了大胆的估计，即工人们工作的努力将提高七倍。参见雅・范尼克《工人管理的市场经济通论》1970 年英文版（J. VANEK. The General Theory of Labor-Man aged Market Economics. Cornell University Press，1970）。雅・范尼克是“工人管理的市场经济”模式的最坚定的支持者之一。

㉔参见雅・范尼克的《工人参加管理的经济》一文，载《现代国外经济学论文选》第 9 辑第 85 页。

㉕此模型由两位以色列经济学家 T. 戴维什、N. 喀哈纳在其题为《棘轮原则：用图示所作的说明》一文中提出，载《比较经济学杂志》1987 年 6 月号第 246 页（TIKVA DARVISH，NAVA KAHANA. The Ratchet Principle：A Diagramatic Interpretation. Journal of Comparative Economics，June 1987）。张宇燕．奖金（报酬）最大化模型：对传统中央集中计划经济的反思．经济文献信息，1990（8）。

㉖戴维·戴克尔就曾把棘轮原则和“米考伯原则”视为苏联传统经济计划工作的两个主要原则。戴维·戴克尔．权力分散与指令原则．比较经济学杂志，1981（6）。中译文见《现代国外经济学论文选》第11辑第125页。米考伯先生为英国作家狄更斯的小说《大卫·科波菲尔》中的人物。他是一个不考虑将来，幻想突然走运的乐天派，并讲过这样的话：“一个人一年收入20英镑。如果一年的开支是19英镑19先令6便士，他就是一个幸运的人。而一年的开支是20英镑6便士，他就是一个倒霉鬼。”由此看来，用“米考伯原则”来概述计划指令的强制性，不仅十分贴切，而且充满了幽默感。

㉗我们同样可以证明，相对于丙方案而言，乙方案给经理带来的收益要更大。证明这一点很简单。我们知道，乙方案给经理带来的总报酬为：

(乙)$R_{0,1} = 2W + 2B + K\bar{q}_1 - Kq_0 - Kq_0 d$

丙方案给经理带来的总报酬为：

(丙)$R_{0,1} = 2W + 2B + K\bar{q}_1 - KQ_0 - Kq_0 d$

(乙)$R_{0,1}$ −(丙)$R_{0,1}$ =(丙)$Kq_0 d$ +(丙)KQ_0 −(乙)Kq_0 −(乙)$Kq_0 d$

由于(丙)Q_0 =(乙)q_0 且(丙)q_0 >(乙)q_0，所以

(乙)$R_{0,1}$ −(丙)$R_{0,1} > 0$

由此得出的结论是：棘轮模型中的经理在乙、丙、丁方案中一定会选择乙，尽管乙方案所带来的效率损失较之丙方案更大。不过就我引述棘轮模型的目的而言，仅仅证明丙方案带给经理的报酬大于丁方案就够了。

㉘无论是对经理还是对计划者或整个社会来说，甲方案都是最糟糕的，因为此时的效率损失最大。要使经理不选择甲方案是有条件的，也就是说必须使 $B > KQ_0 + Kq_0 d$ 。

㉙中央计划当局与经理的关系，有点类似于企业的所有者（委托人）与经营者（代理人）之间的关系。如果把后一种关系置于资本主义背景之中，那么它们两者的区别除了有无企业家市场外，还在于后者拥有一个以股票表现的资本市场。股票的买卖或流动亦对经营者施加了很大的压力：股票价格下跌对经营者无疑是个警告。经理的“错误”在此可以因股票持有者的买卖活动而得到部分纠正，因为后者自然要出售经营不善或无发展前途的企业的股票，并购买期望好的企业的股票。这一点被米塞斯视为资本主义企业制度的基本优点。参见米塞斯《社会主义体制下的经济计算》，载《现代国外经济学论文选》第9辑。然而事实似乎并不像他所想象的那么乐观。

㉚康芒斯的这句话转引自戴维·施维范哈特的《价值在经济理论和经济政策中的地位》一文，见《经济问题杂志》1988年6月号第321页。

第8章 对国家兴衰问题的重新审视

莎士比亚在《李尔王》一剧第四幕中借李尔王之口道出了这样一句台词："当我们降生时，我们为跨进由笨蛋们所设计的伟大舞台而哭泣。"[①]不知别人如何理解这句话，但在我看来，这座"舞台"的基本构架便是制度，准确地讲是既定的制度；而"由笨蛋们所设计"则一语道破了作者对既定制度的不满，或者说，它暗示了制度的不完善性。在第3章中，我们曾详尽地讨论并论证了人的"经济性"和"理性"的含义和特征，并以此作为人类行为的一个基本假定；在第7章，我提出的范式——"制度—行为—结果"，在相当程度上已得到证明或诠释。可随之而来的问题便是：究竟为什么经济人要去设计并创造与自身利益不甚吻合的"不理想的"制度？在论证了制度、行为、结果之间的唇齿关系后，这个问题的提法就变成了如下形式：为什么部分民族、国家或地区的人们要选择或干脆说是默认了使自己所属的民族、国家或地区长期停滞或趋向衰败的制度？比如说日本的德川幕府时期

(1603—1867 年)。当我们回答了这个问题之后，解开国家兴衰之谜也就容易些了。本章的宗旨实际上就是结合前面几章的讨论来连贯地回答第 1 章提出的这类问题。另外，使全书首尾呼应亦是本章要追求的一个目标。

§8.1　一些必要的附加理论

实际上，前面数章所讨论的内容已经或明或暗地给出了对“个人最优选择—糟糕制度结果”这一现象的解答。不过，考虑到本章的宗旨，特别是为了使所要给出的解答尽可能圆满并且具有尽可能坚实而广泛的基础，我在此打算引用与本章主题密切相关的理论。这些理论来自近年声誉日隆的混沌学、循环积累因果论、对人类文明表示怀疑的相对福利理论等。从某种意义上讲，在将这些理论纳入制度分析的过程中，人们不难看到此种“理论借鉴”只不过是对前述各章，特别是第 5、6、7 章有关理论的展开讨论。当然，至少从逻辑上说，在此首先要阐明的乃是制度之良莠的判定标准问题。

8.1.1　“适宜制度”与“事与愿违制度”

虽然本书关注的焦点在于对制度本身及其起源、演进、功能进行经济分析，但鉴于评判制度优劣的标准极其重要，故我在此打算对我眼中“好的”或“理想的”制度，即适宜制度，进行一番讨论。当然了，这里的理论基础仍然只能是制度决定论。囿于篇幅，我的讨论只能用春秋笔法进行。

所谓适宜制度，指的是这样一种制度均衡状态，在其下个人的利益最大化行为既与他的预期相吻合，又同整个社会资源的有效配置并行不悖，亦即已经不存在通过改进制度来节约社会资源的机会了。该制度状态所对应的经济结果（如增长率、效率、稳定、公平等）相对于其他各种制度状态的对应物而言更优，可以被看作适宜制度的另一附加条件。注意，我在此所说的制度或制度安排，是有其现实的载体的，即民族、国家或地区。

这一点也就自然意味着特定的民族、国家或地区所处的形形色色的环境（其中包括初始资源与技术、人口、资本等）以及特别重要的初始制度，是构成或形成特定制度载体的核心内容。从这个角度看，适宜制度便类似于一个多种约束条件下的"极值"求解问题。不言而喻，从严格意义上讲，"事与愿违制度"指的无非是适宜制度的对立面罢了，尽管它更多地强调个人选择与集体后果的影响的背离。与之相对应的是所谓"制度悖论"现象。对后者的讨论将在下文进行。

对于适宜制度，在此我想做几点解释性说明。

第一，适宜制度的"硬核"乃特定条件下明确界定的排他性产权规则。这一点我国伟大的先哲们早就给予了足够的重视。商鞅的"制度时，则国俗可化而民从制"以及孟子对井田制的推崇给我以极深的印象。前者强调的是设立优良制度的必要性和潜在好处，后者则是一套具体的、在倡导者看来最佳的制度。他们为适宜制度提供了两个虽属不同层次但却切中要害的标准："时"和"经界"。换言之，好的制度的标志就是要在特定的时间和地点或条件下，有针对性地、灵活地设立或实施制度创新；就好的制度的内容来看，则是要规定并确立保障具有排他性的财产权。孟子所说的"人无恒产则无恒心"，可以被看成是其政策主张的理论基础。[②]反观今日，中国目前正在进行的改革开放所奉行的主导思想——建设有中国特色的社会主义，其核心实际上就是一个"时"字。也许有人觉得排他性的财产权与社会主义原则背道而驰，其部分原因在于孟子是为统治阶级服务的（别忘了，他的谈话对象是滕文公），而且财产权似乎又和资本主义有着千丝万缕的联系。不过三思之后我们便不难发现，社会主义的两大经济特征——公有制和按劳分配，同排他性财产权是密不可分的。公有制的排他性至少可以从公有财产神圣不可侵犯、集体企业之间的利益各异中得到反映。至于按劳分配，讲的不过是个人的劳动与其收入之间用排他性来消除外部性的一种原则。[③]注意，这里所说的财产是广义的。另外，马克思对所有权的极端重视本身也说明了它的重要性。

第二，我所给出的适宜制度的定义，间接地来自对“科斯标准”的继承与批判。从对科斯定理的描述中我们看到，制度安排对资源配置的结果具有直接的影响力：制度的好坏与结果的优劣一一对应。在废气污染的例子中，财产权的界定是清晰的，然而“经界既正”，在交易成本相当大的时候，又无法保证资源的合理配置。由此，我们便自然地得出了这样一个结论：财产权的明确界定在交易成本为正的情况下，只是导致资源合理配置的最根本的一项必要条件而非充分条件。适应制度的充分条件，至少在这个例子中，显然是指那种使交易成本影响最小的制度安排。在此，我将科斯定理的这一重要推论称为“科斯标准”。不难看出，它关心的是降低交易成本。这虽不坏，但却不是事情的全部。我曾在第 3、6、7 章较为详细地讨论过，制度的意义在于能够使潜在制度利益变成现实。后者既可表现为交易成本的降低，还可表现为生产成本的减少（它们均体现于规模效益和比较利益的获得之中）。考虑到这一点，“科斯标准”便有了一种新的表述形式：适应制度的必要条件为被明确界定了的产权，充分条件为能使所有潜在制度利益得以实现。在我看来，“科斯标准”等价于下面那句更加经济学化的陈述：边际制度收益等于边际制度变迁（创新）成本。这样讲是考虑到了变迁制度必须付出成本，既包括组织实施费用，也包括风险和机会成本（抛弃或修补现存制度所造成的经济结果上的损失）。

第三，帕累托最优标准亦是我思索适宜制度过程中的一个重要参照系。考虑到制度是人们为迎接挑战而创造出来的工具，故考察制度的有效性只能用其结果指标的好坏来评判。说到结果指标，经济学家们最经常、也最愿意使用的便是帕累托最优。在此，一个现成的思路是用是否达到帕累托最优来评价制度本身的良劣。科斯第二定理所要达到的结果，也正是这一点。既然谈到了帕累托最优概念，我们就对它多说几句。通俗地讲，它指的是这样一种状态，即某种分配标准的改变已无法在至少不损一人的福利时增加他人的福利了。如果用更为精确的语言表述，帕累托最优就是满足了下述三种条件时的状态：（1）交换的最优条件得到满足；（2）生产的最优条件得到满足；(3) 生产和交换的最优条件的结合。此时，任何两种商品之间的边际替代率对所有消费者都相等，生产单位投入的两种生产要素的边际技术替代率与其边际产品转换率相等。[④]鉴于生产和交换的行为总是受到制度的强烈影响，故说存在某一种制度安排的帕累托最优状态（它对应着帕累托最优结果）在逻辑上是顺理成章的。我看重帕累托最优标准的原因在于，它为广大经济学家们所熟悉，刻画出了资源有效配置的条件，并且与制度均衡概念在形式上如出一辙。此外，我在前文使用过的中性或非中性制度创新概念，亦同帕累托最优标准密切相关。显而易见，这些因素对最终形成适宜制度概念都是大有裨益的。不过坦率地讲，我们对帕累托标准的使用一定要小心，因为它的条件过于苛刻。这至少表现在它根本就没有考虑制度非中性问题。也正是由于这一点，才使得非中性的制度创新或非帕累托增进式的制度变迁成为可能或变得必要。要知道制度达到均衡时很可能伴随着资源的浪费现象。帕累托最优标准不断地受到来自四面八方的攻击这一事实，也在时时刻刻提醒我们应该谨慎地对待它。[⑤]这些可以说便是我避开帕累托最优标准而“另立门户”的基本原因之所在。

第四，对标准问题的讨论恐怕是难度最大的。究其原因，我想主要在于它所触及的是规范经济学领域内的问题。鉴于每一个人都是一个世界，并且都有着自己独特的价值判断标准，故人们在此问题上求得完全一致无异于幻想。所以，我在这里给出的只不过是我自己认为相对而言最为满意的适宜制度标准，尽管它还远达不到完美无缺的程度。应该说适宜制度标准是相当于原则的。从某种意义来讲，它与其说是客观标准，不如说是一种观念。相对于帕累托最优而言，适宜制度概念我想大体有下述几点长处：(1) 它暗示了最优行为和最优结果之间可能因制度而相互脱节，并依此为制度设计者或创新者指明了努力方向。(2) 它坦诚地承认既定制度尽管达到了利益均衡，但仍然可能导致浪费。(3) 它具有强烈的相对性质，即在基数论的基础上，只有能够给人们带来尽可能多的制度利益的制度安排，才能成为选择的对象；此时，可比性亦蕴含于其中。(4) 它更接近现实，这至少表现在它将交易成本纳入分析中这一点上；与此同时，它更多地是针对人们之间的交易行为而言的。（5）适宜制度这一标准为我们对既定制度做出价值判断提供了最普通、最简便、也可能是最行之有效的工具，因为“合理的浪费”或不经济现象是很容易凭借常识来识别的。

8.1.2 混沌学中的隐喻

观念的力量有时是无穷的，这表现在各种真知灼见所具有的启发性上。混沌学所蕴含的部分思想就是明证。其中，蝴蝶效应、对初始条件的敏感依赖以及时间的不可逆性，尤为令人瞩目。下面让我们分别讨论它们。

蝴蝶效应

1979 年 12 月，在华盛顿召开了美国科学促进会的一次大会。在演讲中，爱德华·洛伦兹半严肃半开玩笑地说，一只蝴蝶在巴西扇动翅膀可能会在得克萨斯引起龙卷风。⑥其含义用标准的混沌学的语言说就是：一个混沌系统具有将很小的微观扰动放大成为宏观行为的能力。或者说，一个细微的变化通过某种非线性的反馈系统可能会引发出始料不及的、影响巨大的后果。大概是由于形象化和简单化，“蝴蝶效应”一词不胫而走，并且广为流传。

将蝴蝶效应用于对人类行为的分析之中——这有别于洛伦兹等人最初关心的现象范围（如气象学、物理学和生态学），至少塞波斯坦于 1984 年就已经这样做了。他指出，蝴蝶效应这一观念有助于解释某个人或实体的某些偏离常规的行动是如何酿成整个系统行为的巨大而无法预知的变化的。许多带来深重灾难的战争的爆发，就与此密切相关。⑦尽管他用混沌论来说明战争的爆发有其牵强附会的一面，但这不能否认其努力的价值。就蝴蝶效应这一现象本身而言，恐怕在现实中我们还确实是能够找到某些对应事例的。蔡伦的造纸术和毕昇的活字印刷术对文化及知识传播的巨大影响就是一例。这里要说明一点，我在此更为关心的是制度的细微变化对个人行为的作用，进而对整个系统的影响，或者说，我对制度在最初确立后所具有的、其中包括超出制度创造者预想的放大后果这一点更感兴趣。总之，蝴蝶效应一方面有助于说明制度的起源与功能，另一方面还可能满足我对它的另一种需要，即解释事与愿违制度的产生。

为了避免产生误解，在这里有必要说明的是，并不是任何或大或小的“扰动”都必然具有蝴蝶效应。实际上，扰动的后果除了蝴蝶效应之外，更多的似乎是“钟摆效应”。当你给钟锤一个打击后，它的摆动收敛于一个区间并围绕一个中心，最后回到中点。换言之，产生蝴蝶效应是有条件的。粗略想来，其条件之一便是存在一个非线性的世界或系统。这里所说的非线性，指的是世界或系统中的各元素或子系统数量庞大，并且它们之间的关系不是一一对应的。另外，这个非线性的世界或系统总是处于较大幅度的运动和变化之中。从某种意义上讲，这两个触发蝴蝶效应的必要条件往往又是互为因果的。[8]关于它所具有的积累效应的内部机制问题，我在后面还将谈到。现在不妨先假定存在一个“神秘”的机制。也正是这种机制扮演了不可预测性的源泉的角色。

总之，将蝴蝶效应所蕴含的放大性质（即积累效应）和不可预测性运用于对制度的选择和功能的讨论之中，是我的目的所在。这里，我只是给出蝴蝶效应这个概念并展露我的意图。对它的理论及实际运用，则留待后面一并完成。

对初始条件的敏感依赖

实际上，蝴蝶效应中已经多少涉及了对初始条件的敏感依赖的主要内容，即对不可预测性和对初始条件（蝴蝶拍动翅膀）的看重。两者的区别仅在于侧重点不同。

初始条件可以说是光怪陆离。它们可以是第 7 章中讨论过的环境概念，其中重要的内容有人口、技术、自然条件、资本存量等。虽说初始条件种类很多，但我们还是可以将其统一划在“挑战”名下的（挑战既可能来自稀缺压力，又可能来自获取潜在利益的手段不足），如果我们是从初始条件来看人对制度的选择。实际上，在“和平之烟”的事例中，在灌溉问题与专制主义产生的议论中，我们已经清楚地看到了初始条件似乎带有随机性的和自发性的作用：显示和解愿望和解决水资源短缺“迫使”人们去选择某种特定的制度。而后一种选择，最终竟发展成一种组织严密、生存力极强并行之有效的制度，以至在新的环境下除了遭受巨大挑战之外难以改变。其最后的结局似乎注定要束缚人们的创造精神，从而使社会生产力发展停滞。中国晚期的封建社会正是这类结果的真实写照。

有一点需要特别强调，即在初始条件中，应该包括制度本身。当然，这里提到的与初始条件有关的制度选择，还不是“原始”的制度起源，而是历史某一横截面上的制度选择或创新。它们既可能因为非制度的初始条件而被创造出来，又可能因为既定制度这类初始条件的变化而出现。如果把制度细分为三层，即宪法规定的秩序、其他一般的制度安排和行为规范[9]，我们便会发现，在一般意义上，宪法本身对其他层次的制度的设计和安排无疑是一种重要的初始条件。这正如宪法上的修正或创新常常是以引导中、下层制度走上有效（也许最终适得其反）之路为目标一样。

对初始条件的敏感依赖虽然表明了准确预测的不可能性（除非是在极特殊的条件下），但它同时又隐含了这样一种思想，即随机性本身一定拥有某种不可违抗的秩序。比如，掷硬币在一般人眼中常被视为一种随机过程，但事实却并非如此。至少从理论上讲，人们是能够写出掷硬币的运动方程并模拟它的。换句话说，它的运行线路及结果（哪一面朝上）并不取决于机遇，而是取决于其初始条件，即掷硬币时所用的力量和角度。混沌学家们常挂在嘴边的所谓“有规律的无序”或“决定论混沌”，大概指的就是这类现象。[10]用俗语说就是“万变不离其宗”，在社会中这至少因为人永远是经济人；同时又必须再加上一句，“万变绝不重复”，因为“新”的初始条件变了。

与对初始条件的敏感依赖密切相关的一点是，人们对制度的选择具有强烈的排他性。尽管面对初始挑战时人们可能拥有多种应战的方式，比如说东方人不但可以通过严密的组织来兴修水利，他们亦可以用脚来进行选择（迁徙）。尽管当时的各种选择都是可能的，但是某种选择一旦做出，其他选择便在瞬间变得毫无意义了。对计划或市场的选择便与此类似。一旦你决心用计划规则来组织产品生产，那么市场的作用必然就是次要的了。一般而言，选择上的排他性一方面会随着环境及各利益集团间力量对比的变化而降低，另一方面，每种选择随着时间的流逝又不可避免地与各利益集团的荣辱毁誉融为一体。结果，除非遇到新的巨大挑战，否则人们很难突破制度排他性及与此密不可分的制度惯性或惰性的藩篱。[11]

时间的不可逆性

不可逆，指的是时间的不可逆性，也就是时间一去不复返，在不同时点上人们所面对的世界或是大相径庭，或是有差异的。不难想象，当人们面临挑战时，可能有许多应战途径。在选择时，人们可以并且也确实是运用了使机会成本最小或预期效用最大的方法进行择优。然而，一旦人们选定了一种应战的制度，再想在原来的初始条件下重新开始或改弦更张便办不到了。其中，所选定制度具有的“蝴蝶效应”无疑会加剧原来的“初始条件”的变化。“人不能两次踏进同一条河流”“时过境迁”“此一时，彼一时”等，说的大概就是这个意思。如果考虑到制度的非中性特征，时间的不可逆性便更为明显了。那些既得利益集团怎么会心甘情愿地将凭据现存制度所获好处拱手让给他人呢？奴隶主、封建主和现代大资本家们均不会傻到这等地步。一言以蔽之，制度选择的不可逆性引起我浓厚兴趣的地方，在于它暗含了制度的“惯性”“排他性”及“积累效应”。

制度经济学对经济制度的演进性（或进化性）的强调，实际上就是要突出时间的一维性或不可逆性。尽管许多制度经济学家在制度演进过程中能否发生革命或突变问题上争吵不休，但在反对用牛顿力学的机械时空观来构筑经济理论这一点上，他们是众口一词的。有影响的制度主义者肯尼思·鲍尔丁写道，虽然斯密、马尔萨斯和马歇尔都是真正的演进理论家，但正是由于瓦尔拉斯和他的后继者们十分成功地把牛顿体系给数学化了，因此演进的世界观才被遗忘了。而演进经济学的基本目标之一，就是要在经济学中恢复或重新发现这种演进世界观[12]，也就是要凸显制度的变化性、惯性、排他性和积累效应诸点。

谈到时间的不可逆性，这里似乎出现了一个矛盾：如果承认制度决定论，那么这就多少意味着你也承认同一制度在时间 T_1 和 T_2 对人类选择的影响是一样的；但时间的不可逆性所表明的，又恰恰是在两个不同时点上世界是有差异的，其引申含义为，制度在两个不同时点上的影响力各异。对此我要说明的是：第一，对个人而言，位于时间坐标中的“同一”制度往往意味着不同的东西。这正像在一个人的成长过程中，他对置身于其中的制度的理解或认知不断改变，并且后者又不断地作用于其选择一样。第二，如果时间的不可逆性指的是“变”，那么信奉制度决定论便不会陷入矛盾的泥潭，因为制度决定论并不否认制度的变化性，尽管保持制度的稳定常常对整个社会有利——稳定的制度是形成个人预期的前提。第三，更一般地讲，制度决定论所赖以成立的范式，即“制度—行为—结果”，仅是就某个时点而言的；换言之，此范式是静态的。显而易见，从此角度看，所谓的“矛盾”只不过是一种幻觉而已。如果用动态的眼光看，此范式便具有了循环积累的性质。结果上的变化，尤其是再考虑到积累效应，自然使得人们在 T_1 和 T_2 面临不同的环境。此时，尽管制度可能未变，但人们的行为定会有所调整。我想，上述三点补充性说明或许可以消除这个矛盾。

蝴蝶效应、对初始条件的敏感依赖、时间的不可逆性以及它们所派生的一些思想——无法准确预测、有规律的无序、演进、排他性、惯性和积累效应等，都将在解释国家兴衰的戏剧中扮演适当的角色。

8.1.3 循环积累因果理论的启发

在某一个社会体系中，我们假定出现了某种变动。这种变动可以是技术变化，如新发明式的创新，也可以是市场规模的拓展。当然，从我的倾向性来看，更重要的则是制度安排上的变化。一般而言，某一变动可能引起两种反应，其一是抗衡性变动，其二是支持性变动。但在正常情况下，更多的则是后一种反应，即出现某种支持性变动，从而使得这个社会体系朝着第一次或初始变动的同一方向推进，并且可能将其推进得更远。动因—支持性变动反应—更大的动因……便是其内在的规律。由于这样的循环式的因果关系，一个社会过程便同时具有了累积的性质。不仅如此，这种累积效应还可能以加速度进行，尽管“抗衡性变化”在短期内会减弱积累效应。上面所叙述的，便是与冈纳·缪尔达尔的名字连在一起的被称为“循环积累因果关系理论”的概括性表述。

不难看出，缪尔达尔的理论与上一小节谈及的内容之间有着惊人的相似之处：它们一个源于对自然界或物理世界的苦思，一个滥觞于对人类活动的冥想，但却殊途同归。蝴蝶效应、对初始条件的敏感依赖和时间的一维性或不可逆性，几乎与初始变动、加速变化、积累效应一一对应。缪尔达尔还特别补充说：

> 如果这种累积的因果关系被认为正确，则整个体系的一项上升运动，即可借着对这个体系中的若干部位或某一部位采取措施而实现这一点，这是一件非常重要的事而应牢记于心。……我们对种种不同因素相互关联的方式——每一因素的初始变动、对所有其他因素将引发何种效果并在何时发生——了解得越多，则我们对如何使企图推动并改变社会体系的特定政策努力的效果增至最大限度将能做愈佳的建树。[13]

缪尔达尔的这段话，如果说与混沌学的几点启示有所区别，那就在于他更关心人的能动作用。当然，他的表述离经济学也更近一些。

一旦我们把各种变动归结为制度上的变迁或创新，用利益集团对现存或未来制度的态度来替换缪尔达尔的“抗衡性变动”和“支持性变动”，我们便很容易在制度理论和循环积累理论之间搭起一座桥梁。后者的意义在于，它至少从经济学的角度涉及或暗示了制度的起源与演进的非最优可能性。从缪尔达尔这样的经济学大师那里获得了一些理论及精神上的支持，亦是我引述其真知灼见的重要理由。

8.1.4 相对福利理论之要义

一般的福利经济学理论，无论它是以效用基数论还是效用序数论为基础，都有一个隐含的、也是根深蒂固的基本假定，即个人和社会福利的大小或水平的高低，与其国民收入或消费品的多寡唇齿相关。简言之，收入越高，所消费的商品就越多，人们所享受的福利也就越大。此观点可以被视为标准的福利经济学的“硬核”。

然而，有些人对将福利水平近似地等同于所消费商品的多寡这种见解深表怀疑。杜生贝便是这批怀疑者之中的一位。他认为，就个人而言，其消费支出不仅受到自己收入水平及其收入与消费之间相互关系的影响，而且受到其周围人消费行为的影响。换言之，一个人从他的消费中得到的效用，是其现期支出同他人支出比率的函数。上述理论，便是在福利经济学和消费经济学中著名的杜生贝的“相对收入假定”。它的意义在于指出了这一点，即一个人对自身福利水平的看法，并不取决于其绝对收入的多寡，而是取决于和别人比较后的相对收入，特别是取决于同自己心理上联系密切的那些人（被称为“关系集团”）的收入的比较。依据此理论，另一位持相对福利说的经济学家米商进一步指出，既然福利是相对的，福利与个人收入多少无关，那么三个自然的推论便出现了：（1）全社会同水平的收入的提高，不会增添个人或社会的任何福利；（2）如果某人的福利得到了提高，但幅度小于别人，那么他是不会感到快乐的；（3）对个人来说，他往往宁肯自己收入减少5%，别人降低10%，而不愿大家的收入都提高25%。

我在此打算彰明的一点是，上述相对福利经济学的见解还可以得到来自社会学的强有力的支持。在一本影响甚大的题为《嫉妒论》的书中，奥地利的舍克教授就曾引用了米商的观点：由于财富增长所引起的新添嫉妒不能令人满意地被平息下去，故生产的增长会使社会变得更糟。给人以更大启发的是，舍克还特别列举了这样一个例子来说明嫉妒对立法的消极作用。虽然立法人员意识到存在着某些对社会明显有益的经济政策措施，但是他们却长期地将其搁置起来。之所以会如此，是由于立法者们害怕那些因采取这些措施而会首先受损或一无所获的人看到别人好像能够大大获益而引起潜在的嫉妒。在许多国家的住房政策中，人们很容易体味出其中的遏制嫉妒的味道。[14]

至此，我力求从相对福利经济学和社会嫉妒理论引出的“制度”含义也就随之显露出来了：实现“适宜制度”的努力，如中性制度创新，很可能因它将激发起的效率改进硕果的分配不均而被束之高阁；另外，这并不意味着非中性制度创新（其中包括“负值”的非中性创新，即人人受损但程度不同）就一定能够被杜绝。

在把达尔文进化论引入经济学时，对于其中的“适者生存”原则，我们也只能以相对主义的眼光来看待。在企业层次上，由于存在“先来后到”和规模参差不齐的问题、进入成本和退出成本（即所谓资产专用性）的问题、无法摆脱的垄断问题、企业的沉浮荣败仅仅是相对于其他企业而言的问题，所以生存下来的或“活”得惬意的企业，常常很可能是那些“非最适者”。如果假定企业是否为最适者仅仅取决于某企业内部的制度安排，那么我们依此推导出的结论便是，存在的制度不见得是相对最佳的制度，尽管它们的存在总是有其合理性的。[15]

§8.2　对“制度悖论”的尝试性解释

在做了上述必要的理论补充之后，尤其是在综合前述各章的精髓之后，我们便可能尝试性地对国家兴亡之类的问题进行解答。为了方便起见，同时也多少想使这类问题带有点“学术”味道，我引入了下面这个概念：“制度悖论”。我之所以给它打上引号，是因为在我看来任何所谓悖论，都具有其存在的理由。

8.2.1 “制度悖论”

我在此补充性地引用上述诸种理论的意图是一目了然的，即辅助性地用它们来深入地解释和说明制度的起源和创新，特别是“制度悖论”的出现。这里，“制度悖论”的严格的定义如下：人们本着使自身利益最大化原则所选择的制度，导致了逐渐偏离资源有效配置的状态。换言之，它指的是在既定制度约束下的人的最优行为的结果并未与适宜制度所对应的结果相吻合。回想一下第3章谈到的“狐兔博弈”我们便可以很容易地理解这个概念。“制度悖论”与制度均衡完全是两个概念。它们虽然都涉及制度，但制度均衡指的却是作为一种生产要素的制度“投入”增加（可以被理解为制度的任何形式的改变），对“投入者”（可以被理解为各种利益集团）而言是得不偿失的，尽管既定制度可能本身带有“悖论”的性质。换句话说，制度均衡指的是某种制度安排状态，而“制度悖论”则是指某种制度均衡状态下人类行为的“不佳”结果。另外，“制度悖论”亦可具体地表现为下述两种情况：第一，在既定制度下可能一方面存在着许多增进个人及社会福利水平的机会，但另一方面却又难以使之成为现实；第二，制度一方面达到了均衡，但另一方面其后果可能又确实是“灾难性的”，如果把话说得重一些。当你哪怕仅仅是粗读史籍时，你也会惊奇地发现人类在制度选择过程中所犯的形形色色的错误，以至认为每一个人生来就是悲剧性人物。

具体到本书，“制度悖论”所指的无异于本章开头提出的那个问题：为什么部分民族、国家或地区的人们要选择某种于己不利的制度安排？对此问题的回答，在经过了前面各章的讨论及本章的理论补充之后，在我看来是不难做出的。循环积累因果论、在交易（或合作或冲突）的社会中遍存的外部性、与制度非中性密切相关的利益集团的活动、信息不完备性（或不确定性）及与此有关的观念或意识形态的作用、“初始”外部挑战的随机性和多样化、布坎南所讲的“合乎理性的无知”、科斯定理以及相对福利理论等，便是该问题的基本答案，尽管它们可能还不是答案的全部。

8.2.2 对初始条件的敏感依赖及积累效应："制度悖论"解释之一

在谈论制度的起源时，我曾经涉及"初始条件"问题，并列举了魏特夫在《东方专制主义》一书中所给出的一种说明：农业灌溉的需要引起了组织活动，组织活动要求有管理集团，当管理集团最后从授权予它的制度安排或结构中获得特权并要维护伴随特权而来的利益时，专制便出现了。这里，初始条件是一个水源不足的问题，并且人们看到了通过合作来实现潜在规模效益或比较利益的可能性。人们利益最大化的行为——合作或组织——至少在"初始"状态下是于己有益的。但多少有点不幸的是，后来的积累效应则超出了众人的最初想象或愿望。为什么会这样？从混沌学的角度看原因很简单：人们根本不可能对遥远的未来拥有透彻的预见或理解，相反，在他们眼前却有着实实在在的好处。实际上，魏特夫的历史描述不过是用带有想象色彩的历史事实来展现蝴蝶效应和对初始条件的敏感依赖在制度这一现象范围内的画面（"和平之烟"同样表达了这一思想，"悬赏天文钟"亦可被看作一个有关的事例)。结果，正如我们所见到的，东方的封建专制主义，尽管曾在历史上行之有效并持续了很长的时间，但至少在一定程度上，特别是在某些特定的历史时点上或时期内扼杀了大量个人的创造性，并最终严重地并无情地阻碍了经济的发展。一言以蔽之，"制度悖论"可能起因于特定初始条件下的人类最优选择。

对初始条件的敏感依赖以及蝴蝶效应，虽然含有最初变化或条件的随机性的意思，但这种随机性似乎又是在一个决定论系统中产生的。掷硬币的结果取决于对初始条件的控制就是一例，尽管做到完美地控制几乎不可能。制度的起源及创新与之类似，意即人的行为特征原则上是可以被识别、分析和控制的。然而，也许正是由于控制不可能尽善尽美——这可能由于信息的不完善或制度有纰漏，制度的未来影响的不可预测性也就产生了。从蝴蝶拍动翅膀到暴风雨狂泻，其间的积累因果机制或过程显然更为重要，因为如果我们忽略了对其内在机理的分析，对初始条件的敏感依赖和积累效应充其量仅是得自对现实的一种归纳。这也就是我们不能仅仅满足于了解蝴蝶效应（现象），而是要进一步探究其因果机制或过程的原因所在。

8.2.3　制度非中性与利益集团："制度悖论"解释之二

实际上，制度非中性和利益集团这个问题，在第 5 章特别是在第 6 章中已经被详尽地讨论过。出于本章的逻辑考虑，我在此仍打算谈一谈它。为了不给人以重复冗繁之感，我的下述讨论只能是提纲挈领的，并以能大致地表达出我的论点为目标。

在同一制度下不同的人或人群所获得的往往是各异的东西；而那些已经或将要从某种制度安排中获益的个人或集团，必定会竭尽全力地去为之奋斗。这两句话所展现的，便是有关制度非中性和利益集团理论的精神实质。个人及其在自愿基础上结成的集团，为获取制度利益而"争权夺利"本无可非议，但是这里的关键点在于，那些最终给某些个人带来好处的制度安排，很可能使其他人的"经济"选择既与其预期目标、又与整个社会福利相脱节。对此，我们可借助科斯第二定理（见 7.2.1）来说明。假定工厂主们为了逃避因造成污染可能招致的惩罚而结成利益集团，并且假定他们成功地让法律站到了他们自己一边（意即工厂享有空气污染权，因而那 5 户不幸的居民必须自己想办法来避免由污染带来的衣物损失），那么在交易成本相当高的情况下，居民们的最优选择就整个社会的资源配置而言则是有害的。不言而喻，居民们和工厂主们都是经济人，其选择均为既定条件下的最佳方案，然而效率损失还是堂而皇之地出现了。促成此类"制度悖论"的"罪魁祸首"，乃有利于厂家的制度安排；而此种制度安排，又实为利益集团奋力追求潜在非中性制度利益这一行为的必然结局。

这里我打算着重强调的一点是，利益集团或阶级的行动，同意识形态及观念通常是唇亡齿寒的。不合时宜的或居心叵测的意识形态及观念很可能会误导人们对制度的"明智"选择。在现实生活中，通过对大众传播媒介的垄断来反复宣传某种意识形态或观念，社会中的某一小部分人总会或多或少地"操纵"个人偏好的形成过程。意识形态或观念大概就是因具有这种工具性才被打上了阶级或利益集团的烙印。[16]

8.2.4　相对福利理论与非适宜制度选择："制度悖论"解释之三

一旦我们接受了相对而非绝对（福利）理论，那么我们便进入了"另一世界"。在这个世界中，人们追求的不是绝对量而是相对量。此刻，经济人的所谓"最大化行为"之中的"最大"，仅表示每个人或人群处处希冀与他人之间相对差距的最大。把此种观念引入制度理论之后，首先让我们联想到的便是，当人们在对制度进行选择或就制度安排进行讨价还价时，他们力图借特定制度所要实现的目标是相对福利——与他人的福利之差——最大。假如某种制度安排给自己带来的"害处"（如个人收入的减少）小于给他人造成的损失（此时的制度利益为负），那么，即使这种制度安排对社会中的所有人来说"有百害而无一利"，它仍然可能出现并且生存下去。如果说出现制度负收益的情况是凤毛麟角，那么即使是在制度利益大于零（意即中性制度创新的结果）时，我们同样无法断言人们所选择的制度肯定就是那种能使所有潜在制度利益均获得实现的适宜制度。究其缘由，我想或许就在于下面这一点：一旦人们意识到中性制度变迁已无法继续扩大或缩小业已存在的差距，则其变革制度的行动也就失去了动力。概言之，鉴于人们总是力求凭据某种特定制度来最有效地实现其收益相对最大化的目标，因而人们所选择的制度从逻辑上讲并不一定就是适宜制度。此外，不言而喻的一个事实是，追求相对优势同利益集团的行动常常纠缠在一起。两者的共同作用还可能会使人们在选择非适宜制度的道路上越走越远。

8.2.5　"搭便车"与制度惯性："制度悖论"解释之四

外部性（即搭便车）曾被我当作一个假定给出。显然这是一个有坚实经验基础的假定。我们知道，制度作为集体行动的产物，其产生源于它所具有的功能，其中重要的一项是消除或减少外部性，即通过明确的规定

(核心是界定财产权)，以使个人的成本与收益和社会的成本与收益尽可能一致，从而鼓励人们的创新精神。但不应忘记，外部性是不可能完全被消除的。这一方面是由于技术上的困难，另一方面，也许更为根本的，恐怕还是因为逻辑上的困难，因为消除外部性的办法，即制度设立本身，就是外部性产生的一个源泉。用我们熟知的概念讲，即制度通常具有非中性。正是由于制度的非中性，缪尔达尔所说的“支持性变动”才会因某些既定制度下的既得利益者们的努力而产生。考虑到既得利益者们的人数往往只是整个人口的少数，而大多数受到既定制度的有限损害的社会成员，在促成“抗衡性变动”时所面对的是“三个和尚没水喝”的外部性局面，因而由积累性的“支持性变动”来推进的制度惯性便名正言顺地产生了。

为了理解上面的议论，让我们看一个实例。据说 1989 年日本政府打算花 300 亿日元去实施一项对一个仅有几平方米面积、位于东京南 1 000 多公里海面上的袖珍小岛的“保全对策”。具体做法是在 3 年内在该岛上建造一个直径 50 米、高 3 米的钢筋水泥平台，并用特殊树脂将其牢牢加固。这样做的唯一目的就是要防止这个巴掌大的小岛被海水淹没。当这个世界上仍有数以百万计的人在啼饥号寒之际，日本却将大量资源丢弃于海中。此行为似乎令人费解，但对日本来说，这种选择在现行制度下十分合理。因为根据国际领海公约，日本这块领土一旦消失于海面，其周围的大片领海及海底资源开采权将随之失去。[17]这个例子一方面说明了规则影响行为这一事实，另一方面也引起了我们的进一步思考：为什么其他国家对此无动于衷？显然，要避免这种“浪费”，就必须修改规则。而修改规则是要付出成本的。除去修改规则所直接引起的交易成本不说，仅“得罪”日本本身，对个别国家来讲就可能是颇冒风险的举动，更何况每个国家都企图搭别国努力的“便车”呢！由此而来的局面便是，一方面，各国分摊成本几乎不可能，另一方面，改变规则所带来的益处大家自然又都要求均享。其最终结局，看来只能是听任这种规则激励或鼓励“浪费”了。

正如我曾在第 6 章中所讨论过的，由于存在制度的非中性，特别是由于多数个人具有的企图搭便车的心理，在使多数人的利益有限度地受损的情况下仍可能出现某种“制度创新”。这是因为常有这种情况，即社会大众所分担的损害很小，其人数太多又使得形成免遭损害的集体行动的成本过高；相反，少数进行“制度创新”的人则收益颇丰。这样，貌似不合理的制度亦可能通过这种方式产生并得以维持、延续。如果个人受到的损害过大，并且人数相当多，他们改变既定制度的预期收益可能便开始超过其成本了。“揭竿而起”这个成语相当准确地表达了这个意思。奥尔森为患有严重滞胀病的经济开出的药方，亦旨在打碎由垄断集团控制的僵化制度，从而为曾经被遏制的创新精神的释放创造有利条件，并最终消除“制度悖论”。

8.2.6　“合乎理性的无知”：“制度悖论”解释之五

在前一章中，我曾借用了布坎南所列举的例子来论证制度的功能。现在，我仍旧使用他的这个例子来补充说明产生“制度悖论”的原因。当人们试图通过投票来选择某种制度安排时，如果拥有投票权的人数足够多以至每个人都清醒地了解到他的那一票（在此假定一人一票我想是容易接受的）对投票结果不施加丝毫影响，则其是否投票便成了问题。用我曾经引用过的布坎南的话说，在这种情况下，投票者便可能倾向于采取轻浮的举动：或弃权，或不负责任地乱投。也恰恰是在这个意义上，布坎南将此类现象概括为所谓“合乎理性的无知”。考虑到制度是非中性的，故在社会上总会有一批人不但自己“身体力行”，而且热衷于鼓动他人投于己有利的制度安排的票。劝诫、许愿、开空头支票等现象俯拾皆是也就顺理成章了。利益集团的影子在此再一次显露出来了。在这种背景下，又有谁敢断定大众所选择的制度不会导致“制度悖论”呢？对于投票问题的深入讨论超出了本书的范围。[18]不过这里我想补充的是，虽然用一人一票的解决办法并不能保证不出现“制度悖论”现象，但它似乎又是唯一能够赢得大众赞同的规则。

8.2.7 封闭系统与制度僵化："制度悖论"解释之六

在一个封闭的环境中，特定制度出现某种"悖论"完全是可能的。从初始条件角度看，人们信息的不可能完备恐怕是导致"制度悖论"的原因之一，其中循环积累因果过程使人类在信息不完全条件下做出的选择得以放大。不过，总的来说，封闭环境中的制度较为稳定。我想，至少外部世界的、涉及制度安排的信息冲击波被阻挡于国门之外，有助于某种"不合理的"制度的稳定。日本在德川幕府时期享受的近三个世纪的太平之世的最大原因，或许就在于它是一个与世隔绝的，由严格的士、农、工、商这一身份等级制度所支撑的国家。[19]与外界隔绝所避开的是适宜制度的相对优势这一参照系。然而，在一个开放的世界中，挑战的严酷性常常使得"制度悖论"变得难以容身和无法容忍。自1840年以来，晚清推行的各种运动或变法（如"洋务运动"和"戊戌变法"），既是对当时外来的"船坚炮利"的挑战的被迫应战，又是了解外国各种制度安排并加以有选择地模仿的动力。其他各种制度的存在及其所对应的结果，实际上为特定制度提供了一种相对价格。"师夷长技以制夷"及明治维新大概都是中、日两国制度的相对价格改变后在政策上的反应（从这个角度看，中国在20世纪70年代末实行的改革开放政策无愧于伟大的创举之名）。当然，尽管开放系统有助于解决"制度悖论"问题，但它远非彻底消除"制度悖论"的充分条件，因为至少外部制度安排的有关信息会受到既定制度的"过滤"（如习惯的影响）。从更一般的意义上讲，任何制度创新或"移植"的未来结果均会由于信息不完备和环境差异而具有程度不同的不确定性。这无疑也是导致制度悖论的基本原因之一。这里有必要指出的一点是，系统在由封闭走向开放的过程中虽然可能出现不稳定或动荡，因为该系统在与其他系统的交往中必然要接受原来陌生的规则、习惯和观念，但当其开放程度和时间均达到了一定的量值之后，该系统则会走入一种崭新的、层次更高的相对稳定状态。

最后我打算补充两点：（1）制度稀缺（或过剩）的存在同“制度悖论”产生的机理是一样的。从概念上看，两者均涉及按效率标准看“不合理”的制度均衡状态的存在或持续，并且都能够对制度决定国家兴衰的理论提供依据。因此，将两者理解为一枚硬币的正反两面是讲得通的。两者的区别仅在于，制度稀缺最初是作为一般性稀缺假定之一的形式出现的，并且扮演着引发“制度悖论”原因的角色，而“制度悖论”则更有几分结果的味道。（2）上述各种尝试性解释之间是相互作用的，是综合地发挥其影响力的。只是在不同的时间或不同的地点，它们的作用才会各有所强、所弱。

§8.3　制度在国家兴衰过程中的作用

按照常规的思路，如果你假定了每个人都是力求使自身利益（这可以体现在与他人相对差距最大化上面）达到最大，那么指出并且承认“制度悖论”自然也就免不了让人感到痛苦不堪了。相反，人们在既定约束条件下的最优行为导致最完美的后果，意即人们在寻求自身福利最大化的同时实现了适宜制度，这在逻辑上、至少在感情上是容易被人接受的。这也恰好是我把分析的重心置于产生“制度悖论”的原因之上的缘故。分析至此，便可以着手回答我在第 1 章提出的那个让人着迷的问题了。

坦率地讲，对制度在国家兴衰过程中的决定性作用的讨论，实际上已经由前面的分析完成了。也就是说，一旦我们知晓了制度所具有的双刃剑的功能，我们便找到了解开国家兴衰之谜的途径。现在我们所要做的工作，无非是将前述讨论系统化、精练化罢了。在我看来，它们可以被概述为以下几点：

（1）当生活于各民族、国家或地区的人们在面对各种相去不远或相去甚远的挑战（它们既有来自环境方面的，又有业已存在的制度方面的）时，他们对制度的挑选亦可能天差地别。

（2）制度虽然是人们依据最大化或经济原则进行选择的结果，但这并不能保证人们对制度本身的选择总是“最优”的。

(3) 制度具有强烈影响人类偏好及行为的功能，并且其功能有着优劣良莠之分，即适宜制度与非适宜制度（或“制度悖论”）之分。

(4) 那些试图通过创立或创新制度来实现自身利益最大化的人类行为，如果同时促成了适宜制度或逼近了它，则国家兴旺发达，反之，则出现“制度悖论”，国家衰败沉沦。

优劣不一的制度所扮演的决定国家兴衰的角色，在历史这个巨大的舞台上始终是举足轻重且不可替代的。这一点至少从中国的近现代史中得到了淋漓尽致的反映。中国饱尝屈辱的历史到1949年被画上了句号。1979年的改革开放——典型的制度创新——则标志着中国的制度现代化进程向更高层次的大踏步迈进。一衰一盛的强烈对比说明的恰是许多人及我自己所关心的问题。此外，遵循这一思路，我们还可以重新认识一下从根本上改变了西方人生活水平及方式的英国工业革命。尽管工业革命不是一夜之间发生的而是一个积累演进的过程，但我们却无法回避这样一个事实，即人类经济条件的根本性改变肇始于1780年前后。[20]一提起工业革命，人们往往首先想到的是技术上的革新，如珍妮纺纱机和瓦特蒸汽机，却总是忽略在其之前或伴随其中的制度变迁。举例来说，在1624年英国诞生了第一部专利法——《独占法》，并在此基础上逐渐形成了一套鼓励技术创新、提高私人创新收益率且使之接近社会收益率的系统激励机制。虽说商业法和商业法庭早在中世纪就已经存在，但其积极作用却因为任意判决和歧视外国人（这使得人们无法对商业纠纷的裁决进行准确的预测）而大受损害。然而意味深长的是，到了18世纪中后期，伦敦皇家法院已在保险、汇票、包租船只、销售合同、合伙协议、专利以及其他商业交易方面积累起了足够的经验。英国法院审慎和公正地对待外国的诉讼当事人，各种商业信用变得更为可靠和可预测，为英国赢得了国际声誉。[21]这一切的关键点是排他性财产权原则使得外部性减弱、不确定性降低、交易成本变小。它们在时间上与工业革命相吻合——或略微超前，或恰好同步，所证实的正是工业革命发生在英国并非偶然。是当时相对完善和合理的制度的确立，而不是什么别的东西，在英国诱发了工业革命。

从严格的逻辑上讲，仅仅说明人们陷入“制度悖论”窘境的原因是不够的，尽管这十分重要。当面临“为什么有些国家所选择的制度相对就好些”式的提问时，除了承认人类通过充分运用自己的智慧和不懈的努力可能会实现或趋近适宜制度之外，我的回答多少还带有些不可知论或宿命论色彩：虽然某种制度安排或制度创新确实为经济增长和发展并且最终为个人福利的提高奠定了基础、创造了积极而有利的条件，虽然人的本意从逻辑上讲也确实希望制度能够如此，但它们的出现常常似乎也只是一种十分幸运的巧合。要知道，人类的选择有时就是这么无济于事！

在第 1 章中，制度决定论是以一个假说的形式出现的。如果我们原则上承认科学研究的基本特征之一是对假说进行检验并且提供新的有用信息，那么到现在为止，本书所做的一切工作便都是围绕着对这个假说的证实而进行的。对制度的起源、演进及功能的讨论，再加上本章所做的诸项补充性说明，目的只有一个，那就是力争在相当程度上给出国家兴衰之谜的谜底，即是制度，至少主要是制度，对人类的行为施加巨大的影响，从而决定了作为人类行为之结果的经济成效（economic performance）的优劣好坏。仅仅说制度起作用（institutions matter）是远远不够的。应该说，如果从历史的横截面来看，只有制度才起作用（only institutions matter）。从更一般的意义上讲，制度至少是起主要作用的（institutions mainly matter）。[22]

§8.4　简短的小结

本章通过对蝴蝶效应、对初始条件的敏感依赖、循环积累因果说和相对福利理论的分析，再加上制度本身所具有的非中性、信息不完备性以及外部性等，回答或论证了本书第 1 章提出的国家兴衰之谜或命题：是制度稀缺及“制度悖论”现象的存在，才使得国家趋于衰败；相反，是由于选择了适宜制度，国家才得以昌盛；在经济发展的过程中，制度至少是起着主要的和根本性的作用的。出于对制度进行经济分析的逻辑上的考虑，我在分析我国先哲、科斯定理以及帕累托最优标准的基础上，较为详尽地讨论了适宜制度概念。离它所处状态的远近构成了评判制度优劣的观念性标准。毫无疑问，无论是对“制度悖论”的解释，还是对适宜制度概念的讨论，都远非尽善尽美。我们人类似乎总是在“不得已而为之”。正如庇古所说：

在人类事务中，很少有可能绝对地证明——哪怕我们的好坏标准是一致的——一种行动方针比另一种行动方针好。数据总是不完备的。尽管如此，我们在获得有关知识和方法之后，必须尽量利用这些不完备的数据毅然决然地做出判断。舍此之外，别无他途。[23]

用庇古的这句话作为本章的结语，我想是十分恰当的。

［注　释］

①莎士比亚．莎士比亚全集（九）．北京：人民文学出版社，1978：249。在此书中，这句台词被翻译为：“当我们生下地来的时候，我们因为来到了这个全是些傻瓜的广大舞台之上，所以禁不住放声大哭。”我认为它译得不如《罗素文选》中的那句（即我所引用的）好，因为后者突出了人生舞台设计。当然，我这样认为主要在于它迎合了我的需要。但不管怎么说，这句台词用罗素的话讲，“展示出了根本的智慧”。罗素．罗素文选．北京：国际文化出版公司，1987：36。

②为了避免产生误解，我特在此做如下说明。制度作为一种公共产品（或至少是俱乐部产品），其本身是不具有排他性（或只具有相当小的排他性）的。而财产权的明确化和使之得到保护的制度，目的又恰恰在于使其具有排他性。从表面上看，这似乎是矛盾的。不过深究下去，我们便可以立刻驱散疑云，因为用不具有排他性的公共产品——如法律服务——来保护财产权的排他性，在逻辑上是毫无问题的。另外，孟子讲的那句话出自《孟子·滕文公章句上》。

③和1949年以前的旧中国相比，严格的公有制从某种意义上可以说带有更强烈的排他性。有权、有钱、有势之辈对他人财产的肆无忌惮的巧取豪夺，较之公共财产的神圣不可侵犯，显然缺少排他性。这也就难怪产权经济学派的代表人物之一张五常先生会

说出下面那样的话："私产没有半点可怕的地方。可怕的倒是在'解放'前的中国那些有名无实的'私产'制度。很不幸，那时弱肉强食的官僚制度，也算是'资本主义'。"张五常．再论中国．香港：香港信报有限公司，1987：108。张五常先生特别强调资产的可转让性，并且认为日本明治维新成功的最根本的原因便在于使土地可自由转让（同上书，第 93 页）。尽管张五常先生这番议论颇有见地，但我们还应该历史地看待它，否则我们便难以回答下面这类提问：早在公元前 594 年鲁国就实施了"初税亩"，可它为什么后来竟被灭掉了呢？毫无疑问，可转让性是财产权的主要性质之一。但它以排他性为基础，同样是不容置疑的。

④关于帕累托最优的讨论，可参见厉以宁、吴易风和李懿的《西方福利经济学述评》（北京：商务印书馆，1984）。说到这里，我忽然联想起了杨朱那独树一帜的"贵己论"——"损一毫利天下，不与也"。这种见解同帕累托最优很是有点相通或神似。拔一毛虽然能利天下，但却损害了自我或不利于"全性保真"。其不足取的原因，不正在于它破坏了帕累托最优状态吗？中华民族文化的博大精深，由此可见一斑。杨朱的言论见《列子・杨朱篇》和《吕氏春秋・贵生篇》。

⑤马克・A. 卢茨和肯尼思・勒克斯在一本名为《人道主义经济学的挑战》的书中展示了他们对正统经济学的批判，其中就包括帕累托最优标准。他们不无嘲讽地说，正统经济学由于变成了一门十分严密的"科学"，以至亚当・斯密认为人们完全理解的"经济福利"这个概念，今天竟已变得含糊不清、模棱两可甚至反复无常。他们指出，如果帕累托最优是人们追求的制度安排所要达到的结果，那么在任一时点上的制度状态均可能是帕累托最优的，因为既定制度在某一历史时点上作为一种初始的安排，很容易满足帕累托最优的条件。也就难怪有人说，帕累托最优意味着"每一种初始的收入分配都有一个不同的相应的帕累托最优"。如果帕累托增进是可取的，那么"假如富人更富而穷人没有更穷"，便成了某种最为理想的结果了。有人称帕累托最优状态是第三世界国家的"地狱"。毫无疑问，这种说法完全是可以理解的，因为承认现行国际分工格局的合理性对谁有利是明摆着的。可问题在于，有些人不这么认为。两位作者的观点转引自欧文・克里斯托尔的《经济学中的理性主义》，参见丹尼尔・贝尔、欧文・克里斯托尔的《经济理论的危机》（上海：上海译文出版社，1985：286－287）。

另外，对帕累托最优标准的批判还可以来自下列角度。如果我们关心的焦点是不同制度安排的结果，则帕累托最优这一标准的局限性便会马上显露出来。当两种制度安排的结果均达到了帕累托最优，我们便无从对它们进行比较，尽管两种制度的生产效率天差地别（如一个是发达的现代经济，另一个为落后的部族经济）。当两种制度安排的结果均达到帕累托最优，我们同样不能对它们进行判断，因为以效用序数为基础的帕累托标准本身，就排除了得出哪种制度离帕累托最优状态更近的结论的可能。也许最意味深长的是，正如我在第6章所涉及的，制度安排上的“帕累托最优”通常是某种利益的均衡，即一种制度均衡。此时，虽然已不再可能在不损害某人利益的前提下通过调整制度来增进其他人的福利，但这并不意味着不存在任何形式的潜在利益，至少对部分人来讲是如此。制度稀缺所表现的，正是这一点。

⑥詹姆斯·格莱克．混沌：开创新科学．上海：上海译文出版社，1990：22（JAMES GLEICK. Chaos：Making a New Science，1988）。爱德华·洛伦兹被格莱克等人视为混沌学的主要创始人之一。前者最初是在分析天气预报的数据时感受到或惊讶地发现了所谓混沌现象的非线性不可测和对初始条件的敏感依赖。这是一种“崭新”的世界观。之所以这样讲是由于它在经验性和系统论证性方面是前无古人的。毫无疑问，他绝对不是首次提出这种思想的人。“差之毫厘，谬以千里”这一中国谚语，在时间上恐怕要先于洛伦兹的发现至少上千年吧！

⑦在一篇题为《混沌——一个战争爆发的模型》的文章中（载《自然》杂志1984年5月号），A. M. 塞波斯坦对此类问题进行了讨论。迈克尔·莱德茨基．制度动力学：决定论混沌和自组织系统．经济问题杂志，1990（3）：67（MICHAEL J. RADZICKI. Institutional Dynamics Deterministic Chaos and Self-Organizing Systems. Journal of Economic Issues，March 1990）。

⑧蝴蝶效应产生条件的混沌学说法是，那只“功力不俗”的蝴蝶必须是生存于一个处在“远离平衡”的系统之中。虽然普里戈金在《从混沌到有序》一书中讲述了大量来自物理与化学世界的生动例子，但我还是觉得托夫勒所举例描绘的“远离平衡”系统更易于理解。在为该书所撰写的前言中，托夫勒是这样区分“平衡”“接近平衡”和“远离平衡”这三种系统的：假定有一个原始部落，如果其出生率和死亡率相等，且食物和别的资源都不匮乏，则此部落就成了生态平衡系统中的一部分。现让我们假定此部落的出生率提高。如果新增添的人口少到不足以影响整个生态系统，则该系统就进入到了一个“接近平衡”的状态。在前两种系统中，要产生大的结果，就必须有大的变动。当出生率猛增时，该系统便被推入了一个“远离平衡”的状态，其中，占统治地位的是一些非线性关系。此时，系统变得对外部世界极端敏感，以至可能使蝴蝶效应得以产生。在此过程中，整个系统可能会以异乎寻常的方式重新组织它自己。普里戈金，斯唐热．从混

沌到有序．上海：上海译文出版社，1987：11（I. PRIGOGINE and T. STENGERS. Order Out of Chaos，1984)。

⑨将制度按照三个层次划分，我是从戴维·菲尼那篇题为《制度安排的需求与供给》的文章中看到的（DAVID FEENY. The Demand and Supply of Institutional Arrangements，in Rethinking Institutional Analysis and Development，edited by Vincent Ostrom. International Center for Economic Growth，1988)。这种做法暗示了不同层次之间的制度相互影响和作用的意思。另外，他还借助泰国的实例阐述了下列见解：传统经济学的三大支柱——禀赋、技术和偏好——如果不加上制度这第四支柱，将不可能是完全的；制度变迁过程中的精英净收益（即触发制度变迁的利益集团从中所获利益）和社会净收益之差往往决定了制度变迁的范围和性质；诱发性的制度需求如何因社会目标与国家安全目标的冲突，因利益集团的活动而得不到满足。这些见解的确给人以很大的启发。但他的下述观点我却不敢苟同：宪法秩序和技术、相对的产品和要素价格、市场规模等，是要求制度发生变革的外生变量；制度是技术的副产品。实际上，诺思和戴维斯在谈论人们可在制度的三个层次上进行创新时，已经触及了这个问题。

⑩参见迈克尔·莱德茨基《制度动力学：决定论混沌和自组织系统》和詹姆斯·格莱克《混沌：开创新科学》第15页。“有规律的无序”这句话貌似荒谬，实际上却很有哲理性。

⑪时间的不可逆性是普里戈金和斯唐热关注的焦点之一。他们从科学的综合观得出的主要结论或极力鼓吹的，就是强调时间的不可逆性。“科学正在重新发现时间”这句话成了他们在自然科学中打碎“牛顿时间”的神话——过去、现在和未来之间没有区别——的响亮口号和有力武器。据我所知，米塞斯是较早地且较为系统地讨论过时间问题的一位经济学家。他将逻辑（或数学）时间同行为学的时间进行了区分，并指出，“变与时间这两个概念是不可分的。行为的目的在于变”。而时间要被有效地利用，原因就在于其“不可逆性”。参见米塞斯《人的行为》第109、111页。另外，沈华嵩先生在其《经济系统的自组织理论》（北京：中国社会科学出版社，1991）一书中，亦专门讨论了有关时间的不可逆性的问题，并由此批判那种把经济学建立在无时间性的经典物理学之上的做法。

⑫参见肯尼思·鲍尔丁著《演进经济学》1981年英文版第17页（KENNETH E. BOULDING. Evolutionary Economics. Sage Publications Inc.，1981)。鲍尔丁在强调演进（或进化）性的同时，又无情地批判了所谓的“社会达尔文主义”，并认为其倡导者们为演进世界

观带来了坏名声。这表现在他们完全低估了包括选择过程在内的生物间相互作用的复杂性，而一味强调自然选择的竞争方面，并将其直接应用于人类社会，以证明不受限制的竞争的合理性和否认政府在社会演进过程中的作用。鲍尔丁还意味深长地说，达尔文显然不是一个达尔文主义者。

⑬参见冈纳·缪尔达尔《富裕国家和贫穷国家——世界繁荣之路》第 2 章“循环积累因果关系之原理”（GUNNAR MYRDAL. Rich Lands and Poor：The Road to World Prosperity，1972）。缪尔达尔承认一个社会的进程或许会被阻止，并陷于静止状态。然而他又紧接着指出，这种静止状态所处的位置极不稳定。此时一个新的变动便可能开始一轮新的累积过程，并会最终远离那个“初始静止”位置。从长期来看，“抗衡性变化”使积累效果或多或少被减弱本身，仍是一个积累过程。

⑭舍克．嫉妒论．北京：社会科学文献出版社，1988：223－235（HELMUT SCHOECK. Der Neid und die Gesellschaft，1977）。舍克是德国美因茨大学社会学教授。此书的基本观点是，人乃一种爱嫉妒的生物；嫉妒普遍存在；也正因如此，社会——抑制嫉妒的制度——才得以建立。顺带补充一句，卡尔·波普对此书评价甚高，说它写得非常出色，是一部极好和极有价值的书。说到真知灼见，我以为此书除了前面概述的之外，还有以下几点：个人间关系处得越近，嫉妒产生的可能性和程度就越大越高；那些打算用税收来平息嫉妒的人或政策是注定要失败的，因为累进税本身就是显示差异的途径之一，更何况收入并非引起嫉妒的唯一源泉；利用公众的嫉妒心理，在没有其他动力可指望时，有时可以组织起一场政治运动。

⑮在企业层次上讨论达尔文的适者生存问题早已有之。阿尔钦于 1950 年就曾经指出，经济学研究的应是一种“生存过程”，其中的优胜劣汰机制，乃总是在进行自然选择的自由价格体系。他当时要回答的问题是，在生存过程中企业是否使其利润达到最大。他得出的结论如下：虽然并非所有的企业都做到了利润最大化，但生存下来的企业做到了这一点，否则它们早就破产了。因此，经济学不需要个人理性的假定便可以得出利润最大化这一判断。阿尔钦的理论虽然很有影响，但终究还是遭到了相对主义者的批判。后者认为，企业能否生存，与其说取决于是否实现了利润最大化，不如说取决于相对于本行业其他竞争对手而言利润的多寡。举例来说，股东对经理的去留决策，常基于后者是否使本公司的利润相对高于其他对手，而不管他是否使利润达到了最大。借用博弈论，还有人从数学上证明了这一点。参见 A. 阿尔钦．不确定性、进化和经济理论．政治经济学杂志，1950（6）（ARMEN ALCHIAN. Uncertainty，Evolution and Economic

Theory：Journal of Political Economy，June 1950）。沙弗尔："经济选择、战略力量和'相对'与'绝对'最大化"（MARK E. SCHAFFER. Economic Selection，Strategic Power，and "Relative" vs. "Absolute" Maximization. Paper Submitted to the SSRC for Summer Workshop on Soviet and Eastern European Economies. Georgetown University，July 1987）。

⑯对意识形态的作用，诺思是十分看重的。这表现在他把意识形态视为其"交易成本分析方法"的三大支柱假定之一。其他两项假定分别为：个人总在为自我利益奋斗，设立和实施规则会耗费成本。参见 D. 诺思的《制度研究的三种方法》，载柯兰德尔主编的《新古典政治经济学》（DOUGLASS NORTH. Three Approaches to the Study of Institutions. David C. Colander. Neoclassical Political Economy. Ballinger Publishing Company，1984）。相对而言，布坎南由于严格地恪守威克塞尔主义的一致性检验标准——它假定资源禀赋和个人偏好不变，而忽略了或贬低了意识形态对偏好的影响。他的批评者对他发起的攻击，亦与此有关，因为政府是能够或多或少地改变人们的偏好的。克里斯坦森．布坎南和古政治经济学的复兴．挑战，1988（4）。

⑰这个例子我曾在《科斯定理·产权·经济制度》一文中引用过。王哲民．巴掌小岛身价高．读者文摘，1988（4）：30。

⑱关于投票问题，有着一整套理论。由于"合乎理性的无知"而导致的"制度悖论"，仅仅是投票理论的一种运用方式。比方说，早在 1785 年法国数学家康多西特就发现了我们今天已熟知的所谓投票悖论——在一人一票和多数决定规则下，当选择对象大于 3 时，人们是无法得到投票结果的。与此有关的还有波德给出的投票方法及阿罗所证明的"不可能定理"——没有任何一种集中程序可以同时满足下列四项条件：前后的一致性、不同选择方式之间的独立性、帕累托最优和非独裁。此外，像投票人之间的通信问题、联盟问题等，均为投票理论的重要组成部分。对它们感兴趣的读者可参阅汉肯的《控制论与社会》（北京：商务印书馆，1986；A. F. G. HANKEN. Cybernetics and Society：An Analysis of Social Systems，1981）。

⑲按照吉田茂在《激荡的百年史》一书中所描述的，在德川幕府时代初期，即 1636 年，日本颁布了"锁国令"。从此直至 1853 年美国海军准将 M. C. 佩里率四艘军舰开入幕府的咽喉浦贺湾，并强迫日本开放港口之间的两个多世纪，日本断绝了同世界各国的来往。除了中国和荷兰的船只外，一律禁止来访；除了漂流海外的渔民之外，日本人谁也没有去过外国。参见《明治的伟业是这样开始的》，载吉田茂的《激荡的百年史》（北

京：世界知识出版社，1980）。

⑳不少历史学家持有这样的看法，即1780年前后为工业革命的发生年代，参见保罗·肯尼迪《大国的兴衰》。

㉑关于英国法院在18世纪后半期对英国商业具有很大的积极促进作用这个观点，参见罗森堡、小伯泽尔《西方致富之路》第130～132页。他们在该书中引用的马克斯·韦伯论述的同时代中国的情况发人深省。韦伯认为，法律体系可分为两类：一类寻求人类活动的法律后果具有一贯性和可预测性，另一类（其中包括许多体系）不是没有这个目标，就是在相互矛盾的众目标中排除了这一目标。而那时中国的法律就类似于后一种。某人已经把房子卖掉，但后来因为贫穷竟可要求再让他住进去并不用缴房租。买房者同意这样做是由于害怕不按互相帮助的训诲办事今后会遭恶报。然而，资本主义是无法在这样的法律基础上运行的。关于英国工业革命与制度变迁的联系，诺思在其《经济史中的结构与变迁》（上海：上海三联书店，1991）一书的第12章进行了很精彩的议论。他对英国《独占法》的功效的讨论、将交易成本和产权理论纳入经济史分析等，都给人以极大启发（DOUGLASS C. NORTH. Structure and Change in Economic History，1981）。

㉒我在此使用的这种表述方式受到了货币学派同新古典主流经济学在讨论货币的作用时所使用语言的启发。两者争论的焦点是：究竟是"唯有货币起作用"，还是"货币也起作用"。顺便指出一点，货币表面上看似乎与规则无关，可实际上，不仅仅是货币制度，而且货币本身，均不过是制度的化身。就制度学派——无论是"新"（new）还是"后"（neo）——而言，其基本范式当首推"制度是起作用的"。相比之下，我似乎更极端一些。

㉓我在此引述的话，参见A.C.庇古《社会主义和资本主义的比较》（北京：商务印书馆，1964：79－80；A.C.PIGOU. Socialism versus Capitalism，1938）。值得一提的是，庇古反对随便地以苏联当时的那种社会主义集中计划来代替社会主义集中计划，因为苏联一直是一个比英国贫困得多的，在实行社会主义以前便以腐败闻名且教育极端落后的国家。新制度建立后的连年战祸又使得它本身只有靠普遍的强制才能获得巩固和发展。相反，如果英国通过和平的议会道路实现社会主义集中计划制度，则肯定比苏联有好得多的成绩，正如英国的资本主义比沙皇时代的资本主义好得多一样。

附录 对沃德模型的批判性检验

我在此以附录的形式给出对沃德模型的检验，意在从方法论的七要素角度全面地分析一下此模型，并展示七要素的运用方式。

对理论加以检验可以说是模型分析的重头戏。让我们先从经验事实的角度入手来判断一下沃德模型的“真伪程度”。这里所说的经验，自然是该模型的现实载体即南斯拉夫的实践了。在此我将要引用的，是南斯拉夫贝尔格莱德大学经济系教授柳·马贾尔的话。他说道：“在高涨时期，南斯拉夫的自治企业没有增加就业，而在停滞、危机和生产下降的时期，却增加了就业。”[①] 马贾尔的话虽短短几句，但却明白无误且有意或无意地支持了沃德的结论。而马贾尔的说法是有统计基础的。

从沃德模型本身的逻辑来看，如果你承认其假定，并同意其在此基础上建立起的模型，那么你就必须接受它所推导出的结论，因为其数学推导是绝对正确的。换句话说，沃德模型在其推理过程中是无懈可击的。

然而，尽管在现实中以及在数学推导过程中，沃德模型均有一定的经验基础和相当的逻辑严密性，但对此模型的批判还是蜂拥而至。由于其推导过程没有漏洞，因此批判几乎全部集中于对该模型赖以建立的一系列假设前提之上。捷克斯洛伐克经济学家扬·范尼克的批判可以说是其中最猛烈的，甚至可称得上是对沃德模型的声讨。他一共罗列了它的 12 条“罪状”，并以愤怒的口吻把沃德模型说成是“一个恶作剧”，说它“对国际的了解和对世界的经济进步是有害的”[②]，说它“完全建立在虚假的前提和不适当的分析手段的基础上”[③]。下面就让我们更为具体地讨论一下沃德模型。

第一，沃德模型中最为重要的假定是伊企业追求的是人均收入最大化的目标。不但如此，它还是唯一的目标。这一简单化的假定招致批判似乎不可避免。工人除了收入最大化目标外，显而易见地还要关心收入的稳定和就业的稳定，特别是作为工人经理，他们谁都不愿意在价格波动或成本变化时被解雇，同时他们也拥有做出上述决策的权力以确保自身的职位。在这一点上，我曾提到的两个范尼克（雅和扬）的观点要灵活得多，且如出一辙。他们都指出，伊企业的真正目标是复杂的，多方面的。人均收入最大化可能是满足需要的一个重要组成部分，在很穷困的地方更是如此，但它肯定不是唯一的内容。劳动集体完全可能牺牲一些金钱收入以换取较多的闲暇和较好的人际关系。雅·范尼克干脆把单一人均收入最大化目标称为虚幻的狭义动机原则，而把另一个包括多种特定目标的更真实的目标称为广义的动机原则。[④]在比较经济学界颇为活跃的美籍南斯拉夫学者纽伯格亦对沃德的单一目标假定做出修正。他说，如果要为南斯拉夫企业选用一种单一目标函数，更为合理的应该是最大限度地保证每个成员的长远消费，而这又必须以企业不能解雇现有的每一个成员为条件。[⑤]最后我想补充一句，在伊企业中，工人之间差异（如工龄、技术水平、管理职位、工种等）的普遍存在，将使得人均收入最大化的目标在此被打上几分折扣，至少搭便车的动机及其后果足以使此模型的设计者有所警惕。

第二，沃德模型基本上属于短期静态分析。对此不少西方学者对有关伊企业的文献中动态分析之少感到惊讶[6]，而这一点对分析该模型下的企业行为又真正是不可缺少的。纽伯格对伊企业的单一目标函数所做的第二个修正就同此有关。他指出，伊企业的目标函数代表着具有彼此对立的不同类型成员的目标函数的相互作用。比如说，不同年龄的工人目标就不同。为了分析的方便，我们假定伊企业中只有两代人：老工人和青年工人。一个明显的事实是前者将离开企业，因此他们对用企业自身的积累来扩大生产，即进行长期投资没有兴趣。在此我们假定伊企业的长期投资中的很大一部分资金来源于其所得收入。[7]不言而喻，这些老工人更希望将企业的所得收入用于现期消费（个人分掉）。相反，青年工人则愿意牺牲一部分眼前利益而谋求长期的更大收益。这样，两代人之间的冲突就不可避免了。更进一步地讲，现期的青年工人在下一期就成为老年工人，其目标亦将发生变化。此时新一代工人进入企业后又带有新的目标。如果这一过程延续下去，它无疑将对伊企业的投资和就业等决策施加重大的影响。比如说，老工人占优势的企业和青年工人占多数的企业在经营方针上会有明显的不同，对此沃德模型令人遗憾地无能为力了。[8]

第三，沃德模型的一个隐含的假定，准确地说是伊企业的奇特行为得以出现的前提之一，从逻辑上讲，要求特定的经济中所有或大部分企业均是伊企业。然而南斯拉夫的现实却并非如此。用南斯拉夫学者自己的话来说，南斯拉夫有一半就业者在私营部门工作，并且私营部门拥有大量的生产资料，甚至拥有80%以上的耕地。[9]私人企业与伊企业并存可能会引起极为有趣的现象。两者目标不同，行为各异。当价格上涨时，在短期内前者为追求利润最大化必会多雇工人，后者按沃德模型所说，为追求人均收入最大化而必会解雇工人，减少产出。尽管两者此时很可能都实现了各自的最大化目标，但我们必须看到，生产同种产品的两类企业之间存在着激烈的竞争。在此，性命攸关之处不在于是否实现了最大化目标，而在于谁的生存能力更强。由于私人企业自然会积极捕捉住每一个机会去扩大整个企业的收入，尽管这同每位成员的收入有着十分密切的联系，因此伊企业在这场竞争中恐怕难逃失败者的命运。但现实却是存在着大量的伊企业。尽管其中原因多种多样，如它们要受到生产结构、经济规模等因素的影响，但伊企业自身的行为发生某种更利于其在竞争中取胜的变形，恐怕还是很可能的。关于对多种类型的企业并存及其相互作用的问题的讨论，我将另著文加以阐述。

第四，假定伊企业具有单一的产品结构恐怕也是不现实的。雅·范尼克特别指出，一旦伊企业的产品结构多元化，并且它面临着外部约束（如在获得劳动力供给方面存在约束），其供给曲线的斜率就极有可能是正的，从而价格信号的改变仍会导致合理的资源流动。[10]

第五，从历史的环境的角度对沃德模型加以批判的人亦有之。扬·范尼克认为，将南斯拉夫企业同资本主义企业相比较是欠妥当的。首先，南斯拉夫自治体制并不是直接从资本主义演变而来的，其产生和发展源于对苏联型经济的调整，因而两者的起始点相去甚远；其次，南斯拉夫企业所面临的市场同资本主义市场相差颇大，比如说自20世纪40年代以来，南斯拉夫的生产资料就一直没有真正成为商品，换句话说，它的市场是极不完善的；最后，资本主义在南斯拉夫从未真正形成。如果允许资本主义在南斯拉夫发展，十之八九它将会以粗放的外资工业加上一个相当强大的国营部分的方式发展。

严格地讲，扬·范尼克的上述批判已经与沃德模型无关，但它毕竟从另一个角度向我们展示了一种新的批判的可能，或提出了新的更具历史哲学味道的问题：我们有什么根据对经济体制或模式的选择做出成功或失败的判断呢？难道在特定条件下人们做出的选择不是最合理的吗？毫无疑问，类似的提问对于启发思维大有裨益。

批判终究是批判，无论它多么刻薄。应该说我们从沃德模型中还是受益匪浅的。该模型所揭示的伊企业的奇特行为，至少还是有一些经验基础的。仅就这一点而言，该模型就足以引起我们的极大关注，当我们把南斯拉夫自治制度视为各种选择之一并寄予厚望时就更是如此。也许更有意义的还在于，沃德向我们显示了一种分析经济体制或模式并进行比较的方法或思路。这一方法已经并将随着由它引起的一系列批判而得到进一步完善。再有，正由于伊企业的存在，才引发了我们的许多思考，其中包括对多种类型企业并存时的宏观协调问题的考虑，因为各种企业对价格等变量的反应不一乃至相悖。最后，也是最重要的，伊企业回答了或揭示了我最为关心的问题：制度安排引导着人的作用力方向和强度；后者因制度不同而各异。

沃德在其开拓性的论文中的后一部分放松了完全竞争的假定，亦初步讨论了垄断条件下的伊企业的行为。在《社会主义经济》（1967）一书中，沃德特别分析了垄断问题，比较了垄断的伊企业和垄断的资本主义企业，并指出，前者的效率此时要比后者更低——雇用更少的工人、创造更少的产出、制定更高的价格。它颇似寡头垄断。南斯拉夫体制的最热情的支持者之一雅·范尼克在其《工人管理的市场经济通论》一书中则得出了与之针锋相对的结论：伊企业在不完全竞争环境中比资本主义企业要优越，因为它没有极端扩张的控制各个市场的激励，没有社会性浪费（如广告）等。[11]究竟谁是谁非，读者不妨自己去做出判断！

[注　释]

①柳·马贾尔．从自治到重新私有化．信使报，1988-01-04。

②扬·范尼克．工人管理的经济．上海：上海译文出版社，1982：184。

③同上书，第185页。

④参见雅·范尼克《工人参加管理的经济》第9辑第85页。

⑤E. 纽伯格，W. 达菲．比较经济体制：从决策角度进行的研究．北京：商务印书馆，1984：235。

⑥J. 米切尔对此做了统计并指出，将沃德模型动态化并提出动态模型的人只有6位，而对企业内部决策过程进行动态研究的人更少，只有3人。参见他为1987年美国苏东经济夏季讨论会提交的论文《工人管理的企业中的两代人：长期就业和投资决策》（JANET MITCHELL. Overlapping Two-generations in Labor Managed Firms. Paper Submitted to the SSRC for Summer Workshop on Soviet and Eastern European Economics. Georgetown University，1987（7））。

⑦无论是沃德还是雅·范尼克，他们都假定伊企业的投资来源于借贷资本，但米切尔认为事实远非如此，并指出它们当中的相当部分来源于企业所得收入。这个结论是有统计根据的。

⑧换个角度来看，在长期分析中，企业可改变的除了劳动投入之外，资本投入亦包括在内。应该指出的是沃德模型论及了此问题，并下结论说伊企业的供给曲线或者会是负斜率，或者会比资本主义供给曲线更倾斜，意即从长期角度看，由于伊企业特定的目标和行为，它将导致的结果仍不如资本主义企业。

⑨参见柳·马贾尔《从自治到重新私有化》。

⑩转引自格雷戈里、斯图亚特《比较经济体制》英文版第126页。

⑪同上书，第120～127页。

结束语

我想任何“结束语”仅仅都是相对于议题的篇幅而言的，因为人对自然与社会的认识，可以肯定地说是不可能达到至善至真的境界的。当然，这样说也并不妨碍我对全书从方法论的角度做出总结。

第2章所讨论的理论模式的七要素，从相当意义上讲，是本书叙述和分析的逻辑主线。也许有些读者认为，对人的行为假定及制度概念的讨论略显冗长，甚至对讨论方法论的必要性亦略带疑虑。不过在我看来，它们是必不可少的论述基础。我深知对它们的讨论不可能是尽善尽美的，但我确实想把对制度的经济分析置于尽可能坚实的逻辑基础之上。我希望这种努力能够最大限度地实现我所追求的这一目标。

把方法论、基本假定等融于对制度的经济分析之中是本书的另一层次的目标。在论述制度的起源问题时，显而易见，我采用的或遵循的是方法论的个人主义；而在阐释制度的功能时，则明显带有方法论集体主义的色彩。两种方法在解释同一问题的不同侧面时，其互补性质显露无遗。演绎方法和归纳方法虽然同其他方法不属于同一层次，但在论证本书所试图阐明的问题的过程中，无疑发挥了巨大的作用。运用各种历史事例来“证明”诸如制度的起源和功能等命题的做法，便是借用归纳推理的实践；而对一些抽象的、建立在严格（技术）假定基础之上的模型（或许还包括卢梭的那个思想实验）的表述，则有颇浓的演绎推理的味道。从全书的角度看，我所主要遵循的则是一种演绎方法，并辅之以归纳分析。

将实证分析奉为圭臬的经济学家为数甚多。在行文过程中我亦曾努力加入这一庞大的队伍。无论是讨论经济人假定、制度概念，还是分析制度的起源、演进与功能，我均力求在阐明“是什么”的基础上进行论证。本书所列举的大量事例，一方面可以说是对归纳（主要是列举归纳）的具体运用，另一方面也表达了我对实证分析的偏爱。当然，实证分析除了说明事实究竟“是什么”之外，也包括对各种因素之间的逻辑关系的讨论。换言之，实证分析有两类，它们分别为理论实证和经验实证。[①]两者的结合自然必不可少。与实证相对的规范分析，正如我在第 2 章中所述，是本书无法回避的一个问题。从一般意义上讲，对福利标准的讨论本身就是典型的规范经济学所关注的内容。尽管“适宜制度”并非完全等同于福利标准，但其中毫无疑问印有明显的价值判断标准的痕迹。不仅如此，像“制度悖论”“制度稀缺”“制度非中性”等概念本身，亦染有规范或意识形态的浓厚色彩。

也许有些读者注意到了，我在行文中采用了一种较为独特的叙述方式，即用类似于“讲故事”的手法展开讨论。我这样做主要有两点考虑：其一是力求使所议论的问题和思路简单清晰；其二是使之尽可能地接近常识或与人们的常识相符。这一切均与我的追求——使经济学成为一种经过批判性考察的常识——相吻合。在我看来，“讲故事”的方法和用数学模型进行的说明并非水火不容。在使用它们一起阐述和论证诸如制度的功能及起源命题时，其互补性是显而易见的，并且它们各有所长。不过比较而言，我更倾向于“讲故事”。这大概是因为我的信念在于：能够用日常或常识性语言深入浅出地阐明深奥的理论的人，方为大师；同时，“讲故事”亦是我们中华先哲们常用的议论方法之一。无论是庄子还是韩非子，均在其著作中借“讲故事”这种形式（我称之为方法论的隐喻主义）阐释了极为深刻的哲理。如果承认穷尽所有事例是不可能的，那么你就不该责备他们借用一个精心选择的事例来揭示某种一般规律的努力。我希望在这方面成为一个合格的学生。本书的中心思想说来十分简单，即力图通过探求国家兴衰之类问题的答案，来展开对制度的经济分析，并由此来论证制度在其中所拥有的举足轻重的地位。这种分析集中于制度的起源、演进、功能以及与此密切相关的人类行为假定等问题之上。所谓对制度的经济分析，无非是运用经济学中基本的分析工具——如成本—收益分析、边际分析、替代分析——来考察制度，考察那些重要的、以利益为核心内容的人们之间的博弈关系。全书的结论——同时也是国家兴衰之类问题的尝试性答案——非常简单，那就是唯有制度在起作用，或制度至少起主要作用，并且始终扮演着人类迎接各种挑战的基本手段的角色。不言而喻，这也是本书以制度作为研究对象的根本原因。

制度对人类行为的作用，进而对结果施加虽是间接、但却是决定性的影响，从逻辑上说，同马克思在《〈政治经济学批判〉序言》中用最精练的语言所表述的思想并非是对立的：

人们在自己生活的社会生产中发生一定的、必然的、不以他们的意志为转移的关系，即同他们的物质生产力的一定发展阶段相适合的生产关系。……社会的物质生产力发展到一定阶段，便同它们一直在其中活动的现存生产关系或财产关系……发生矛盾。于是这些关系便由生产力的发展形式变成生产力的桎梏。那时社会革命的时代就到来了。随着经济基础的变更，全部庞大的上层建筑也或慢或快地发生变革。②

马克思强调人及人们之间的关系为政治经济学的中枢，重视生产关系与物质生产力之间的被决定与“桎梏”的相互作用，凸显人类社会的演进与变革，彰明生产关系的外在性或个人的不可控制性，揭示阶级对抗或冲突以及国家的性质。所有这一切，在我思考和撰写本书的过程中，始终作为一种重要的参照思路存在着。从某种意义上讲，制度可以说是生产关系的具体表现形式。马克思对物质生产力发展水平的决定性作用的看重，在我看来并未否定或贬低生产关系在某些历史时期或条件下的决定性作用。这样说是因为马克思同时强调了生产关系及上层建筑可能会成为生产力发展的桎梏或瓶颈；相应地，经济基础及上层建筑的变革也就很有必要了。如果这种情况的发生十分普遍，那么它的一个自然的推论便是“生产关系决定论”了。从纯粹逻辑的意义上看，生产力与生产关系之间，我以为至少有三种联系方式：(1) 生产力决定生产关系；(2) 生产关系决定生产力；(3) 两者互相影响或互动。若果真如此，强调后两项在逻辑上便不会有什么毛病，更何况这种思维方式尚有着广阔而坚实的经验基础呢！也恰恰是由于这一点，我才力求在相对具体的层次上将制度置于分析的核心。

毫无疑问，企图在一本书中彻底解决类似国家兴衰过程中制度的作用问题几乎是不可能的，因为一定会有某些尚需进一步讨论的问题。对制度的优选或择优的分析，意即如何实现或逼近适宜制度，便是其中之一。从全书的结构看，一旦你接受了制度决定论，并且确信适宜制度的实现与否最终会关系到国家的兴衰盛败，那么对制度择优途径的探讨，似应成为不可或缺的一个逻辑环节。[③] 如果从定性和定量分析的角度看，那么本书显然是一部侧重于定性分析的著作。虽然仅就经济学来讲，定性分析至少在一部分人（自然包括我在内）眼中要远比定量分析重要[④]，但这绝不意味着定量分析无足轻重。使定性与定量分析两者互补，看来不失为一种妥善的选择和态度。不过在此我不得不说，考虑到突出重点并且囿于篇幅，这两项工作只好不无遗憾地留待以后去完成了。

政府在国家兴衰过程中的地位或作用是制度理论要认真加以对待的一个基本问题。我在本书的第 3 章谈到了制度供给不足的问题，在第 5 章论及了被喻为国家之“灵魂”的宪法的起源问题，在第 6 章又讨论了政府在制度创新过程中的地位问题。所有这一切虽然均与政府理论有关，但毋庸讳言，它们是远远不够的。这也正是我试图借“结束语”点明这一欠缺的原因之一。政府是一种最为关键的生产性资源。作为制度的化身，其产出或供给（亦即制度）不足或过剩（如政府直接经营企业、用陈规陋则去限定或左右人们的偏好和行为，而不是在如何逼近适宜制度方面下功夫）直接关系到国家的兴衰。至于政府与市场的关系，在此我打算借卡尔·波兰尼之口说出我想要表达的意思：通往自由市场的大道，是依靠大量而持久的统一筹划的干涉主义而加以打通并保持畅通的。自由放任本身，也是由政府强行实施的。[5]上述对政府作用的基本看法虽寥寥数语，但我想多少还是有些意义的，至少它们暗示出了我进一步研究此问题的思路和可能得到的进一步的结论。

另外，多少令我感到有些忐忑不安的是，当我们面临导致“合理浪费”的制度虽欲改变之但却力不从心时，我们作为个人又应抱有什么样的态度呢？也许最让我困惑的还是，作为制度利益之结果的经济增长与发展是否真的会给人类带来更大的幸福？可是除了努力指出或暗示出每个经济学家心目中的通向丰裕“大同”世界的道路外，经济学家们还能干些什么呢？这让我想起了罗素的一句话：“我们始于迷惘，终于更高水平的迷惘。”他是否过于悲观了？但也很可能说的是真理。

本书所展示的思想或提出的分析思路，我不敢说都是全新的东西。阳光之下无罕事。不过我想至少有两点还是明白无误的：(1) 本书展示了我的思想倾向；(2) 写作此书对我来讲真真切切是一种科学奋斗。这种奋斗的强大的吸引力，恰恰在于它是为扩大视野、理解世界和探索新思想而进行的冒险。但愿这种冒险不会像斯蒂格勒所描绘的那样：

> 科学家深一脚、浅一脚地行进在一个似乎毫无系统、毫无逻辑的思想和事实的密林之中。出林之时，往往是不见收获只见伤痕。[6]

[注　释]

①樊纲，张曙光．公有制宏观经济理论大纲．上海：上海三联书店，1990：6-7。

②马克思恩格斯文集．第2卷．北京：人民出版社，1972：82－83。

③从经济学流派来讲，这类工作大体上属于所谓“机制设计理论”的研究范围。用该学派的代表人物赫尔维茨的话说，这批经济学家拒绝接受下述观点：特定时间与地点下的既定制度是唯一的合法物，任何改变其约束条件的企图均为天真幼稚的乌托邦。相反，他们要找出比既定制度更佳的东西。具体来讲，机制设计意味着在社会目标、环境和经济人行为假定给定之后，找出一种激励机制（或规则集），从而使个人的利己行为“自动地”同社会目标相吻合。机制设计理论中不乏真知灼见（如强调制度是一个变量；扩大经济学所关注的个人或人群——不仅考察生产者和消费者，还留意政府、中央银行、计划当局和工会；用激励相容和个人可行性理论来替代帕累托最优及社会福利函数等），特别是体现在其名称中的制度决定论思想。然而在我看来，在此领域内辛勤耕耘的经济学家们仅仅指出了一条——尽管它相当关键——通向适宜制度的道路：人为设计。实际上，这是一个“条条道路通罗马”式的问题。当我们大致了解了出现“制度悖论”的原因以后，我们至少可以用“逆向思维”来找到消除它的潜在途径。显而易见，开放原有的“封闭系统”无疑有助于逼近适宜制度，让各种制度进入一个竞争性的“制度市场”，或许亦能保证制度的优胜劣汰。在此我只是对制度择优的途径初步提几句，目的在于引发读者的进一步思考。关于机制设计理论，感兴趣的读者可参阅赫尔维茨的《资源配置机制的设计》（Hurwicz. The Design of Mechanisms for Resource Allocation. The American Economic Review，May 1973）以及田国强的《激励、信息及经济机制设计理论》（见汤敏、茅于轼《现代西方经济学前沿专题（第1集）》）。

④对定性分析和定量分析的偏爱因人而异。在不少经济学家看来，定量分析不仅需要是而且必须是经济学的根本特征。经济学只能从基本的、具体的和实实在在的经济数据出发。这种倾向言之有理。不过我们还必须意识到，在没有定性的评判标准的时候，我们根本无法辨别建立在数据基础上的定量分析的正误。这样说的理由不仅在于数据本身常常不可靠，更根本的还在于人们根据不同的研究方法（或模型）所得出的结论往往自相矛盾。在这种情况下，即使大家使用的数据相同且真实，我们还是可能缺乏某种行之有效的手段以判断出哪个结论是正确的，而定性分析所要解决的，又恰好是这样一个问题。这些恐怕便是我将讨论的焦点聚集于定性分析之上的基本理由。持相同观点的，至少有意大利经济学家吉欧塞帕·欧塞比。吉欧塞帕·欧塞比．经济思想的第三次革命——社会经济学新透视．经济学译丛，1989（5）。

⑤参见卡尔·波兰尼《巨变：当代政治、经济的起源》第238～239页（KARL PO-

LANYI. The Great Transformation. Farrar & Rinehart，1944）。关于政府干预的作用问题，波兰尼走得很远。比方说他认为，如果让事物自然发展，则绝对不会产生自由市场。波兰尼（1886—1964）是一位被美国制度经济学者们奉为大师的人物。在此有必要说明一点，国家指的是在一个特定地域内繁衍生息的人群社区及其经济文化，而政府则要么是指一种有条理地管理社区事物的方式，要么是指一个人群实体，组成该实体的人拥有某些权力使国家中的其他人以特定的方式去行为。如果从制度理论的角度看，政府的职能便是为它所管辖的社会提供规范人类行为的规则。

⑥乔治·斯蒂格勒．经济学的进程与发展．世界经济译丛，1983（9）：16。

跋

把26年前写的博士论文重新出版还是需要些勇气的。虽然那时改革开放已有10多年，但中国学术界对外部世界的了解或与国际学术界的交往，与今天的互联网世界相比却有不小的差距。这种差距集中表现在文献的获取上。当年中国社科院图书馆和北京图书馆是我经常光顾的地方，但许多著作和期刊还是难以找到，即使找到了，有些期刊也不准许借阅。以今天的眼光看待本书，最让我冲动的就是补充和更新文献。2000—2015年，我在社科院研究生院连续讲授制度经济学原著选读这门课，和学生们先后共同研读讨论了上百篇国内外文献，并且撰写了数十篇基于制度经济学分析架构的论文和文章。时至今日，对于本书的主题——经济发展与制度选择，自我感受也深入全面甚多。关于制度的定义、制度的起源与演进机理、制度的功能、制度与人类行为之间的互动、人类行为与经济发展的关系，我今天都可以给出更为细致精确的分析。既然如此，那还有什么必要再版此书呢？

纠结一段时间后，我觉得重印此书的理由也是成立的。尽管四分之一世纪前我所掌握的文献远不够充分，但本书的基本逻辑和结论，在今天看来大体还都站得住脚。对经济发展或长期经济增长而言，“制度是起作用的”，或者说得极端一点，“唯有制度在起作用”，作为本书的基本命题，在过去的 20 多年间，已为越来越多的经验和理论所证实或支持，特别是得到了中国经济奇迹的强力验证。当今对“制度”的经典定义之一，来自新制度经济学的代表人物之一道格拉斯·诺思于 1990 年出版的《制度、制度变迁与经济绩效》：制度是人们之间的博弈规则，它可进一步分为“正式制度”和“非正式制度”。撰写论文期间我没能读到诺思的这一著作，不过在梳理了国内外部分学者尤其是沿袭旧制度经济学凡勃伦－康芒斯知识传统的“后制度经济学”之后，我最终把制度定义为“习惯”与“规则”之和，而且后来发现，“习惯”与“非正式制度”、“规则”与“正式制度”几乎毫无二致。

当年顺着逻辑提出的一些概念或命题，经过 20 多年的锤炼开始变得愈发具有解释力或值得深入探索。这其中“制度非中性”概念就是一例，它指的是在同一制度下不同的人或人群所获得的东西是各异的；而那些已经或将会从某种制度安排中获益的个人或集团，必定会竭力维护或创立这种制度。在此，制度作为一种保障或拓展权力与利益的工具，成为人们特别是国家间竞争的对象。在当今的全球治理博弈中，在各国内部不同利益集团的讨价还价中，制度非中性无时无处不在。国家的兴衰是一个具有持久魅力的问题。对此问题从制度经济学角度加以解释的努力，到今天仍屡见不鲜。例如实力派经济学家阿西莫格鲁近来出版的几部重要著作——《政治发展的经济分析》和《国家为什么会失败》，便是明证。我过去 10 年来的研究重点之一，即 17 世纪西方世界的兴起与东方世界的停滞，追根溯源，就是这篇博士论文开篇便提到的所谓“李约瑟问题”的后续研究。

过去 17 年我一直在中国社科院开设国际政治经济学课程，试图用制度经济学对国际关系进行分析。除了在社科院研究生院，我还在中欧国际工商学院等多所院校讲授此课程。在列出的参考书中便有本书。从众多学生那里我得知，由于本书长期脱销，他们常常不得不下载并打印此书，感觉很不方便。最近我在检索“中国知网”书刊引文量时发现，2011—2015 年，对本书的引用有 200 次之多。这样一本出版 26 年后还有学人在阅读和引用的书，多少说明它还是有一些价值的，至少没有完全过时。考虑到在 20 世纪 90 年代初的中国，制度经济学还是一门比较新的经济学分支，因而在本书旧版中个别重要学者的译名，与今天经济学圈内人已耳熟能详的学者译名有所差异，比如科斯（旧版书中译为“高斯”）和曼瑟·奥尔森（旧版书中译为“曼库尔·奥尔森”）。方便读者，可以说是我最终决定再版此书的又一个理由。

2017 年 1 月

图书在版编目（CIP）数据

经济发展与制度选择：对制度的经济分析 / 张宇燕著. —北京：中国人民大学出版社，2017.3

ISBN 978-7-300-23640-7

Ⅰ.①经… Ⅱ.①张… Ⅲ.①经济制度-研究 Ⅳ.①F014.1

中国版本图书馆 CIP 数据核字（2016）第 278645 号

经济发展与制度选择——对制度的经济分析

张宇燕　著

Jingji Fazhan yu Zhidu Xuanze——Dui Zhidu de Jingji Fenxi

出版发行	中国人民大学出版社		
社　　址	北京中关村大街 31 号	**邮政编码**	100080
电　　话	010－62511242（总编室）		010－62511770（质管部）
	010－82501766（邮购部）		010－62514148（门市部）
	010－62511173（发行公司）		010－62515275（盗版举报）
网　　址	http://www.crup.com.cn		
经　　销	新华书店		
印　　刷	北京捷迅佳彩印刷有限公司		
开　　本	720 mm×1000 mm　1/16	**版　　次**	2017 年 3 月第 1 版
印　　张	15.5　插页 1	**印　　次**	2025 年 6 月第 3 次印刷
字　　数	220 000	**定　　价**	85.00 元